Consideration of Japan's First Report on
the Convention against Torture and Other Cruel,
Inhuman or Degrading Treatment or Punishment:
the Record and Follow-up

改革を迫られる
被拘禁者の人権

2007年
拷問等禁止条約
第1回政府報告書審査

日本弁護士連合会[編]

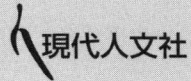
現代人文社

発刊に寄せて

　来る2008年は、世界人権宣言60周年の年である。また、我が国の外交政策にも「人権外交」が外交政策の柱の一つに取り入れられ、「人権は普遍的価値であり、又各国の人権状況は国際社会の正当な関心事項であって、かかる関心は内政干渉と捉えるべきではない」とされる。現に日本は国連人権理事会理事国であり、国際的に人権を擁護・発展させる義務を自ら進んで引き受けなければならない立場にある。その様な日本の人権状況について、来る2008年には国連人権理事会で審査が予定され、さらに自由権規約についても第5回日本政府報告について自由権規約委員会での審査が予定されている。

　今回発刊されるのは、2007年5月9日、10日ジュネーブで開かれた国連の拷問禁止委員会による第1回日本政府報告書審査と、同委員会の最終見解並びに日弁連代表団等の諸活動の成果についての報告である。今回の審査の結果については、既に新聞・テレビ等に大々的に報道され、大きな反響を呼んだことは御承知の通りである。日弁連ではその結果について既に会長声明を発するなどしているが、今後も積極的に活用したいと考えている。

　特に、最終見解で大きく取り上げられている代用監獄における拘禁期間の制限、全取調べの電子的記録及びビデオ録画等の取調べの体系的な監視、取調べ時間の制限や自白についての刑事訴訟法改正等の勧告は、現在日弁連が精力的に取り組んでいる取調べの可視化、ひいては、冤罪防止のため代用監獄制度とその下における取調べ手続、さらには自白に関する法制度を抜本的に改革することへの大きな支援となっている。われわれもこの方向で、継続的に一層努力していく所存である。最終見解で是正や法改正等を求められた事項は多々あるが、日本政府が前述のように人権を外交政策の柱に据える覚悟でいるならば、拷問禁止委員会の今回の最終見解を真摯に受け止めるべきであり、政府が早急に法や実務の改正・改善に積極的に取り組むことを心から希望する。

　今回の日本政府報告書の審査、その結果の出版においては、日弁連代表団は関係NGOと密接な協力の下に活動し、本出版物の発刊においてもそれら諸団体の多大な御協力を受けた。ここに関係各位の協力に感謝の意を表する

次第である。

　なお、本書が関係各位、特に来年国連人権理事会や自由権規約委員会の審査に参加される方々のため有益な参考となるよう特に期待し、多くの方々に利用され、読まれることを希望する。

2007年9月
日本弁護士連合会
会長　平山正剛

はじめに

　この記録は、2007年5月9日及び10日ジュネーブ国連欧州本部において行われた、拷問等禁止条約（正式名称は「拷問及び他の残虐な、非人道的なまたは品位を傷つける取扱い又は刑罰に関する条約」）の第1回日本政府報告書審査の記録である。本条約は、1984年国連総会で採択され、1987年6月に発効しているが、我が国が批准した国連の基本人権6条約（自由権規約、社会権規約、人種差別撤廃条約、女子差別撤廃条約、子どもの権利条約〔以上、略称〕と本条約）の中では、本条約の批准は一番遅れ、1999年7月29日に加入手続を終了し発効している。これは先進国中でも最も遅れたものとなっている。

　さらに、条約上では、第1回の締約国政府の報告書は条約発効後1年以内に提出を義務づけられている（同条約19条1項）が、日本政府が実際に第1回報告書を拷問禁止委員会に提出したのは2005年12月であった。この間、我が国においては、関連する多くの法改正（監獄法から刑事収容施設及び被収容者等の処遇に関する法律へ等）が行われたが、政府報告書はこのような多くの重要な法改正についての記述を全く欠落させたものとなっていたため、日弁連意見書作成はその説明から始めねばならず、多くの困難を伴ったものとなった。審査に当たった拷問禁止委員会は、10人の専門家から構成され、締約国政府から定期的に提出される政府報告書を審査し最終見解を発表し、政府の対応をフォローアップする他、条約22条のもとでの受諾宣言を行った国々については個人からの通報を受理・検討し、条約違反があれば、違反の判断を行って政府の対応をフォローアップする等の役割を果たしている。

　ちなみに、拷問禁止委員会の受理した個人通報件数は、2006年11月現在、304件で、うち39件につき違反認定が出されているとされており、必ずしも多数の通報があるとはいえないが、基本人権条約で個人通報制度を有するものの中では自由権規約委員会のそれに次ぐものであって、拷問禁止委員会の信頼度の高さを相対的に表すものといえよう。その他委員会は、国家間通報に対する審査（21条）や組織的な拷問に対する調査（20条）等の権限を有している。

なお、日本政府は、個人通報についての受諾宣言は行っていないが、奇妙なことに現在まで１件の実績もない国家間通報に関しては受諾宣言を行っており、このことは政府が従来個人通報制度に対する懸念として持ち出している「司法権の独立」の侵害のおそれの主張と明らかに矛盾するものとなっている。拷問等自体を禁止する国際人権規範は、何も本条約に限らず、自由権規約７条等もあるが、本条約の存在意義は、拷問についての詳細な定義（１条）を置いたこと、拷問禁止を実効的なものとする目的で監視機関としての拷問禁止委員会を創設し、広範な権限を与えたこと、拷問を行った者の処罰に関する普遍的管轄権を設定し、世界中で行われた拷問につき、どの国でも、拷問を行った者を裁判にかけ処罰することができるようにしたこと、組織的拷問に関する十分な根拠のある報告を受けた場合は、締約国すべてにつき委員会は、委員の１ないし２名に調査・訪問等を行わせることができるようにしたこと、拷問禁止を締約国の絶対的義務として緊急事態等の例外・抗弁等を認めないものとしたこと、拷問のおそれのある国への追放・送還・引渡しを絶対的に禁止したこと等が挙げられる。

　さて、締約国政府の作成・提出する第１回政府報告書の記載事項に関しては、委員会の作成したガイドラインが存在し、委員会として関心の高い事項について（例えば、国内法において、「拷問」の定義は、条約と一致するか否か、効果的な実施措置を法制度として用意しているかどうか、拷問の訴えに関する調査方法等）必要的記載事項を決めている。我々の検討したところでは、日本政府の第１回報告書は必ずしもこのガイドラインには沿っておらず、委員会の要求に応えていないところが見受けられた。次回報告ではガイドラインを遵守した政府報告書の提出を期待する。

　本書の構成は、第１部「政府報告書と日弁連の活動」、第２部「審査の様子と最終見解——日本の刑事司法の根本的な見直しを迫る」、第３部「拷問禁止委員会審査の全記録」、第４部「拷問禁止委員会は何を求めているのか」、第５部「資料編」となっている。執筆者を見ていただけばわかるように、本書は日弁連の責任編集とはなっているが、その内容の主要な部分においてもNGO関係者の執筆する部分があり、今回のジュネーブにおける日弁連の活動自体がNGO関係者との協力によって成り立っていたことを示している。この紙面を借りて御協力をいただいた関係者各位に感謝の意を表する次第である。

　委員会の審査や勧告は第１回目の審査にしては個別な制度・問題に踏み込

み、問題点を具体的に指摘しているが、これは、従前自由権規約の実施状況の審査とそれについての勧告が、既に自由権規約委員会から数次にわたって出されていることに加えて、今回の審査にあたって映画上映まで用意した日弁連はじめ関係 NGO の努力を反映したものである。来年予定されている国連人権理事会での日本の普遍的定期審査、自由権規約委員会の第 5 回日本政府報告書審査にかかわる日弁連関係者をはじめ多くの NGO 関係者を大いに勇気づけるものであると評価される。最終見解の評価については、既に日弁連から会長声明も出されており（声明は、本書第 5 部資料編に掲載）、本書において多くの頁を割いて解説されているのでここで多くを語る必要はないが、今回の最終見解においては、最近のフォローアップ手続に従って、特に 14 項：難民・入管、15 項：代用監獄、16 項：取調べに関する規制と自白、及び 24 項：ジェンダーに基づく暴力と人身売買について追加情報を 1 年以内に提供することを日本政府に求めている（なお委員会の勧告の中で既に ICC〔国際刑事裁判所規程〕加入だけは実現したが）。

　さて、問題は、我々が日々の実践の中で委員会による最終見解をどのように活用するかを今まで以上に問われていることである。さらに、日本の刑事司法関係では、委員会から「精神的拷問」と呼ばれた（今回初めてのことである）取調べの結果作成された自白に基づき、多くの刑事裁判が有罪となっていることは特に重大視せざるを得ない。これは日本の刑事司法の根幹となっており、委員会は深刻な懸念を表明している。弁護人の取調べにおける立会い、取調べの可視化、自白に関する刑事訴訟法規定の改正等についての勧告も早急に検討し、次回の日本政府報告書（提出期限は、2011 年 6 月 30 日とされた）に対する日弁連レポートには、是非我々がこの分野で如何なる行動をし、如何なる成果を上げたかについて詳細なレポートを書くことができるようになりたいものである。

　現在、我が国は政治的にも大きな変動期を迎えており、どのような変化が起きるか予測はつかないが、日弁連も今般、個人通報制度実現について目的を特化した委員会を設置し、その活動が開始されようとしている。国際人権の分野で、我が国が、本条約の批准の場合のように先進国中、最後位の位置に留まっていて良い訳はない。関係者の一層の努力を期待したい。

2007 年 9 月
日弁連拷問等禁止条約に関する協議会
座長　永野貫太郎

目　次

発刊に寄せて［平山正剛］　02
はじめに［永野貫太郎］　04

第1部　政府報告書と日弁連の活動

政府報告書と日弁連の報告書及び活動　10
　海渡雄一＝田鎖麻衣子
コラム　布川事件を国連拷問禁止委員会に訴えて　16
　桜井恵子

第2部　審査の様子と最終見解
──日本の刑事司法の根本的な見直しを迫る

拷問禁止委員会報告審査の様子　20
　海渡雄一
最終見解・日本語訳　22

第3部　拷問禁止委員会審査の全記録

拷問禁止委員会第1回日本政府報告書審査審議録
　第1日目　36
　第2日目　85

第4部　拷問禁止委員会は何を求めているのか

拷問等禁止条約に関する報告審査・最終見解の意義　132
　今井直
代用監獄・取調　139
　小池振一郎

刑事拘禁　154
　　海渡雄一

死刑　162
　　田鎖麻衣子

入国管理・難民　167
　　大橋毅

ジェンダーに基づく暴力　173
　　本山央子＝柳本祐加子

精神医療施設　177
　　小林信子

拷問の定義・時効　181
　　今井直

不服申立・人権教育・賠償等　185
　　海渡雄一

第5部　資料編

① 日弁連の動き
　Ⅰ　日弁連オルタナティブレポート概要と質問事項　190
　Ⅱ　国連拷問禁止委員会の最終見解発表にあたっての会長声明　199
　Ⅲ　最終見解に対する日弁連ニュースリリース　201

② 他のNGOの動き
　Ⅰ　CATネットワーク　204
　Ⅱ　アジア女性資料センター　210
　Ⅲ　国際人権活動日本委員会、日本国民救援会、治安維持法犠牲者国家賠償要求同盟、再審・えん罪事件全国連絡会　214

③ 報道
　共同通信配信記事より　218

④ 最終見解に対する日本政府の見解
　拷問等禁止委員会最終見解のうち、刑事司法・刑事拘禁と入管手続などに関する質問主意書および同質問に対する答弁書　222

第1部
政府報告書と日弁連の活動

政府報告書と日弁連の報告書及び活動

　日弁連（拷問等禁止条約に関する協議会）は、政府報告書審査に対するNGOレポートの効果を最大限に発揮するべく、他のNGOとも連携をはかりながら、概要以下のような活動を行った。

1　政府報告書の概要と代用監獄に関する政府報告書の抜粋

　「拷問等禁止条約第19条1に基づく第1回政府報告」は本来条約批准から1年以内に提出されるべきものであったが、2005年12月に約5年以上も遅れて拷問禁止委員会に提出された。その目次は次の通りである。

第1部　一般的情報
第2部　条約第1部の各条に関する情報
　　A．第1条
　　B．第2条
　　C．第3条　追放・送還／犯罪人引渡し
　　D．第4条
　　E．第5条
　　F．第6条　抑留その他の法的措置／予備調査／
　　　　　　　国籍国の代表等との連絡の援助／関係国への通報
　　G．第7条
　　H．第8条
　　I．第9条
　　J．第10条　教育、訓練、規則・指示
　　(a)公務員一般／(b)警察／(c)検察官／(d)矯正施設／(e)入国管理施設／
　　(f)医療関係者／(g)自衛官／(h)海上保安官
　　K．第11条
　　(a)刑事司法関係　尋問に係る規則等／身体の拘束及び取扱いに係る措置
　　(b)矯正施設関係／(c)入国管理収容施設関係／(d)医療関連／(e)自衛隊／
　　(f)海上保安官
　　L．第12条

(a)検察官及び検察事務官／(b)警察官／(c)監獄職員／(d)海上保安官／(e)自衛隊
人権擁護機関
M．第13条
拷問を受けたと主張する者の申立て等を行う権利の確保
(a)一般市民の地位においてとり得る措置
告訴等
(b)被拘禁者が採り得る措置
留置場／矯正施設／入管収容施設／感染症関連／精神障害者関連／
自衛官又は海上保安官による行為／申立てを行った者及び証人の保護
N．第14条
O．第15条
P．第16条
Q．その他
(a)NGOとの協力
(b)いわゆる代用監獄
(c)第22条に定める個人通報制度について
(d)死刑制度について
(e)戒具や保護房（室）の使用について　矯正施設／入管収容施設
(f)処遇上の独居拘禁について　矯正施設／入管収容施設
(g)懲罰　矯正施設

　政府報告書の全文は、外務省ホームページ（http://www.mofa.go.jp/mofaj/gaiko/gomon/houkoku_01.html）で閲覧できるのでここでは省略するが、いわゆる代用監獄に関する部分は重要であるので、以下に全文を引用しておくこととする。

139.　日本においては、約1,300の警察留置場が警察署等に設置されている。警察留置場には、刑事訴訟法に基づき逮捕された被疑者、刑事訴訟法に基づき裁判官の発する勾留状により勾留された未決拘禁者等が留置されている。留置場に留置される被疑者は、2003年の1年間で約19万人であった。
140.　逮捕された被疑者は、釈放される場合を除いて、検察官の勾留請求により裁判官の面前に連れていかれ、裁判官が、被疑者を勾留するか否かを決定する。被疑者の勾留場所は、刑事訴訟法によって、監獄とされており（刑事訴訟法第64条第1項等）、監獄法は、警察留置場を監獄に代用することができると定めている（監獄法第1条第3項）。この警察留置場を監獄に代用することができる制度がいわゆる「代用監獄制度」と呼ばれているものである。なお、被疑者の勾留場所については、刑事訴訟法上拘置所又は警察留置場のいずれを選択するかを定めている規定はなく、検察官の請求を受けて、裁判官が、個々の事件ごとに、諸般の事情を総合的に勘案して

決定している（刑事訴訟法第64条第1項）。
141. 公訴提起後についても、罪証隠滅及び逃走防止のため必要がある場合には、裁判所は被告人を勾留することができる（刑訴法第60条）。この勾留場所についても、被疑者の場合と同様監獄とされており、警察留置場を代用することができる。
142. 本制度は、本条約第1条1にいう「合法的な制裁」に該当するものであり、いわゆる代用監獄への収容自体は、本条約にいう拷問に当たるものではない。また、いわゆる代用監獄制度においては、捜査を担当しない部門に属する留置担当官が、関係する法令等に基づき、勾留された被疑者等の処遇を人権に配慮して行っているところであり、不必要な精神的、肉体的苦痛を内容とする人道上残酷と認められる取扱い又は刑罰は行われていない。したがって、このようにいわゆる代用監獄制度が適正に運用されている限り、「残虐な、非人道的な又は品位を傷つける取扱い又は刑罰」が行われているとして、本条約上の問題が生じるものではないと考える。
143. なお、警察留置場における生活については、市民的及び政治的権利に関する国際規約第40条1(b)に基づき我が国が提出した第4回報告パラ118から133を参照。また、捜査と留置の分離については、同報告パラ134から143を参照。

2　日弁連報告書の作成

　日弁連では、この政府報告書に対して2007年1月18日付でオルタナティヴ・レポート（日本語版）を作成した。政府報告書は条文の羅列ばかりで事実やデータに乏しい内容であった。これに対して、日弁連報告書では、近年の具体的事例や、わかりやすい統計資料を可能な限り盛り込み、拷問や非人道的処遇の実態が浮かび上がるようにすることに努めた。このため、1月段階で日本語版を作成し英訳作業に入った後も、進行中の事件の進展具合や新たに判明した事例を常にフォローし、随時新しい内容に改訂していく作業を行い、報告書提出後もさらに補充資料を作成して、4月に委員会に提出した。報告書の全文は日弁連のホームページ（http://www.nichibenren.or.jp/ja/humanrights_library/treaty/torture_report.html）に掲載されているが、その骨子を資料編に収録したので参照されたい。この作業が現実に効果的であったことは、個々の委員が日弁連レポートと他のNGOレポートを細部まで読み込み、その情報を政府報告書審査で縦横に活用したことからも明らかであろう。

3　関係者等からの情報収集と審査の準備活動

　日弁連報告書の作成と並行して、ジュネーヴ現地で行う委員会への働きか

けをいかに充実させるかという見地から、委員会関係者（主に事務局）や在ジュネーヴの国際人権NGO等と積極的に接触し、情報収集に努めた。非常に幸運なことに、2007年2月から3月にかけて、拷問禁止委員会副議長のクラウディオ・グロスマン教授と、委員会事務局で日本政府報告審査を担当するエンニオ・ボアッティ氏が、それぞれ、委員会とはまったく別の用向きで来日するという情報に接し、いちはやく接触して面談の機会を得た。

これらの面談においては、日弁連報告書の概要を説明することができたほか、NGOレポートの作成・提出からNGOミーティングでの活動の仕方にいたるまで、技術的な点を含めて留意すべきポイントを把握することができ、大きな収穫であった。これらの活動に基づき、日弁連としての質問リストを作成し、委員会に提出した。これも本書の資料編に採録したので、参照されたい。

4　他のNGOミーティングとの連携・協力

今回の政府報告書審査には、日本から大きく分けて4つのNGO（日弁連、国際人権活動日本委員会、CATネットワーク、アジア女性資料センター）が参加した。限られたNGOの説明時間の中で、混乱を避け、NGOの役割を最大限に発揮するためには、各NGO間で十分に連携をはかり、事前にプレゼンの時間や内容について調整を行う必要があった。幸い、日弁連の当協議会には、参加する各NGOと密接なかかわりをもつ委員が揃っており、日弁連が中心となって、NGOミーティングのための事前打ち合わせを持った。そして、各団体の持ち時間、プレゼン内容について重複を避けるための大まかな割り振り、プレゼン用配布ペーパーの準備、さらに、ジュネーヴ現地でのミーティングなどについて、事前の意思一致をはかった。

5　ジュネーヴ現地での活動
①『それでもボクはやってない』上映会

ジュネーヴでは、まず、政府報告書審査が始まる2日前の5月7日午後に、再審開始決定が出されて現在抗告審が継続中の布川事件の再審請求人・杉山卓男氏らとともに記者会見を実施した。同日夜には、いわゆる痴漢冤罪事件を取り上げた周防正行監督の映画『それでもボクはやってない』の上映会を

開催した。この上映会の実現に当たっては、英語字幕つきの DVD の提供など同映画制作関係者からの協力が得られた。また、会場としては在ジュネーヴの NGO である OMCT（World Organisation Against Torture）の大会議室を借りることができた。ここに記して感謝したい。

　日本政府報告書に関する第 1 報告者マリーニョ・メネンデス委員とグロスマン委員、ノラ・スベアス委員の拷問禁止委員会委員が計 3 名参加したほか、人権高等弁務官事務所の職員、NGO 関係者、日本政府代表部職員等、総勢約 60 名が参加した。映画上映前後に軽食を交えて懇談ができるよう設定したため、事実上のプライベート・ミーティングを実現することができた。上映後、国連関係者やオランダ代表部職員等から、日本の刑事司法制度について非常な驚きと衝撃を受けた旨の感想が次々と寄せられた。このインパクトは、翌日の NGO 公式ミーティング、そして翌々日の政府報告書審査まで及んだのである。

6　ジュネーヴ現地での活動　② NGO ミーティング

　翌 5 月 8 日には、拷問禁止委員会委員と、日本から参加した NGO とのミーティングが行われた。ちょうどこの日の朝、インターナショナル・ヘラルド・トリビューン紙が 1 面と 7 面で、鹿児島県の志布志事件など日本の冤罪事件の特集記事を掲載した。この記事の内容は、日弁連が NGO ミーティング用に作成していた資料の内容とぴったり符合していたため、急遽コピーし追加資料としたところ、大いに委員らの関心を呼び、翌日の政府報告書審査の中でも話題になった。

　NGO ミーティングにおいては、日弁連をはじめ、布川事件再審請求人の杉山卓男氏、ＣＡＴネットワーク、アジア女性資料センターがプレゼンテーションを行った。とくに日弁連報告書との関係において触れると、メネンデス委員から「日本の司法の現状には多くの疑問がある。代用監獄での 23 日間にわたる過酷な取扱いについて、検察官はなんらかの役割を果たさないのか。誤った自白が被告人に有利に認定された判決はどのくらいあるのか。退去強制となった外国人の収容期間に制限はないのか」等の質問がなされた。また、スベアス委員からは、「昨日見た映画で大変なショックを受けた。単なる痴漢事件でありながら、長期間拘禁され、あれほど金をかけて、人もたくさん関わった裁判で、時間があまりにもかかって、有罪判決。無罪推定の

原則が機能していない。クレイジーだ。こういう刑事システムが本当に存在しているのか。あれは典型的か」との質問があった。この質問に対しては、日弁連から「この映画に描かれている刑事裁判は典型的なものである」と回答した。さらに、第2報告者のアレクサンダー・コヴァレフ委員からは、死刑判決の増加と、適用される事件の罪種についての質問がなされた。

7　ジュネーヴ現地での活動　③補充資料の作成と提出

　NGOミーティングで委員らの関心事項が具体的に示されたのを受け、我々はその晩、①総論、②刑事施設、③代用監獄、④入管・難民政策、⑤死刑、⑥子ども、⑦人権教育、の各テーマについて重要論点をコンパクトにまとめたペーパーを作成し、関連資料を添付して、翌5月9日の朝、政府報告書審査に先立って各委員に配布した。

　また、同日の政府報告書審査第1日目においては、委員会から日本政府代表団に対して質問が出されると、CATネットワークと手分けして、オルタナティヴ・レポートならぬオルタナティヴ・アンサーともいうべき、質問に対するNGOの立場からの見解をまとめたペーパーを作成し、翌10日の朝、政府報告書審査第2日目に先立って提出した。ここで提供した情報は、最終見解の内容に反映されている。

　審査終了の時点で、さらに日本政府の回答に対するコメントをまとめた文書をNGOの立場からまとめた文書を作成し、翌日にはこれを委員に配布した。この作業は審査に参加されていた今井直教授、日弁連以外のNGOとの共同作業であった。

　以上、日弁連をはじめとするNGOの活動の概要を列記したが、いずれが欠けても今回の最終見解は引き出せなかったであろうと思われるほど重要な取り組みであった。今後はこの経験を十二分に生かし、次の審査の機会にはさらに洗練された効果的な活動を展開する必要がある。

（海渡雄一＝田鎖麻衣子／いずれも弁護士）

コラム

布川事件を国連拷問禁止委員会に訴えて

　2007年1月、夫は、国際人権活動日本委員会代表委員の吉田好一さんから、「国連拷問禁止委員会で第1回日本政府報告審査が行われる。拷問の定義は肉体的苦痛ばかりでなく精神的苦痛も含まれ、布川事件の取り調べや自白の強要は、正にこの拷問禁止条約に違反するもの。日本の実情を直接国連で訴えてこよう」と声を掛けていただいた。

　夫は、即時抗告審でも次々と明らかになる捜査官の不正に怒りを強めていた。何としても「布川事件」が再審の扉を開き、日本政府にえん罪を改めさせる突破口になりたいと願って闘い続けて来ただけに、「今こそ世界に日本の刑事司法の実情を訴える時機」と吉田さんの誘いにすぐに賛同した。しかし、理不尽な人権剥奪と29年という長い拘禁生活による後遺症で、仮釈放になって10年を経た今もトラウマやフラッシュバックで苦しむ夫は、「狭い飛行機の中で、長い飛行時間に耐えられないかもしれない。代わりに行って来て欲しい」と妻の私に言った。

　無実を訴え続け、裁判のやり直しに人生の総てを費やしてきた夫の40年。それは、人生を奪われただけではない。私は、夫の苦しむ姿を初めて目の当たりにした時のことを今でも忘れることができない。それは、あまりにも壮絶で、えん罪の本当の恐ろしさを知り、そして心の底から「えん罪を憎い」と思う瞬間でもあった。夫の思いをどれだけ伝えてくることができるか不安はあったが、「なぜ本人が来られないのか、それも併せて訴えてきて欲しい」と言う夫の言葉に、私の迷いは消えた。

＊＊＊

　5月8日、私は、同じく布川事件の当事者である杉山卓男さんとともに吉田さんを団長とする国際人権活動日本委員会、日本国民救援会、布川事件・守る会の代表からなる要請団の一員として、緊張しながらジュネーブ国連人権高等弁務官事務所で行われる拷問禁止委員との公式ミーティングの会場にいた。

　拷問禁止委員は議長を含めて10名。いよいよ、本番の時を迎えた。杉山

さんは代用監獄制度の中で自ら受けた拷問的取り調べについて述べ、「40年間悔しさを忘れたことはない。えん罪を一生かけても晴らして行きたい」と発言した。私は、初めに「これが夫です」と写真を示し、なぜ夫が妻の私を代理として来させたかを説明した。そして、夫の獄中日記を示しながら、「捜査官の洗脳によって、『真実を言えば極刑』、『認めれば生きていける』とどれだけ「死」に怯えていたか。暗号を使って書いている部分もありどれだけ捜査官に不信感を抱いていたか想像して欲しい」と訴えた。そして、「夫も杉山さんも『無実』。被疑者段階での取り調べはもちろん、再審開始決定が出たにも拘らず、40年経った今も再審は実現せず、精神的苦痛が続いている。えん罪は国家による過ちであり、それを放置しているのは国家の犯罪である。どうかこの事実に目を向けられ、日本政府への厳しい勧告を」と結んだ。

　終了後、委員から、「当事者の話が聞けて大変よかった」「貴重な報告に感謝している」と発言があったことを聞き、私は極度の緊張から解放されていく自分を感じていた。

　9日は審査の1日目。長い時間をかけて国内法の条文ばかりを披露した政府側報告に対し、各委員からは、代用監獄制度の問題、自白の強要、長期間の勾留、取り調べの可視化、録音のことなど、具体的でストレートな質問が相つぎ、日本政府に厳しく答弁を求めた。そして、感動的だったのは日本担当委員が、「被収容者は弱い立場にある。非人道的処遇を受けないよう防止することが必要。心理的圧迫のために自白をしてしまう。推定無罪が壊れている。『フカワ・ケース』もそうだと承知している」と発言されたことだ。

　2日目の政府側答弁は、前日同様ほとんど誠意の感じられない日本政府の答弁が続いた。そして「自白のみで有罪とされた事案はあるか」の質問に対し、法務省代表委員が、憲法38条や刑訴法319条を引用して、はっきりと"ございません"と言い切った場面があったが、私はそれに怒りを覚えながらも、審査会場の雰囲気が政府側の答弁に真実はないと感じてくださっているように思え、とても心強く思った。

　また、再審について公式に触れられた場面がなかったので、会議終了後、私は杉山さんと一緒に、「それでもボクはやってない」を観て「クレイジーだ」と感想を述べられ、私たちの訴えに目を潤ませ聞いてくれた女性委員に駆け寄って、救済制度をぜひ効力あるものとするよう勧告に盛り込んで欲しい、と訴えた。彼女の真剣に聞いてくださるその姿に、間違いなく私たち布川事件の当事者の訴えは通じていると確信した。それは、3日間を通じて、日本

担当委員はもちろん他の委員にも強く感じたことだった。

　今回の国連要請は、日本政府の人権感覚が諸外国に比べ幾重にも遅れているということを実感する場となった。それだけに私は、委員会が特に「代用監獄」と「取り調べと自白」について日本政府に1年以内の再報告を求めたことは、その深刻さ故のことであり、日本政府は真摯に受け止めて誠意ある回答をして欲しいと心から願っている。

＊＊＊

　国際会議という貴重な場に立ち会い、また発言の機会を作ってくださった国際人権活動日本委員会の吉田さん、日弁連の小池振一郎先生をはじめとする諸先生方、同行くださり大変お世話になった要請団の皆さんに心から感謝申し上げます。

（桜井恵子／布川事件再審請求人桜井昌司・妻）

第1部　政府報告書と日弁連の活動

第2部
審査の様子と最終見解
――日本の刑事司法の根本的な見直しを迫る

拷問禁止委員会報告審査の様子

1　政府報告書審査第1日

　拷問禁止条約に基づく政府報告書の審査は、第1セッションでは政府による説明、委員の中の2人の報告者(ラポーター)による総括的な質問を行う(これは2人の報告者が条約の前半の条項と後半の条項について分担するのが通常である)。その後、他の委員から自らの問題関心に基づく質問がなされる。他の委員の多くが質問するが、全員が発言することが義務づけられているわけではない。

　日本の報告書審査の場合は、この手続きが5月9日の午前10時から昼休みを挟んで午後3時まで実施された。第1報告者はメネンデス委員、第2報告者はコヴァレフ委員であった。9日の夜は、おそらく政府代表団は徹夜で本省とも連絡を取り、委員から出された質問に対する回答をまとめたことであろう。第1章に述べたとおり、日弁連と他のNGOも委員の質問に答える形で、この日深夜まで作業して説明ペーパーを準備した。

2　政府報告書審査第2日

　これらの質問に対して、政府側が総括整理して、各分野別に専門の政府担当者が回答を行った。

　なお、この質問に対する回答のほとんどは日本語でなされた。日本政府の回答を行う担当者の中には、同時通訳で自らの回答が翻訳されているかどうかを確認しないで、日本語で準備された回答を早口で読み上げた者もいた。同時通訳は混乱し、聞いている委員は相当わかりづらかっただろうと思われる。できれば、英語での回答を準備するべきだし、それが不可能なときにも通訳の進行に配慮した答弁が望まれる。

　この回答に対して、再度、報告者と他の委員のうちの何人かがその場で再質問を行った。この再質問に対しては、政府はその場でごく短時間の休み時

間を取り、答える担当者を決めて答える。この手続が第2日目の5月10日の午後3時から午後6時まで実施された。これで、公開の政府報告書審査手続は終了である。

3　最終見解のとりまとめのための討議

　政府報告書の審査が終了すると、委員会はこれに対して最終見解（結論及び勧告）をまとめる。この最終見解は、報告者を中心に事務局のサポートを受けて最終見解のドラフトが作られ、これに対して、他の委員が意見を述べる形で最終見解がとりまとめられるようである。

4　最終見解の決定、公表

　日本政府報告に基づく最終見解は、国連文書の日付としては会期最終日である5月18日付となっているが、実際に公表されたのは5月21日である。委員会が日本政府に対して最終見解を交付したのは、5月18日のようである。

　公表されているバージョンは「編集未了」とされているが、今日までに編集済みのバージョンは公表されていない。このバージョンにはパラグラフ番号の20が重複して2つあるという問題がある。便宜上2つ目のパラグラフ20を20-2として表記した。

5　最終見解の翻訳

　以下に掲載した最終見解の翻訳は、この審査に参加したNGOの協力を得て、日弁連の責任で訳出したものである。

　なお、外務省もこの最終見解の仮訳を公表している。委員会の最終見解の内容は一義的で明快なものであるから、日弁連の翻訳との間に重大な差異はないと考えるが、念のため外務省ホームページのURLを掲載しておく。
http://www.mofa.go.jp/mofaj/gaiko/gomon/index.html

（海渡雄一）

最終見解・日本語訳

文書番号　CAT/C/JPN/CO/1
2007年5月18日
原文：英語
拷問禁止委員会　第38会期
ジュネーブ　2007年4月30日～5月18日

条約第19条に基づいて締約国により提出された報告書の審査
拷問禁止委員会の結論及び勧告

日本

1．委員会は、日本政府による第1回報告書（文書番号CAT/C/JPN/1）を2007年5月9日及び10日に開催した第767回及び769回会議(CAT/C/SR.767 and CAT/C/SR.769)において審査し、2007年5月16日及び18日に開催した第778回及び779回会議(CAT/C/SR.778 and CAT/C/SR.779)において、以下の結論及び勧告を採択した。

A．はじめに

2．委員会は、日本政府の第1回報告書の提出、また建設的な対話を始めたこの機会を歓迎する。特に、委員会が提示した数多くの口頭質問に対して政府代表団が提供した説明や解説に賞賛をもって注目する。また、委員会は、政府代表団が大きく、それが多様な省庁の代表によって構成され、条約に基づく本会議における義務を重視する姿勢を見せていることについても歓迎する。さらに、報告書審査へのNGOの参加を歓迎する。

3．しかし、委員会は、2000年7月に提出期限であった政府報告書が5年以上も遅れて提出されたことを遺憾とする。また、委員会は、報告書が、締約国内でどのように条約諸規定が実際に適用されているかに関する詳細情報

が不足している限りにおいて、第1回報告書準備のための委員会のガイドラインに十分に沿うものではないことに注目する。第1回報告書は、条約が保障する人権の実施について具体的事例や統計を用いた分析によらず、法規定に限られたものとなることが多いのである。

B．積極的側面

4．締約国による大部分の国際人権条約の批准。

5．委員会は、以下の採択も歓迎する。
 a) 出入国管理及び難民認定法の一部を改正する法律（平成16年6月2日法律第73号）
 b) 刑事収容施設及び被収容者等の処遇に関する法律。これは、（受刑者について）「刑事施設及び受刑者の処遇等に関する法律」として2005年5月24日に成立し施行され、2006年6月2日に改正された。

6．委員会は、刑事施設の透明性を高める目的及び、暴行の再発を防止するために、刑事施設視察委員会や刑事施設の被収容者の不服審査に関する調査検討会のような新しいメカニズムを設置したことに注目する。加えて、委員会は、2007年6月までに、留置施設視察委員会を設置することが発表されたことを歓迎する。

7．委員会は、現在、行動科学及び心理学、並びに人権基準を含むという、矯正局による刑事拘禁施設の職員に対する研修カリキュラムとその実施にかかわる活動を歓迎する。

8．委員会は、また締約国が人身売買と闘うためにとった行動、特に、2004年12月の「人身売買と闘う国内行動計画（the National Plan of Action to Combat Trafficking in Persons）」の採択、刑法並びに出入国管理及び難民認定法の関連規定の改正を歓迎する。

9．委員会は、報告書準備の枠組みのなかで、締約国が行った市民社会との協議を歓迎する。

C．主要な懸念事項及び勧告

拷問の定義

10．条約1条が意味するところの「拷問」として説明されうるあらゆる行為は、日本国の刑法等によって犯罪として処罰可能であるという締約国の主張があったが、委員会は、条約1条に規定されている拷問の定義が、締約国の刑法に未だ含まれていないことに憂慮をもって注目する。特に、委員会は、条約の定義による「精神的拷問」は、刑法195条及び196条において明確に定義づけられていないことについて、また脅迫など関連する行為に対する刑罰が不適切であることについて、懸念を表する。さらに、委員会は、日本の法制度が、例えば自衛隊員や入管職員など、あらゆる種類の公務員、公的資格で行動する個人、又は、公務員若しくは公的資格で行動するその他の者の扇動により若しくはその同意若しくは黙認の下に行動した個人をカバーしていないことに懸念を表する。

締約国は、適当な刑罰を科する特別な犯罪として拷問を性格づけるあらゆる構成要素を含めることによって、条約1条に包含される拷問の定義を国内法に含めるべきである。

条約の国内適用

11．委員会は、条約の直接適用に関する情報、特に、国内裁判所による適用例、並びに戦時における条約の適用についての情報の不足について遺憾とする。

締約国は、裁判所による条約の直接適用を確保するためにとられた措置及びその具体的事例に関する情報を委員会に提供すべきである。締約国は、戦時の条約適用に関する情報を提供すべきである。

時効

12．委員会は、拷問及び虐待とされる行為が時効の対象とされていることに憂慮をもって注目する。委員会は、拷問及び虐待とされる行為のための時効は、それら深刻な犯罪についての捜査、起訴及び処罰を妨げうることに懸念を表する。特に、第二次世界大戦中の軍性奴隷、いわゆる「慰安婦」の被害者による提訴が、消滅時効を理由に棄却されたことを遺憾とする。

締約国は、拷問行為の未遂、共謀及び加担を含む拷問及び虐待とされる行

為が、時効にかかることなく捜査が行われ、起訴され、また処罰がなされるように、時効に関する規則及び法規定を見直し、条約上の義務に十分に従ったものとなるようにすべきである。

司法の独立性
13. 委員会は、司法の独立の程度が不十分であること、特に、必要的な保証が欠如している裁判官の任期に関して懸念を表する。
　締約国は、司法の独立性を強化し、特に裁判官の任期の保証を確保するために、あらゆる必要な措置をとるべきである。

ノン・ルフールマンの原則
14. 委員会は、締約国の国内法及び運用において、一部の条項が条約3条に適合していないことに懸念し、特に次の点について懸念を有する。
　a) 2006年出入国管理及び難民認定法は、拷問を受ける可能性がある国ぐにへの送還を明確に禁止せず；加えて、再審査機関は条約3条の適用を制度的に調査せず；
　b) 難民認定の該当性を再審査する独立した機関の欠如；
　c) 多数の暴行の疑い、送還時の拘束具の違法使用、虐待、性的いやがらせ、適切な医療へのアクセス欠如といった上陸防止施設及び入国管理局の収容センターでの処遇。特に、これまでに1件のみが入国管理収容センターでの虐待として認められているにすぎないことに委員会は懸念を有する。
　d) 入国管理収容センター及び上陸防止施設を独立して監視するメカニズムの欠如、特に被収容者が入国管理局職員による暴行容疑について申立てできる独立した機関の欠如。また、第三者である難民審査参与員の任命基準が公表されていないことにも委員会は懸念を有する；
　e) 法務省は難民認定申請者に対し、異議申立ての際の法的代理人を選任させず、非正規滞在者に対する政府による法的援助が事実上は限定的である事実を踏まえ、入国管理局職員による裁定を再審査する独立した機関の欠如。
　f) 全ての庇護希望者の司法審査へのアクセス保障の不十分性と行政手続終了直後に送還を執行した疑い。
　g) 難民申請却下後から送還までの庇護希望者の無期限拘束、特に無期限及び長期の収容ケースの報告。

h) 2006年入管法改正の際に導入された仮滞在制度の厳正性及び限定的な効果。

締約国は、移民の収容と送還に関連する全ての措置と運用は、条約3条に十分に適合するように保障するべきである。特に締約国は、送還された場合、拷問の対象となる危険にさらされると信ずる十分な根拠がある国ぐにへの送還を明確に禁止し、難民該当性を再審査する独立した機関を設置すべきである。締約国は難民申請及び送還手続きにおける適正手続き（due process）を保障するべきである。締約国は入国管理収容施設における処遇に関する不服申立てを審査する独立した機関を遅滞なく設置すべきである。締約国は、特に弱い立場にある人々が送還を待つ間の収容期間に上限を設置し、書面による送還命令発付以後の収容の必要性に関連する情報を公開すべきである。

代用監獄

15. 委員会は、被逮捕者が裁判所に引致された後ですら、起訴に至るまで、長期間勾留するために、代用監獄が広くかつ組織的に利用されていることに深刻な懸念を有する。これは、被拘禁者の勾留及び取調べに対する手続的保障が不十分であることとあいまって、被拘禁者の権利に対する侵害の危険性を高めるものであり、事実上、無罪推定の原則、黙秘権及び防御権を尊重しないこととなり得るものである。特に、委員会は以下の点について深刻な懸念を有する。

a) 捜査期間中、起訴にいたるまで、とりわけ捜査の中でも取調べの局面において、拘置所に代えて警察の施設に拘禁されている者の数が異常に多いこと

b) 捜査と拘禁の機能が不十分にしか分離されておらず、そのために捜査官は被拘禁者の護送業務に従事することがあり、終了後には、それらの被拘禁者の捜査を担当し得ること

c) 警察留置場は長期間の勾留のための使用には適しておらず、警察で拘禁された者に対する適切かつ迅速な医療が欠如していること

d) 警察留置場における未決拘禁期間が、一件につき起訴までに23日間にも及ぶこと

e) 裁判所による勾留状の発付率の異常な高さにみられるように、警察留置場における未決拘禁に対する裁判所による効果的な司法的コントロール

及び審査が欠如していること
f) 起訴前の保釈制度が存在しないこと
g) 被疑罪名と関係なく、すべての被疑者に対する起訴前の国選弁護制度が存在せず、現状では重大事件に限られていること
h) 未決拘禁中の被拘禁者の弁護人へのアクセスが制限され、とりわけ、検察官が被疑者と弁護人との接見について特定の日時を指定する恣意的権限をもち、取調べ中における弁護人の不在をもたらしていること
i) 弁護人は、警察保有記録のうち、すべての関連資料に対するアクセスが制限されており、とりわけ、検察官が、起訴時点においていかなる証拠を開示すべきか決定する権限を有していること
j) 警察留置場に収容された被拘禁者にとって利用可能な、独立かつ効果的な査察と不服申立ての仕組みが欠如していること
k) 刑事施設では廃止されたのと対照的に、警察拘禁施設において、防声具が使用されていること

締約国は、未決拘禁が国際的な最低基準に合致するものとなるよう、速やかに効果的な措置をとるべきである。とりわけ、締約国は、未決拘禁期間中の警察留置場の使用を制限するべく、刑事被収容者処遇法を改正すべきである。優先事項として、締約国は、

a) 留置担当官を捜査から排除し、また捜査担当官を被収容者の拘禁に関連する業務から排除し、捜査と拘禁（護送手続を含む）の機能の完全な分離を確実にするため、法律を改正し、
b) 国際的な最低基準に適合するよう、被拘禁者を警察において拘禁できる最長期間を制限し、
c) 警察拘禁中の適切な医療への速やかなアクセスを確実にすると同時に、法的援助が逮捕時点からすべての被拘禁者に利用可能なものとされ、弁護人が取調べに立ち会い、防御の準備のため起訴後は警察記録中のあらゆる関連資料にアクセスできることを確実にし、
d) 都道府県警察が、2007年6月に設立される予定の留置施設視察委員会の委員には、弁護士会の推薦する弁護士を組織的に含めることを確実にするなどの手段により、警察拘禁に対する外部査察の独立性を保障し、
e) 警察留置場の被留置者からの不服申立てを審査するため、公安委員会から独立した効果的不服申立制度を確立し、
f) 公判前段階における拘禁の代替措置の採用について考慮し、

g) 警察留置場における防声具の使用を廃止するべきである。

取調べに関する規則と自白

16. 委員会は、とりわけ、未決拘禁に対する効果的な司法的統制の欠如と、無罪判決に対して、有罪判決の数が非常に極端に多いことに照らし、刑事裁判における自白に基づいた有罪の数の多さに深刻な懸念を有する。委員会は、警察拘禁中の被拘禁者に対する適切な取調べの実施を裏付ける手段がないこと、とりわけ取調べ持続時間に対する厳格な制限がなく、すべての取調べにおいて弁護人の立会いが必要的とされていないことに懸念を有する。加えて、委員会は、国内法のもとで、条約15条に違反して、条約に適合しない取調べの結果なされた任意性のある自白が裁判所において許容され得ることに懸念を有する。

締約国は、警察拘禁ないし代用監獄における被拘禁者の取調べが、全取調べの電子的記録及びビデオ録画、取調べ中の弁護人へのアクセス及び弁護人の取調べ立会いといった方法により体系的に監視され、かつ、記録は刑事裁判において利用可能となることを確実にすべきである。加えて、締約国は、取調べ時間について、違反した場合の適切な制裁を含む厳格な規則を速やかに採用すべきである。締約国は、条約15条に完全に合致するよう、刑事訴訟法を改正すべきである。締約国は、委員会に対し、強制、拷問もしくは脅迫、あるいは長期の抑留もしくは拘禁の後になされ、証拠として許容されなかった自白の数に関する情報を提供すべきである。

刑事拘禁施設における拘禁状態

17. 委員会は、過剰収容を含む刑事拘禁施設の一般的な拘禁状態に懸念を有する。革手錠の廃止を歓迎する一方で、「第二種手錠」が、懲罰で、不適切に用いられている申立があることについても、懸念をもって留意する。委員会は、刑事施設制度のなかに独立した医療スタッフが不足していること、被収容者に対する医療的援助が著しく遅滞していることについて懸念を有する。

締約国は、拘禁場所における状態の向上のために、また、国際的な最低基準に従って、実効的措置をとるべきである。とくに現在の過剰収容について措置をとるべきである。締約国は、拘束具について厳格な監視を確保し、とくにそれが懲罰として用いられることを防ぐために措置をとるべきである。

さらに、締約国は、適切で、独立した、かつ迅速な医療的援助がすべての被収容者にあらゆる時に施されるよう確保すべきである。締約国は、医療設備やスタッフを厚生労働省のもとにおくことを検討すべきである。

昼夜間独居処遇の使用
18. 委員会は、2005年に成立した受刑者処遇法が昼夜間独居処遇の使用を制限する規定を設けているにもかかわらず、長期にわたる昼夜間独居処遇が継続して用いられているとの訴えについて深い懸念を有する。委員会は、特に次の点について懸念を有する。
  a) 3ヶ月後の更新に制限がないというように、事実上、昼夜間独居処遇の期間に制限がないこと。
  b) 10年を超えて独居とされている被拘禁者の人数。一つの例では42年を超えている。
  c) 昼夜間独居処遇が懲罰として使用されているとの訴えがあること。
  d) 昼夜間独居処遇とされている被収容者に対して、精神障害について不適切なスクリーニングしかなされていないこと。
  e) 昼夜間独居処遇を課す決定に対して、通常の処遇に戻すための効果的な手続きの不足。
  f) 昼夜間独居処遇の必要性を決定する際の基準の欠如。

締約国は、国際的な最低基準に従って、昼夜間独居処遇が限定された期間の例外的な措置となるように現在の法制度を改正するべきである。締約国は長期にわたる昼夜間独居処遇を受けている全ての事例について、当該拘禁が条約に反すると考えられる場合には、これらの者を（この状態から）解放するという観点から、心理学的に、及び、精神医学的な評価に基づいて、組織的な（systematically）調査を行うことを検討するべきである。

死刑
19. 最近の立法が死刑確定者の面会及び通信の権利を拡大したことに注目しつつも、委員会は、死刑を言い渡された人々に関する国内法における多くの条項が、拷問あるいは虐待に相当し得るものであることに深い懸念を有する。とりわけ、
  a) 確定判決の言渡し後、独居拘禁が原則とされ、死刑確定後の長さをみれば、いくつかの事例では30年を超えていること、

b) 死刑確定者とその家族のプライバシー尊重のためと主張されている、不必要な秘密主義と処刑の時期に関する恣意性。とりわけ委員会は、死刑確定者が自らの死刑執行が予定されている時刻のわずか数時間前に執行の告知を受けるため、死刑確定者とその家族が、常に処刑の日にちが不明であることによる精神的緊張を強いられることを遺憾とする。

締約国は、死刑確定者の拘禁状態が国際的な最低基準に合致するものとなるよう、改善のためのあらゆる必要な手段をとるべきである。

20. 委員会は、死刑確定者の法的保障措置の享受に対して課された制限、とりわけ以下の点に関して深刻な懸念を有する。
   a) 再審請求中であっても、弁護人と秘密接見をすることが不可能である点を含めて、弁護人との秘密交通に関して死刑確定者に課せられた制限、秘密交通の代替手段の欠如、及び確定判決後の国選弁護人へのアクセスの欠如
   b) 死刑事件における必要的上訴制度の欠如
   c) 再審手続ないし恩赦の申請が刑の執行停止事由ではないという事実
   d) 精神障害の可能性のある死刑確定者を識別するための審査の仕組みが存在しないこと
   e) 過去30年間において死刑が減刑された事例が存在しないという事実

締約国は、死刑の執行をすみやかに停止し、かつ、死刑を減刑するための措置を考慮すべきであり、恩赦措置の可能性を含む手続的な改革を行うべきである。すべての死刑事件において、上訴権は必要的とされるべきである。さらに、締約国は、死刑の実施が遅延した場合には死刑を減刑し得ることを確実に法律で規定すべきである。締約国は、確実に、すべての死刑確定者が、条約に規定された保護を与えられるようにすべきである。

迅速かつ公平な調査、不服申立ての権利

20-2. 委員会は、以下の事項に懸念を表する。
   a) 警察留置場における実効的な不服申立制度の不足。刑事被収容者処遇法が、そうした責務を有する独立機関を創設しなかったことは残念である。委員会は、2007年6月に設置される留置施設視察委員会に関する情報が不足していることに留意する。
   b) 刑事施設視察委員会に、拷問等に関する調査について充分な権限が

不足していること。

c) 法務省の職員が事務局を務めていることによって、刑事施設の被収容者の不服審査に関する調査検討会の独立性が不十分であること、また、被収容者及び職員にインタビューできず、またあらゆる関連文書に直接アクセスできないことから直接的に事案を調査する権限が限られていること。

d) 不服申立てをする権利に法的制限があること、また不服申立てをしようとする際に弁護士による援助を受けることが不可能であること。

e) 不服申立てを行ったことによって、また、賠償請求にかかわる時効によって却下された訴訟を行ったことによる不利益的影響を受けたとの報告があること。

f) 受理した申立数、着手されまた完了された調査の数、さらにその結果の数について情報の不足、これには侵害者の数とその者が受けた判決に関する情報も含む。

締約国は、警察留置場または刑事拘禁施設の双方における被収容者からの拷問等の申立てすべてについて、迅速、公正で、かつ実効的な調査を行う独立メカニズムを設置すべきである。締約国は、被収容者が不服申立ての権利を充分に行使できるように確保するために、拷問等行為についての時効の撤廃、不服申立てをするための法的援助の利用の確保、証人に対する脅迫からの保護措置の設置、及び賠償請求の権利を制限するあらゆる規定の見直しなどを含む、あらゆる必要な措置をとるべきである。締約国は、法執行官によって行われたことが疑われる拷問等に関する申立てについて、犯罪種別、エスニシティ、年齢、性別ごとの詳細な統計データを、また、関連する調査、起訴、刑罰、または懲戒処分についての詳細な統計データを提供すべきである。

人権教育及び研修

21. 委員会は、条約に違反する尋問手続を記した取調官のための研修マニュアルが存在するとの報告に注目する。さらに、委員会は、人権教育、特に女性及び子どもの特別な人権についての教育が、組織的には、刑事拘禁施設の職員に対して提供されているだけで、警察留置場の職員、取調官、裁判官及び入管収容施設の保安担当職員に対する教育カリキュラムには十分に含まれていないことに懸念を表する。

締約国は、法執行官、特に取調官に対する教育カリキュラムに関するあらゆる素材が公にされるよう確保すべきである。さらに、裁判官や入管職員を

含むあらゆる種類の法執行官は、特に、拷問、子ども及び女性の権利に焦点を当てた、自身の職務における人権の実現について定期的に訓練を受けるべきである。

賠償及びリハビリテーション

22. 委員会は、人権侵害の被害者が救済及び十分な賠償を得るにあたって直面している困難があるとの報告に懸念を表する。委員会は、また、時効や移民に対する相互主義の原則など賠償の権利に対する制限についても懸念を表する。委員会は、拷問又は虐待の被害者が求め、また得ることができた賠償に関する情報が不足していることについて遺憾を有する。

締約国は、拷問又は虐待のすべての被害者が、賠償及びリハビリテーションを含む救済の権利を十分に行使することができるよう確保するために、あらゆる必要な措置をとるべきである。締約国は、国内においてリハビリテーション・サービスを設置するための措置をとるべきである。締約国は、委員会に対し、被害者に対して提供されたあらゆる賠償又はリハビリテーションに関する情報を提供すべきである。

23. 委員会は、第二次世界大戦中の日本軍性奴隷のサバイバーを含む性暴力被害者に対する救済措置が不充分であり、性暴力及びジェンダーに基づく拷問等禁止条約違反を防ぐために有効な教育的その他の措置がとられていないことに懸念を表明する。「癒しがたい心の傷」によって苦しめられていると、締約国の代表が事実として認めている戦時中の性的虐待のサバイバーは、締約国が公式に事実を否認し続け、真実を隠匿あるいは公開せず、虐待の刑事上の責任者を訴追せず、適切なリハビリテーションを提供しないことによって、継続する苦痛と再トラウマ化を経験している。

委員会は、教育（10条）と救済措置（14条）がともに、この条約において締約国に課されている義務のさらなる違反行為を防ぐための手段であると考える。締約国によって公式に否認が繰り返され、訴追されず、適切なリハビリテーションが提供されていないことはすべて、拷問等禁止条約において締約国に課されている、教育及びリハビリテーション措置を通じて防止することも含めて、拷問と虐待を防止するという義務に違反することにつながっている。委員会は締約国に、性及びジェンダーに基づく暴力の根本原因である差別に取り組む教育を提供し、また刑事免責を防ぐ措置を含め、被害

者に対するリハビリテーション措置をとることを勧告する。

ジェンダーに基づく暴力と人身売買
24. 委員会は、法執行機関の職員による性暴力を含む、ジェンダーに基づく暴力及び拘禁中の女性と子どもに対する虐待についての申し立てが相次いでいることに懸念を表明する。委員会はまた、締約国のレイプに関する法規の範囲が、男女間の生殖器による性交渉のみに適用され、男性被害者に対するレイプ等、その他の形態による性的虐待を除外する限定的なものであることに懸念を表明する。加えて委員会は、締約国において、国境を超えた人身売買が、政府によって発行される興行ビザの目的外使用によって促進され、そのうえ確認された被害者への支援措置が不適切なままであるために、人身売買の被害者が不法移住者として取り扱われ、救済措置をとられることなく国外に強制送還されるなど、依然として深刻な問題となっていることに懸念を表明する。委員会はまた、駐留外国軍を含む軍関係者による女性及び少女に対する暴力を防止しまた加害者を訴追するための効果的な施策が不足していることに懸念を表明する。

締約国は、ドメスティック・バイオレンス及びジェンダーに基づく暴力を含む、性暴力及び女性に対する暴力を根絶するために防止措置を導入し、また責任者の告訴を前提として、拷問あるいは虐待に関するあらゆる申し立てについて早急かつ公平な調査を実施すべきである。委員会は締約国に対し、興行ビザの利用が人身売買を促進しないよう利用を制限すること、十分に資源を配分すること、関連する刑法の適用を積極的に追求することなど、人身売買対策の強化を要請する。また締約国が、法執行官及び司法関係者が被害者の権利とニーズに敏感になることを確保するための研修を実施すること、警察に専門部署を設置して被害者のためのよりよい保護と適切なケア、とりわけ安全な住居、シェルター、心理社会的な支援へのアクセスを提供することを推奨する。締約国は、駐留外国軍によるものも含め、あらゆる被害者が裁判所に救済措置を申し立てできるよう措置をとらなければならない。

精神障害を持つ個人
25. 委員会は、私立の精神病院で働く精神科指定医が精神的疾患を持つ個人に対し拘禁命令を出していること、及び拘禁命令、私立精神病院の管理・経営そして患者からの拷問もしくは虐待行為に関する不服への不十分な司法

的コントロールに懸念を表明する。

　締約国は公立及び私立精神病院における拘禁手続きについて、実効的かつ徹底した司法コントロールを確保するために必要なあらゆる措置を採るべきである。

26．委員会は、締約国に対し、条約22条に基づく受諾宣言を検討し、よって、委員会が通報を受ける資格を有することを認め、通報を検討することができるようにすることを勧奨し、また同時に条約の選択議定書の批准も検討するよう奨励する。

27．委員会は、締約国が国際刑事裁判所のローマ規程の加盟国となることを検討するよう奨励する。

28．締約国は 委員会に提出された報告書、委員会による結論及び勧告が、適切な言語で、公式のウェブサイトや報道機関、NGOを通じて、広く公表することを奨励されている。

29．委員会は、締約国に対し、国際人権条約機関によって最近、勧告された「報告に関する調和的ガイドライン内の共通重要文書（the Common Core Document in the Harmonized Guidelines on Reporting）」（HRI/MC/2006/3 and Corr.1）の要求に沿って重要な文書を提出することを勧める。

30．委員会は、締約国に対し、本文書14、15、16項及び24項に含まれる委員会による勧告に対する返答に関して1年以内に情報を提供することを求める。

31．締約国には、2011年6月30日までに第2回報告書を提出することが勧められる。

第3部
拷問禁止委員会審査の全記録

拷問禁止委員会
第1回日本政府報告書審査
審議録

〔解説〕以下は、2007 年 5 月 9 日及び 10 日に行われた報告書審査の審議録である。当日録音した反訳原稿を、原語が日本語であるもの以外は独自に翻訳し、適宜編集した。ただし、当日英語以外の原語で話された場合には英語通訳の反訳を用いている。見出しは読者の便宜のため監訳者の責任で付したものである。

第1日目（2007 年 5 月 9 日水曜日午前 10 時～午後 1 時）

■アンドレアス・マヴロマティス（キプロス、Mr. Andreas MAVROMMATIS）議長
【開会の辞と審査方法の概要の説明】

　藤崎大使、ありがとうございます。本日、拷問禁止委員会は、日本の政府報告書を審査するために招集されました。拷問禁止委員会を代表して、また私個人と致しましても、藤崎大使率いる政府代表団の皆様を温かく歓迎したいと思います。大使がよろしければ、代表団の方々を紹介して頂けますか。繰り返しますが、私は皆様を温かく歓迎します。代表団の人数が多いことは、本審査の場を活気づけるでしょうし、また実り多い対話を約束してくれるものです。詳細な質問に対しても難なくご回答して頂けるものと思います。

　すでに、代表団が希望されている概要紹介、更新および追加情報の提供から会議を始めていただくことについて、代表団長とお話しました。次に、委員が報告者の質問を最初として、順に質問をしていくことになります。我々の質問が終わるのは、午前中いっぱいとまでは行かないとしても、ほとんど午前の時間帯を使ってしまうでしょう。その後、代表団の皆さんが回答を作成する機会を持てるように、明日の午後まで休会します。

　これが、我々がなすべきことの概要です。我々が真に望むのは対話をすることですから、私は、あなたがたの任務をより容易にするためには協力を惜しまないことをお約束します。本審査の目的はただ一つ国内における人権状

況の改善を促進することです。また最後に、複数のNGOによる大代表団が来られていることも歓迎したいと思います。NGOの皆さんとは昨日の午後、短い会合をもつ機会がありました。NGOは多くの文書資料を提供してくれました。それら資料の全ては締約国の代表団も入手可能です。私は、公平にこれらの資料についても質問します。よってNGOの文書を手元に置いて頂ければ、参考になると思います。以上、歓迎の言葉とともに、代表団長の藤崎大使にこの場をお譲りしたいと思います。よろしくお願いします。

■藤崎一郎　在ジュネーブ国際機関日本政府代表部・特命全権大使

　議長、ありがとうございます。今日この場所におりますことを光栄に思います。我々は、いささか満を持して試験に臨む学生や、大きな競技会の前の選手のような気持ちでおります。しかしながら、私が理解しております審査の目的は、まずもって、国内のシステムとその履行状況を自己分析する機会を締約国が持つことです。我々はまさにこれを行いました。我々は良好な状況にあることを見出したと、誇りをもってご報告します。委員の方々にも同じように結論を見い出して頂けたら幸いです。我々政府代表団は、自国の状況をご説明するにあたって、数の面だけでなく、質の面でも素晴らしいチームであると自負しております。代表団は、外務省、法務省、警察庁、厚生労働省、防衛省、および海上保安庁の職員からなっています。

　先程議長が提案して下さったように、代表団のメンバーを個別にご紹介することもできますが、そうしますと40分程度時間をとるかもしれませんので、割愛させて下さい。代表団のメンバーが委員の方々の御期待に応え、役割を果たせるよう願っております。

　拷問の問題に関する我々の基本的な考えをごく簡潔に述べさせて下さい。拷問に関しては、絶対的に禁ずる（ゼロ・トレランスである）べきです。この目的を達成するために、我々は3つの柱が重要だと考えております。

　第1に、法的なシステムです。これはもちろん基礎的な部分であります。日本国憲法は36条で、全ての公務員による拷問および残虐な刑罰は、絶対に禁止されることを明記しておりますし、刑法と刑事訴訟法は、この憲法の規定を担保しています。もし何らかの問題が発生した時は、徹底的な調査が行われ、再発することのないような措置がとられるでしょう。また、上記の法を履行するため、法執行官はしかるべき訓練を受けます。

　第2に、市民参加です。我々はあらゆる人々からの意見や声に留意して

います。日本政府は、NGOが拷問との闘いにおける大切なパートナーであると確信しています。我々は今日ここで多くのNGOの人々にお会いでき嬉しく思っています。我々はNGOのレポートを常に注意深く読み、活用しています。レポートをここに提出する前に、政府は市民社会の意見を聞いています。昨年、市民が刑事施設を訪れて、そのより良い運営のための勧告を行えるように、新法が制定されました。その勧告は十分に尊重されるでしょう。

　第3の柱は国際協力です。我々はこの条約を、拷問を防止するための国際協力の礎石と捉えております。できるだけ多くの国がこの条約に加入することが必要です。我々はそのために最善をつくします。我々は、拷問禁止委員会によって行われるすべての活動を、高く評価し、支持します。

　私たちは現在、条約の重要性と実施に関する教育を含めた法的問題について、海外の法執行官に対してトレーニングを拡大することに着手しています。我々はそのような協力を継続し、発展させていくつもりです。議長、今回は本当に、我々にとり貴重な機会であります。目下の問題に戻りましょう。我々は、今日と明日、ここに居られる委員の方々全員と、有意義かつ双方向的な対話をもつことを望んでいます。

　斬新な視点からの意見やアドバイスがいただければうれしく思います。我々は既に、委員の皆さんから意見を伺い、学ぼうという準備ができています。今日は中座しなければならず申し訳ありませんが、同僚たちが私の代わりにこの場に居てくれておりますし、今日皆さんがどのような議論をもたれたか、後で同僚たちから教えてもらうことに致します。私にこの発言の機会を与えて下さったことをたいへん感謝します。では、議長の許しをいただいて、同僚の木村氏にプレゼンテーションをお願いしたいと思いますが、いかがでしょうか。

■マヴロマティス議長
　ありがとうございました。どうぞ続けて下さい。

■木村徹也　外務省人権人道課・課長
　議長、この度は報告の機会を下さりありがとうございます。外務省人権人道課長の木村徹也と申します。今後2日間、日本政府代表団の議長として役割を果たしたいと考えております。この2日間で、人権の保護・促進のため、委員会の皆様と非常に建設的な議論ができることを願っております。こ

こから先は、日本政府報告書と、報告書提出後の新たな進展について日本語でご説明させて頂きたいと思います。

(訳者注：以下は、日本語での発言である)

　失礼、日本語で話させていただきます。今回は初めての審査であり、条約の実施を実際に担当する中央省庁から参加を得ております。明日のわが国からの回答に際しては、担当省庁からの参加者からも直接説明させていただく予定です。それでは日本のプレゼンテーションに移りたいと思います。

【はじめに】

　議長、わが国は1999年6月29日、「拷問およびその他の残虐な、非人道的なまたは品位を傷つける取り扱いまたは刑罰に関する条約」の加入書を国際連合事務局に寄託し、締約国となりました。本条約は同年7月5日に公布され、本条約第27条2に従って、同年7月29日にわが国について効力を生じました。2005年12月に提出した第1回日本政府報告は、本条約がわが国について効力を生じてから、2004年3月までの期間を対象としております。

　わが国については、2005年5月に監獄法が100年ぶりに全部改正されるなど、同報告が対象とする期間以降にもさまざまな進展がありましたが、それについては後ほど説明することとし、まず第1回日本報告の概略を説明いたします。

　わが国の憲法は、第36条において、公務員による拷問および残虐な刑罰を絶対的に禁止しております。これらの憲法の規定のもとに、刑法は、特別公務員暴行陵虐罪および特別公務員暴行陵虐致死傷罪等を定めており、これらの罪については、通常の刑事手続きのみならず、刑事訴訟法に規定する特別な刑事手続きによっても、適切な裁判が保障されています。

　わが国においては、本条約第1条1に定義されている拷問に当たる行為、拷問の未遂および拷問の共謀または拷問への加担に当たる行為については、特別公務員暴行陵虐罪および特別公務員暴行陵虐致死傷罪に当たるもの以外についても、刑法をはじめとする種々の法律によって、その処罰が確保されています。また、本条約上のその他の義務についても、既存の国内法令等により履行が可能です。

　わが国は、本条約の義務については、既存の国内法令等によって履行可能であるので、本条約の締結に当たって国内法の改正等は行っておりませんが、国内法令等の適切な運用により、本条約の遵守のため努力しております。

また、わが国は、行刑制度の改革を総合的に進めており、拷問および他の残虐な、非人道的なまたは品位を傷つける取り扱いの防止を含め、人権の保護、促進に一層努めております。

【条約第１部の各条に関する情報】

　それでは、条約第１部の各条に関する情報に移ります。

　A、第１条。憲法36条は、「公務員による拷問および残虐な刑罰は絶対にこれを禁ずる」と定め、公務員による拷問を絶対的に禁止しています。本条約１条１に定義されている拷問に当たる行為、拷問の未遂および拷問の共謀または拷問への加担に当たる行為については、刑法等に既定されている既存の罰則により、処罰が確保されております。わが国は、法定刑として死刑を存置しておりますが、身体刑は存在しておりません。

　B、第２条。わが国の憲法は、第36条において、公務員による拷問および残虐な刑罰を絶対的に禁止しており、戦争状態、戦争の脅威、戦争の不安定、または他の公の緊急事態といった、例外的な事態を援用して拷問を正当化する国内法規は存在しておりません。また、拷問を正当化する根拠として、上司または公の機関による命令を援用しうることを定めている国内法令は存在しません。

【ノンルフールマン原則】

　C、第３条。追放・送還。出入国管理および難民認定法は、その第53条第１項において、退去強制を受ける者は国籍または市民権の属する国に送還する旨定めており、同条２項では、第１項に定める国に送還することができないときは、本人の希望により、(1)わが国に入国する直前に居住していた国、(2)わが国に入国する前に居住していたことのある国、(3)わが国に向けて船舶等に乗った港の属する国、(4)出生地の属する国、(5)出生時にその出生地の属していた国、(6)その他の国、のいずれかに送還される旨定めております。

　したがって、退去強制を受ける者は、同条第１項に定める国において拷問を受けるおそれがあると信ずるに足る実質的な根拠があると判断される場合は、同条第２項にいう「送還することができないとき」に含まれると解され、本人の希望により、同項に定めるいずれかの国に送還されることになります。

　犯罪人引き渡し。逃亡犯罪人引渡法は、第４条および第14条において、逃亡犯罪人の引き渡しを行わない場合として、法務大臣が、「逃亡犯罪人を引き渡すことが相当でないと認めるとき」を定めているが、逃亡犯罪人が引渡請求国において拷問を受けるおそれがあると信ずるに足りる実質的な根拠

があると判断した場合も、「相当でないと認めるとき」に含まれています。

D、第4条。本条約にいう拷問に当たる行為を行った者は、特別公務員暴行陵虐罪、特別公務員暴行陵虐致死傷罪等のほか、さらに内容によって、公務員職権濫用罪、暴行罪、傷害罪、遺棄罪、逮捕罪、監禁罪、脅迫罪、ならびに犯人、殺人罪、強制わいせつ罪、強姦罪、強要罪およびこれらの未遂罪等刑法等における種々の犯罪またはこれらの共犯として処罰対象とされます。これらの犯罪は、本条約第1条第1項に掲げられている行為の目的または何らかの差別に基づく理由を構成要件とするものではなく、その点でより広い範囲を処罰対象としています。

わが国においては、本条約の拷問に当たる行為、拷問の未遂および権限ある者による拷問の命令による場合を含む拷問の「共謀」または拷問への「加担」に当たる行為については、刑法上の犯罪とされており、しかも、「犯罪の軽重および情状」等を考慮して適切な訴追がされ、裁判においても犯罪の重大性を考慮した適当な刑罰が科されることが担保されています。

E、第5条。本条1(a)にいう、「犯罪が自国の管轄下にある領域内でまたは自国において登録された船舶もしくは航空機内で行われる場合」について、刑法第1条（国内犯）によりわが国の裁判権が設定されています。

本条1(b)にいう、「容疑者が自国の国民である場合」については、刑法第3条、国民の国外犯、および第4条、公務員の国外犯、条約による国外犯、暴力行為等処罰ニ関スル法律および人質による強要行為等の処罰に関する法律により、わが国の裁判権が設定されています。

本条1(c)にいう、「被害者が自国の国民である場合」については、2003年7月に刑法が改正され、同法第3条、国民以外の者の国外犯、暴力行為等処罰ニ関スル法律および人質による強要行為等の処罰に関する法律により、一定の範囲の罪について、わが国の裁判権が設定されることになりました。

本条2にいう、「容疑者が自国の管轄の下にある領域内に所在し、かつ、自国が1のいずれの締約国に対しても第8条の規定による当該容疑者の引き渡しを行わない場合」については、刑法、暴力行為等処罰ニ関スル法律および人質による強要行為等の処罰に関する法律により、わが国の裁判権が設定されています。

F、第6条。わが国が本条に規定する義務を履行するためにとっている立法上その他の処置については以下のとおりです。

抑留その他の法的措置。わが国は、本条約第4条の犯罪の容疑者がわが国

領域内に所在し、入手できる情報を検討した後、状況によって正当であると認める場合には、当該容疑者の所在を確実にするため、速やかに以下に述べる措置をとることになります。

　1、関係国から容疑者の引渡請求または仮拘禁請求があった場合には、逃亡犯罪人引渡法に基づく拘禁または仮拘禁を行うことができる。

　2、国内法上の裁判権を前提として、刑事訴訟法に従い容疑者を逮捕または勾留することができるほか、所在捜査を行い、任意同行を求めることもできる。

　国籍国の代表等との連絡の援助。抑留されている被告人、被疑者とその者の国籍国の代表等との接見の可否は、刑事訴訟法等に従って、逃亡犯罪人引渡法によって拘禁・仮拘禁された者とその者の国籍国の代表等との接見の可否は、監獄法に従って決定される。なお、本条約の締結に際し、警察庁、法務省等関係当局においては、拘禁施設の長等に対し、本条約の遵守を指示する通達を出しています。

　関係国への通報。本条4に基づく関係国に対する通報、報告等は、外務省が法務省、警察庁等関係当局から関係する情報を受けて、外交ルートを通じて行うことになります。なお、本条約がわが国について効力を生じた1999年7月29日から2004年3月31日までのあいだ、本条約に基づき関係締約国に通報を行った事例はありません。

　G、第7条。本条約第7条1の「権限のある当局」は、わが国では検察官がこれに該当します。容疑者がわが国に所在し、かつ、わが国が当該容疑者を引き渡さないときは、検察官が事件を受理し、刑事訴追をするか否かを決定することになります。

　H、第8条。犯罪人引き渡しに関するわが国の国内法として、逃亡犯罪人引渡法があります。わが国は引渡条約の存在を犯罪人引き渡しの条件とはしていませんが、犯罪人引渡法第3条に定められているとおり、逃亡犯罪人引き渡しの請求が引渡条約に基づかないで行われたものである場合には、請求国からわが国が行う同種の請求に応ずべき旨の保証がされることが引き渡しの要件の一つとなります。

　その他、第9条については、国際捜査共助等に関する法律について記載がございます。

【人権研修】

　それから第10条については、公務員一般の教育、訓練、規則・指示、そ

れについて、警察、検察官、それから矯正施設における研修についても記述がございます。矯正施設に関する研修については、矯正研修所に職員を入所させ、新採用職員に対する基礎的教育訓練、現在は８か月、初級幹部職員となるために必要な教育訓練、上級幹部職員となるための必要な教育訓練６か月、特定の分野に関する専門的教育訓練等を、体系的かつ集中的に行っております。

　また、矯正職員のうち、医療補助者については、医療刑務所に附設された准看護師養成所に入所させ、２年間の教育訓練および実務修習を行っているほか、社会心理学の立場から矯正施設の人権問題を考える科目を導入するなど、人権教育の内容と受講機会の拡大を図り、矯正職員が被収容者に対する処遇業務を適正に遂行する上で必要な人権教育の充実に、強化に努めております。また、入管管理施設においても、研修等が行われております。

【尋問規則】
　第11条については、尋問にかかる規則、指示、方法および慣行ならびにわが国の管轄の下にある領域内で逮捕され、抑留され、または拘禁される者の身体の拘束および取り扱いにかかる措置については、各機関において、随時体系的な検討を行っており、必要に応じ関連する規則の改正を行っております。

【調査】
　第12条においては、わが国において、拷問に当たる行為または他の残虐な、非人道的なもしくは品位を傷つける取り扱いが行われたと信ずるに足りる合理的な理由がある場合に調査を行う権限のある当局として、検察官および検察事務官、司法警察職員等刑事訴訟法に基づいて捜査権限を有するもののほか、法務省の人権擁護機関が挙げられます。さらに、法令に基づいて、一定の者の身柄を拘束する権限を付与させている行政機関においては、その監督権を有する者において、以下で申し述べるように、申し立てを受け、または職権で事実を調査し、違反事実が認められるときは懲戒処分を行います。

　人権擁護機関については、法務省の人権擁護機関は強制的に調査する権限はありませんが、拷問に当たる行為等を受けたと主張する者からの申告やその他の情報により調査を開始し、事案に応じては適切な救済措置を講じて、人権侵犯による被害の救済および予防を行っております。

　例えば、名古屋刑務所刑務官が受刑者に対し暴行を加えて、死亡あるいは重傷を負わせたとして起訴された事案について、当該刑務所長に対して刑務

官に対する人権教育の徹底や、実効性のある指導監督体制の整備を図ることを求める旨の勧告を行いました。

【申し立て】

第13条については、包括的な国内法の規定として、憲法第16条が、「何人も、損害の救済、公務員の罷免、法律、命令または規則の制定、廃止または改正その他の事項に関し、平穏に請願する権利を有し、何人も、かかる請願をしたためにいかなる差別待遇も受けない」と規定しております。このほか、本条に規定する申し立て等を行う権利ならびに申し立てを行った者および証人の保護については、以下に述べるとおり確保されております。

一般市民の地位においてとりうる措置。告訴等。拷問等を受けたと主張する者は、刑事手続きにおいてとりうる措置として、告訴、不起訴処分に対する検察審査会への審査の申し立て、特別公務員暴行陵虐罪等について付審判請求ができます。また、法律上正当な手続きによらないで、身体の自由を拘束されている者は、人身保護法に基づき、その救済を、高等裁判所もしくは地方裁判所に請求することができます。

拘禁、被拘禁者がとりうる措置。留置場においては、被留置者から拷問等を受けたとの申し出があった場合には、申し出を受けた留置担当官は留置主任官を通じて警察署長に報告することとしており、警察署長は当該申し出について速やかに調査を行い、誠実に処理し、その結果を被留置者本人に告知します。

矯正施設の被収容者が拷問等を受けたと主張する場合には、先に述べた刑事上の告訴等を利用して捜査機関に申し立てを行い、迅速かつ公平な検討を求めることができるほか、民事訴訟または行政訴訟を提起することも可能です。さらに、行刑施設の被収容者は、法務大臣またはその命令を受けた法務省の職員等に対し、不服を申し出ることができます。

入管収容施設の被収容者についても、拷問を受けたと主張する場合には、先に述べた刑事上の告訴等を利用して捜査機関に申し立てを行い、迅速かつ公平な検討を求めることができるほか、民事訴訟または行政訴訟を提起することも可能であり、さらに収容後の処遇に不満があるときは、入国警備官ではない収容施設の長が被収容者からの処遇に関する意見を聴取し、また、収容所等の処遇の現場を巡視するなどの処置を講ずることにより、処遇の現状を適格に把握し、その適正を期すことを確保しております。

そのほか、申し立てを行った者および証人の保護の確保に関しては、以下

の措置が講じられています。

　申し立てを行った者または証人に対して、脅迫その他の加害行為を行った者は、事案に応じて、証人等威迫罪、暴行罪、脅迫罪その他の罪として処罰されます。

　2、被害者等に対する加害行為等に及ぶと疑うに足りる相当な理由があることが保釈の除外事由とされています。

　3、申し立てを受けるなどした公務員が、申し立てを行った者等を不当に取り扱った場合には、その行為が犯罪に該当しなくても、懲戒処分の対象となります。

　4、証人が公開の法廷で証言することの精神的負担を軽減するため、証人を法廷以外の場所に在席させ、映像と音声により相手の状態を相互に認識しながら通話をする方法、ビデオリンク方式による尋問ができます。

【賠償など】
　第14条。わが国においては、国家賠償法が公権力の行使に当たる公務員が損害を加えた場合の賠償について規定しています。また、私人の関与があった場合に、当該私人の行為に対する賠償については、民法等において規定されています。

　拷問に当たる行為の被害者に対する損害賠償の面では、先に述べたとおり、国家賠償法または民法に基づいて、国または私人が損害賠償責任を負うとされる場合があります。

　被害者に対する被害の賠償は、原則として金銭で行われます。また、拷問に当たる行為による被害の回復に必要とされる、医療上および精神治療上のリハビリテーションの費用も、損害賠償の対象となり得ます。わが国の国内法上、損害賠償の上限は設定されておりません。

【証拠の許容性】
　第15条。拷問によるものと認められるいかなる供述も、訴訟手続きにおける証拠としてはならないことについては、憲法第38条2項が「強制、拷問もしくは脅迫による自白または不当に長く抑留もしくは拘禁された後の自白は、これを証拠とすることができない」と規定しているほか、刑事訴訟法により確保されております。

【非人道的な処遇など】
　第16条。わが国において、国内法上、拷問は独立した犯罪としては規定されておらず、第4条に関する上述部分で掲げた犯罪は、本条約の拷問のみ

ならず、公務員等による「他の形態の残虐な、非人道的なまたは品位を傷つける取り扱い」についても該当します。特に、本条第10条から13条までに規定する義務については、公務員等による「他の形態の残虐な、非人道的なまたは品位を傷つける取り扱い」にしても、全く同様に確保されております。

その他の事項について、何点か触れさせていただきたいと思います。

【代用監獄】

日本においては、約1,300の警察留置場が警察署等に設置されております。警察留置場には、刑事訴訟法に基づき逮捕された被疑者、刑事訴訟法に基づき裁判官の発する勾留状により勾留された未決拘禁者等が留置されています。

逮捕された被疑者は、釈放される場合を除いて、検察官の勾留請求により警察官の面前に連れていかれ、裁判官が、被疑者を勾留するか否かを決定します。被疑者の勾留場所は、刑事訴訟法によって監獄とされており、監獄法は、警察留置場を監獄に代用することができると定めています。この警察留置場を監獄に代用することができる制度が、いわゆる「代用監獄制度」と呼ばれるものです。

本制度は、本条第1条1にいう「合法的な制裁」に該当するものであり、いわゆる代用監獄への収容自体は、本条約にいう拷問に当たるものではありません。また、いわゆる代用監獄制度については、捜査を担当しない部門に属する留置担当官が、関係する法律等に基づき、勾留された被疑者等の処遇を人権に配慮して行っているところであり、不必要な精神的、肉体的苦痛を内容とする、人道上残酷と認められる取り扱いまたは刑罰は行われていません。この点については、後に監獄法の改正を紹介する際に説明します。

【死刑制度】

死刑制度について。わが国の死刑制度は、刑法に定められている罰であり、本条約第1条1にいう「合法的な制裁」に該当し、本条約にいう拷問に当たるものではありません。また、現在わが国の採用している絞首刑が、他の方法に比して人道上残酷な方法とは考えられず、「残虐な、非人道的なまたは品位を傷つける」刑罰に該当するものではありません。さらに、死刑制度は、厳格に運用されております。

【矯正施設における戒具や保護房の使用】

矯正施設における戒具や保護房の使用について。被収容者が、暴行または

自殺に及ぶおそれがある場合、制止に従わず、大声または騒音を発する場合、房内汚染等異常な行動を反復するおそれがある場合等で、同人を普通房に収容することが不適当と認められるときは、保護室に収容することがあり、また、被収容者が、逃走、暴行または自殺に及ぶおそれがある場合等には、手錠等を使用することがあります。
　手錠等の一種として、これまで使用されてきた革手錠については、名古屋刑務所刑務官が同手錠で受刑者の腹部を強く締めつけたなどとして、刑務官が特別公務員暴行陵虐致死傷罪により公判請求された事案があったことにかんがみ、2003年10月1日から同手錠を廃止し、これに代わるものとして、腹部を締めることなく手首だけを拘束する新型手錠が採用されています。新型手錠は、従前の革手錠とは異なり、手首以外の部位を拘束することがないので、安全性は高いものと考えております。

【2004年4月以降の主な進展——監獄法の改正等】
　議長、次に、2005年提出の報告が対象とする期間以降、すなわち2004年4月以降の主な進展について説明したいと思います。特に大きな動きとして、監獄法の改正を中心に説明したいと思います。委員の皆様には、英文の資料が配布されていると思います。資料に従って説明をいたします。
　刑事収容施設及び被収容者等の処遇に関する法律についてでございます。まず監獄法の改正でありますが、報告書にあるとおり、政府、特に法務省においては、2003年12月22日、行刑改革会議から行刑改革の指針となる提言、行刑改革会議提言、「国民に理解され、支えられる刑務所へ」を受けて以来、その実現に向け、同省を挙げて行刑改革に取り組んでいるところです。その中心となるのは、1908年に制定され、その内容、形式とともに時代に適合しなくなっていた監獄法の改正でありました。
　まず、2005年5月18日、刑事施設の基本およびその管理運営に関する事項を定めるとともに、刑事施設に収容されている受刑者等について、その人権を尊重しつつ、その者の状況に応じた適切な処遇を行うことを目的とする、刑事施設および受刑者の処遇等に関する法律が可決成立し、2006年5月24日から施行されております。
　この刑事施設及び受刑者の処遇等に関する法律は、刑事施設に収容されている被収容者のうち、受刑者の処遇を中心に規定しています。現在、未決拘禁者、死刑確定者等の処遇については、刑事施設における刑事被告人ノ収容等ニ関スル法律、監獄法の題名を改めたもので規定されていますが、これら

未決拘禁者、死刑確定者等の処遇等についても、刑事施設及び受刑者の処遇等に関する法律の一部を改正する法律が、2006年6月2日可決成立し、2007年6月から施行できるよう、諸準備を進めているところであります。

　この一部改正法の施行をもって、前記の刑事施設及び受刑者の処遇等に関する法律の題名は、刑事収容施設及び被収容者等の処遇に関する法律、以下「新法」といいますが、これに改められるとともに、1908年の監獄法の規定内容を残していた、刑事施設ニ於ケル刑事被告人ノ収容等ニ関スル法律は廃止されました。その結果、刑事施設、留置施設等の基本および管理運営に関する事項、受刑者、未決拘禁者、死刑確定者等の被収容者、被留置者等の処遇について、法整備が完結します。

　新法の主な内容は以下のとおりです。法務省、警察庁等においては、刑事施設、留置施設等の適正な管理運営とともに、被収容者の人権の尊重と、その者の状況に応じた適切な処遇を実現するよう、引き続き努力しているところです。

　新法では、被収容者の権利義務として、宗教上の行為、書籍や新聞などの閲覧等の権利保障と、制限要件が明確化されました。職員の権限として、規律秩序維持のための措置が明確化されました。また、懲罰の要件、科罰手続きとして、事前告知、弁解の機会の付与などが整備されました。

　新法では、受刑者の処遇は、個々の受刑者の資質および環境に応じて、最も適切な方法で行うという、処遇の個別化の原理が明らかにされています。特に矯正処遇として行われる作業、改善指導および教科指導については、個々の受刑者の特性に応じた適切な処遇要領に基づいて、計画的に行うことを明らかにしたほか、優遇措置、外部通勤作業、外出・外泊等の新たな処遇方針を導入しています。

　新法では、被収容者の健康を保持するに足り、かつ、適正と認められる範囲で、衣類・食事などの給貸与および自弁物品の使用の範囲・要件が明確化されています。また刑事施設は、被収容者の健康および刑事施設内の衛生を保持するため、社会一般の水準に照らし、適切な保健衛生上および医療上の措置を講ずることとされています。

　また新法は、被収容者の面会や信書の発受を一定の範囲内で保障すると同時に、制限要件を明確化しました。また、一定の要件を満たす受刑者に対して、電話による通信を許容する規定が設けられております。

【不服申し立てなど】

さらに新法では、次のAからCまでの制度が創設されているほか、秘密申し立ての保障および不利益取り扱いの禁止が明文化されています。

A、被収容者は、刑事施設の長の一定の措置について、矯正管区の長に対し、審査の申請をすることができる。また、その申請の裁決に不服がある者は、法務大臣に対し、再審査の請求をすることができる。

B、職員から身体に対する違法な有形力の行使等を受けた被収容者は、矯正管区の長に対し、その事実の申告をすることができる。また、その申告にかかる事実の有無についての確認の結果等に不服があるときは、法務大臣に対し、その事実を申告することができる。

C、被収容者は、自己が受けた処遇について、法務大臣、監察官または刑事施設の長に対し、苦情の申し出をすることができる。

【刑事施設視察委員会】

新法では、民間人が刑事施設を視察し、その運営に関し、刑事施設の長に対して意見を述べる、刑事施設視察委員会を置くことにしました。刑事施設視察委員会が、刑事施設の実情を的確に把握した上で、国民の代表として意見を述べ、施設運営全般の向上に寄与することを目的としていることにかんがみ、各刑事施設においては、委員会がその任務を達成するため必要な協力を行うこととすることはもちろん、委員会が述べた意見は、できる限り刑事施設の運営に反映させていることとしています。

また、法務大臣は、毎年委員会が刑事施設の長に対して述べた意見およびこれを受けて、刑事施設の長が講じた措置の内容を取りまとめ、その概要を公表するものとされています。

【留置施設関係】

また、新法では、留置施設の設置の根拠が定められ、都道府県警察に留置施設が設置されることとなり、被留置者の処遇が都道府県警察の義務であることが、法文上明確にされました。また、従来と同様、被勾留者については、刑事施設に収容されることに加えて、留置施設に留置することができることとされました。

従来より、留置業務は、捜査を担当している部門とは別の部門の所掌事務として組織上区分し、留置担当官は捜査に従事して、また、捜査官も留置業務に従事してはならないこととしているところ、新法では、留置担当官が、その留置施設に留置されている被留置者にかかる犯罪の捜査に従事しないことが規定され、捜査と留置の分離の原則が明文化されました。

また、留置担当官に対して、被留置者の人権に関する理解を深めさせ、被留置者の適正な処遇等を行うために必要な知識等を習得するため、必要な教育を行うことが規定されております。

　新法では、留置施設の適正な管理運営等を図るため、都道府県警察において、留置業務を指導する立場の警察官が、各留置施設を年1回以上巡視する実地監査を実施することが規定されております。

　新法ではまた、留置施設の適正な管理・運営を確保し、被留置者の処遇の成立を図ることを目的に、警察庁長官が指定する職員に直接留置施設を視察させ、巡察を実施することが規定されました。

　新法では、留置施設においても、刑事施設と同様に留置施設を視察し、その運営に関し、留置業務管理者に対して意見を述べる、留置施設視察委員会を置くこととされました。留置施設においても、同委員会が設けられた趣旨にかんがみ、委員会がその任務を達成するため必要な協力を行なうことはもちろん、委員会が述べた意見は、できる限り留置施設の運営に反映されることとしております。

　新法における被留置者の処遇は、刑事施設における未決拘禁者の処遇に関する規定と同様の規定が設けられております。以上が新法に関する説明です。

【出入国管理及び難民認定法の改正】

　最後に短時間、2004年4月以降の主な動きとして、出入国管理及び難民認定法の改正を説明したいと思います。2004年6月2日に公布された出入国管理及び難民認定法の一部を改正する法律のうち、難民認定手続きにかかる規定が2005年5月16日に施行されました。

　この改正により、1982年にスタートした難民認定制度が大幅に見直され、難民認定申請中の者の法的地位の安定化が図られるほか、難民認定手続きの公平性、中立性がより高められました。

　仮滞在を許可する制度が創設され、仮滞在の許可を受けた者については、退去強制手続きを停止し、身柄の収容をしないまま難民認定手続きを先行して行うこととされました。

　また、難民認定申請した不法滞在者については、難民として認定するか否かの判断と、在留を許可するか否かの判断を同時に行い、法的地位の安定化を早期に図ることとされました。

　難民認定手続きの公平性、公正性、中立性をより高める観点から、第三者を異議申し立ての審査手続きに関与させる、難民審査参与員制度が設けられ

ました。法務大臣は、難民不認定処分等にかかる異議申し立てに対する決定をする場合には、難民審査参与員の意見を聞いた上で行うこととなりました。

難民審査参与員は、異議申立人または参加人の意見の陳述にかかる手続きに立ち会い、これらの者から直接意見を聞いたり、これらの者に対して詳しい質問をするなど、不服申し立て手続きに積極的に関与することができます。なお難民審査参与員は、法曹実務家、元外交官、商社等海外勤務経験者、海外特派員経験者、国際政治学者、国連関係機関勤務経験者および国際法、外国法、行政法等の分野の法律専門家などから選任されます。

議長、日本政府の冒頭プレゼンテーションは以上のとおりです。長い時間ご静聴ありがとうございました。より詳細な説明は、委員の皆様方からの質問を踏まえ、明日、行わせていただきたいと思います。ありがとうございました。

■マヴロマティス議長
　概要紹介と追加情報について、明らかにしておきたい点があります。この第1回報告書については、非常に多くの質問がなされることが予想されます。政府代表団の方々には、質問に対する回答を準備するためにどのような形であれその質問を記録していただきたいと思います。質問に引き続く回答は、簡潔にしていただきたいと思います。回答は、およそ1時間あるいは1時間15分以内にいただくことになるという点を確認しておかなければなりません。では、この点を明らかにした上で、まずは、報告者の一人であるマリーニョ委員にこの場をお譲りします。マリーニョ委員、お願いします。

■マリーニョ・メネンデス（スペイン、Mr. Fernando MARIÑO MENENDEZ）委員
【謝辞】
　ありがとうございます、議長。質問の前に、大人数かつ充実した代表団を送ってくださり、日本という国として我々の条約に重要性を見出してくれていることに、政府代表団を心から歓迎したいと思います。我々はまたそれを、日本が提出した報告書によっても、また2004年から2007年の間、つまり政府報告でカバーされなかった期間に起こった新しい法システムを示されたその努力によっても判断することができます。

　日本は国際社会の中でもっとも重要な国の1つであり、当然、拷問及び他

の非人道的な取扱いを根絶するための国内におけるその実行と立法は、他の国家の政策に影響を及ぼしうるものであります。そして確かに、この分野における規範や原則の強化というかたちで、日本は国際社会における実践に影響を与えていますし、私はこのことこそが、我々が特別に注意をはらうべきことであると考えています。私は報告書提出が遅れた点に立ち返るつもりはありません。締約国政府が設定された期限より以前に報告書を提出した場合でも、委員会が提出された報告書の審査に着手するのが遅れることがあるということも見られます。

【一般的事項】

それでは始めに、数点一般的な事項に触れます。他国政府に対するのと同様に、日本政府に対しても、非常に慎重に、また高い関心をもって検討されるよう強く勧告します。つまり、自由を剥奪している場所へ防止的に訪問を行うシステム、しかも国際的な支柱と国内的な支柱という二本柱を備えた本条約の選択議定書を批准する可能性についてです。拷問の行使を妨げることが確保されるという観点から考えると、選択議定書は非常に関連性の高い法律文書であると我々は考えます。そしてまた、条約22条に基づく個人通報の審査メカニズムを備えることも重要です。個人、市民が、締約国にかかわる事項を個別に委員会へ申立することができます。我々は、この議定書が、基本的人権擁護のための努力を補完する重要な文書であると確信しています。

以上を述べた上で、まず2点簡単な質問をしたいと思います。その1点目は、日本の裁判所が、拷問または他の非人道的な取扱いに関する判決を行う際に、拷問等禁止条約を特に援用したならば、本条約への明確な記載や、委員会の文書へのはっきりとした言及があるのか、ということです。もう一つの質問は、武力紛争時の条約適用について、日本の意見はどのようなものかということです。

2点目の質問について、私は、日本は、その憲法に日本国の平和状況下における多くの規定を置いている国であること理解しています。そして現在、日本の軍隊（armed forces）が、国際社会からの参加国に従って、平和維持活動に参加すべきかとの議論があります。よって、この見地からすれば、武力紛争に日本が関わるかもしれないと考えているとすれば、何か事件が起こるかもしれない、我々が気づいていないような状況が存在するかもしれない、あるいはそれが生じるかもしれない、ということを私はまさに考えるの

です。そこで、このことは単純ではない問題として皆さんに質問しているのですが、我々の見方ではこの質問に対しては単純な回答がなされるものなのです。

さて、すでに述べましたように、第1報告者は、本条約の最初の9条項に関する質問を取り扱うのが本委員会の慣行です。そして、私の同僚で共同報告者であるコヴァレフ氏が10条から16条までに関する質問を行います。

【条約1条】

関連する国際法文書や、また異なる諸規定をカバーする諸法文書がありますので、これについて言及します。まず、国際犯罪としての拷問の定義を含む条約1条に関して。日本国憲法36条及び5条、そして刑法1、9、6条は、拷問を完全に禁止し、また残虐な取扱い、残虐な刑罰の禁止をも規定していることは明らかです。しかし、拷問及び残虐な刑罰という表現は、条約に包含される全ての状況をカバーしきれていないとの議論が折々になされています。おそらく実際上はカバーされているのかもしれませんが。しかし、憲法36条には大きな問題が含まれている可能性があります。公務員や国を代理する者（public agent）による行為もあり、条約はこれを含んでいるので、憲法においては、この点で問題が起きるかもしれません。

さらに、問題の一つは、誰が条約1条の目的に沿った公務員とみなされるか、ということがあるでしょう。日本の刑法と日本国憲法、そして暴力行為に関する他の法律を考慮に入れると、刑法やその他刑事法には拷問の正確な説明がないため、私は、国を代理する者と考えられている刑事施設におけるあらゆる公務員（訳者注：民営刑事施設等で働く職員を指すものと考えられる）、また強制退去を待つ移民がいる入管収容施設や、自衛隊で働いている公務員などがどうなるのかについて知りたい。公務員であるともみなされるのでしょうか。これは条約1条の履行との関係において問題となるかもしれません。

【死刑】

死刑の問題について。残念ながら、最も重大な犯罪については死刑を適用することができるとされています。死刑は国際社会から完全に根絶されてきてはいません。最も重要なことは、それが可能であるのならば、死刑は世界から完全に根絶されるべきであるということです。それは人権の保護の前進にとり、非常に重大な段階なのです。

また、死刑には、条約の履行と関連して2、3の論点があります。そのう

ちの1つはおそらく、死刑の適用方法が非人道的な取扱い又は拷問になり得るということです。特に、次の事柄について我々は知りたいのです。つまり、死刑宣告を受けた人々の置かれている状況と、おそらく公にされてこなかったルールの存在によって行われているであろう、その人たちの取り扱いの方法についてですが、そのルールとは、例えば死刑の執行について、どのくらい時間がかかるのかとか、いつ死刑を執行されることを本人に知らされるのかといったことについてです。死刑判決を受けた者が弁護士を利用できる可能性は不十分で、死刑判決に対する必要的上訴制度が存在しません。さらに、死刑の執行を待っている人々は完全な独居拘禁の状態におかれ、それが長年に及ぶかもしれないのです。我々は、最大30年にわたって死刑執行を待った例があると聞いています。死刑執行を待つ人々にとっては、非常に困難な状況になります。このような申し上げ方が許されるとすれば、日本は死刑制度を有する国なのですから、可能な限り最大限人間らしさを確保する努力がなされるべきです。

【拷問禁止のための保障】

2条、4条、11条及び16条にも言及したいと思います。これらの規定については、コヴァレフ氏がまた詳細に述べてくれるでしょう。2条の拷問防止のための拷問禁止の保障という国家の義務について、条約の目的は拷問を完全に根絶することにありますから、国には拷問行為を未然に防ぐ義務があります。そして、多くの保障措置が必要ですが、それは拷問の防止が効果的になされることを確保するために必要であり、もしそれらの保障がなければ、非人道的な取扱いや拷問が再発する可能性があります。また非人道的取扱いから拷問に発展する状況からの保護を規定する日本社会の法律もまた必要です。

現在、これらの保障措置が存在している必要がありますし、実際、国連人権委員会における拘禁されている人々の状態に関する勧告として、国連総会でも言及する決議がなされてきました。日本国の市民であるか、外国人であるかにかかわらず、全ての人にとって自由の剥奪は非常に危険な立場におかれていると言えます。それは、拷問が起こり得る非常に危険な立場に人々を置くことになるのです。

【警察留置場と取調】

我々は最大23日間続く警察留置場における留置の実態について、もう少し知りたいと思います。私は、その実務と、刑事施設に関する法律の最近の

改正について、政府の皆さんの説明を非常に興味深く読みました。

　刑事収容施設及び被収容者等の処遇に関する法律の制定について。新しい条項をきちんと読み込んではいないのですが、いくつかの進展があったことは知っています。しかし、私は、情報取得や尋問を目的とする場合に、警察留置場に拘禁していることと、それが日本の法律で規定されていることについてまだ疑問に思っています。最大23日間まで拘禁を継続することができるということですが、それでは、そのような拘禁が完全に合法であり続けるのかどうかを私は知りたいのです。

　その点に関して、いくつかの問題が生じますが、そのような拘禁は、検察官のような人が逮捕から3日後位から関与したり、すでに関与していてもなお拘禁が続くのか、そのようなやり方で拘禁を続ける場合は裁判所による命令が必要とされるのか、などの点を知りたいです。私が知る限りでは、情報取得や尋問目的の拘禁であるために、ほとんどの人々は弁護人へのアクセスがなく、まだ起訴もなされていない状態で拘禁されていると聞きます。裁判所による弁護人への任命は必ず行われているのでしょうか。

　逃走防止以前の段階で、警察署においてこの種の拘禁を行うことは問題が生じます。例えば、尋問の際に、尋問の透明性を高めるビデオやカセットによる記録はなされていないようです。このビデオ録画は義務として行われてはいないということで、可能な限り透明性を保って尋問をすべきことを指摘しておきたいのです。透明性が確保されない状況下での尋問を行うことは、被拘禁者を危険な状況に置くことになります。長期にわたってそのような状態で拘禁されているのならば、被拘禁者を非人道的な取扱いから保護する必要性を侵害する事態を招くこともあります。そして、そのような状況のもとで自白させようとして、当の被拘禁者に対する心理的な圧力をかけていることになるのです。

　遵守される基準があり、それによって人々を取り扱っています。尋問の制度は真実を探し出すために進められるものと考えられています。しかし、保障措置が不十分で長期間にわたる制度によって、実際自白を引き出されている者がおり、それは無罪推定の原則を侵害しているかもしれません。また非常に昔に出された判決がそのために見直されている事例もあります。例えば、布川事件では、偽りの自白が行われ、あるいは心理的圧迫にあたる状況の下に自白に至った可能性のあることに理由があると認められています。

　私の質問はかなりシンプルなものです。新法は現行の制度をどのように改

めましたか。それとも、日本の政府は現行の制度の変更を考えたのでしょうか。日本が、他の国際機関から、より多くの保障を備えた制度をもつべきと勧告されてきたことは知っていますが、我々委員会もまたそのことに関して懸念を表します。この問題で終わるつもりですが、自白や情報を得るための現行のような手続を経て検察官が起訴を決めた場合、裁判官がその手続後無罪等ということを言い出すことは非常に珍しいことになってしまわないでしょうか。有罪とされた事案が90％であるということは、制度が効果的であることを示しているのと同時に、被拘禁者への保障が十分になされてないかもしれないということも示しています。あなた方がよくご存じの通り、NGOが、特にそのうちの1つの団体が多くの事例を挙げてこの問題を強調していました。議長、私は他の委員がこの件について議論したいと思われているのを知っています。しかし、私は今ここで、非人道的な取扱い及び拷問に関して、またコヴァレフ氏が提起しようとする問題についてお話ししておきたいと思います。

【刑事施設の被拘禁者に対する医療措置】

私はただ、最近の法改正に関連する多くの細かな問題点の1つである、刑事施設の被拘禁者に対する医療措置について補足し、お話したいのです。医療措置が、一部の病気を治療する観点から、一定の場合には不十分であるという事実に関する重大な申立がありました。被拘禁者の保護のために登録された医師の数に由来する問題であることから、特に16条に関連するものです。しかし、2条からすると、国家はその領域内で拷問等の行為を防止する責任において、医療の保障を行うべきことは明白です。

【民間経営の精神病院の問題】

3条に関しては……、すみません、3条に移る前に、また別の問題について述べさせて頂きます。民間経営の精神病院の問題です。精神病院が民間経営である場合、当然経済的な利益はないですので、そこで働く職員は公務員とみなして良いのでしょうか、そのことに関してもう少しお聞きしたいです。そのような病院に強制的に収容される場合の条件や、誰が決めるのかについても教えてください。また、司法当局はそれらの精神医療施設にどのような統制を及ぼしているのでしょうか。

【警察の尋問要領】

その他に、尋問手続の際に警察が用いるプロトコールがありますか。最高裁は、今年の4月にこれが違法であると述べたと伺っていますが（訳者注：

この部分は何について質問しているか、判然としないが、文脈から理解すれば警察の犯罪捜査規範について質問しているものと考えられる）。

【刑事施設視察委員会の独立性】

　さらに、最近の法律で刑事施設視察委員会ができ、これが運用されているとのことですが、どのように運用されていますか。この委員会は、市民から構成されているということですが、その独立性は実際上も保障されているのでしょうか。また、委員会はどの程度司法当局とかかわりがあるのでしょうか。

【難民認定など】

　それではここから３条に移ります。私は出入国管理及び難民認定法に相当重要な改正がなされたことを知っており、それを歓迎します。なぜならば、今回の改正は、入国管理局が、時には移住を強制的に差し止めるというグローバリゼーションと、人権侵害から保護されたいとの人々の願いという文脈において、この重要な問題について日本国の法政策を明確化したからです。

　私には３条との関連で懸念している問題が２、３あります。おそらくそのうち最も重要なものは、難民資格や庇護者の地位を拒否された外国人に対して一度退去強制命令が発令されると、その者は日本において違法な存在であると決定されたことになることです。強制退去させられるまでにはどの位時間がかかりますか。即時に命令が実施されることはできますか。新法によれば、そのような地位を拒否された時は強制退去を延期することができるということですが、そのような手続を踏む前に強制退去はすぐ行われないようにする保証はありますか。さらに、強制退去前にどの位の期間拘禁されることがありえますか。

　外国人を、その者が拷問を受けるおそれがあると信じるに足る根拠がある国へ送還することを禁じる３条に関して、もっとも重要な点について。このような状況下で３条が尊重されるためにどのような保証がありますか。法務省から独立した機関がありますか。法務省が公正でないと言うわけではありませんが、やはり行政機関の一部です。意思決定の際に行政的正義（administrative justice）を行いうる独立した機関のある必要があります。強制退去を行う際の被拘禁者の取扱いは我々の関心事項の１つです。異議申立、司法手続による強制退去手続の停止、強制退去前の拘禁期間の延長についてはどうなっていますか。３条のもとではどうなるでしょうか、関係する人々を保護する必要があります。迫害されるかもしれない国にその人を送

還することに弁解の余地はありません。これは1951年の難民の地位に関するジュネーブ条約（訳者注：わが国は1981年に批准）の33条において確立しています。拷問が起こりやすい国に送還することは、その人を危険な状況にさらすことになるのですから、我々は、このようなやり方による強制退去は絶対に正当化されないのであり、この規定を支持し、継承してゆく必要があります。私は新法がこの問題に対応しているかどうかを懸念しています。

私は、いくつかの統計資料を拝見しましたが、条約3条適合性を判断するための、法務省から示された資料がありません。強制退去についての異議申立を行う人たちの一般的な実践においては、条約は用いられていません。それが一般的なやり方のように見えるので、私はそれにこだわっているのです。

条約の履行という観点から、拷問を行った可能性のある者、日本の領域内で拷問をしたとする容疑をかけられている外国人で、未だ送還されていない者に関してお聞きします。単純な質問ですが、日本の領域内で、自国へ送還されていない外国人に対して拷問に関する日本の法律が適用された例はありますか。

日本の法律は日本国民を他国に引渡すことを禁じていますが、条約上は、他の場所で拷問を行ってきたかもしれない被疑者が日本に居る際の訴訟手続を備える義務があります。例えばフジモリ氏のケースでは、そのような状況であったかもしれません。フジモリ氏は日本国籍をもっており、彼については引渡し要求がありましたが、なされませんでした。彼は国内で自由の身であり続けています。彼は拷問行為を行った罪で告訴され得るかもしれないのに、日本国はフジモリ氏に対して何の措置も講じてきていません。私は日本の裁判所や政府がフジモリ氏のケースについて何を行ってきているのかを知りたいです。

【外国人のアクセス】

私が既に挙げた問題のなかで、人権に影響を及ぼし得る刑事訴追手続又は他の手続のもとにある外国人のアクセスの問題があります。自分の国から受けることができるアドバイスにアクセスすることの問題です。外国人に対するその権利の告知について、実際どのようにされているか知りたいです。自分の国の領事制度にかかわる権利についてです。

領事関係に関するウィーン条約に関連する一般的慣行があるのかということも知りたいです。私の記憶が正しければ、ウィーン条約の46条（訳者注：正しくは、領事関係に関するウィーン条約42条である。同条は、「領事機

関の職員が抑留された場合若しくは裁判に付されるため拘禁された場合又は当該職員につき刑事訴訟手続が開始された場合には、接受国は、その旨を速やかに当該領事機関の長に通報する。」と定めている）だと思います。議長、私が示すべき他の問題点があることも承知してはいますが、これらが第1回目の政府報告であるがゆえに、最も重要な問題であると思いますので、さしあたって、どうしてもこの問題にこだわりたいのです。

【ジェンダーを理由とした人権侵害】

第1回目の報告では、どちらかといえば我々は日本という国について知りつつある段階にあると考えております。そして、今のところその状況は、国際社会の中でとらえると、委員会にとって満足できるものであるように思えます。とりわけジェンダーを理由とした拷問等の人権侵害に関しては、その後の段階で質問があるかもしれません。

私はこの問題に関する日本の特定の法律や、性犯罪に言及している刑法の条項をみました。他の委員が質問しないのであれば、私から2、3具体的な質問があります。1つめは、日本人と結婚した外国人女性の日本国籍の取得に関してです。彼女たちは市民権を得ることができないのでしょうか。日本の法律の規定の仕方によって、また国籍に関係する規定によって、日本人と結婚している外国人にとって非人道的な取り扱いになることがあるのか。日本人と結婚している外国人は日本国籍を取得できるのであれば、どうやったら取得できますか。さらに、もし離婚した場合は、その人は市民権を失うのでしょうか。市民権はその国と人との非常に深いつながりですし、人に対する最大限の法的保護の表明ですから、この点について聞きたいのです。

レイプが犯罪であることはわかりますが、女性が男性をレイプする場合はどうですか。法の適用範囲とされていないケースもあるかもしれません。レイプは少なくとも、人道的に拷問であり、あるいは法に抵触するものと考えられています。そして、次の解釈が正しいかどうかを知りたいと思います。

つまり、言ってみれば、レイプが一方的な行為についてのみ犯罪とされるのか、あるいは女性が男性に対してレイプをはたらいた場合にもまた犯罪であると考えられるのか、ということです。

女性を人身売買から保護することに関して、2、3質問があります。売春は、暴力団が特に関与している分野です。日本の暴力団は悪名高く、もちろんマフィアの類はいたるところに居ますが、私は特に日本と暴力団に関して知りたいと思います。日本において、強制買春や他の性的搾取から女性の人身取

引被害者がどう守られているのかを知りたいです。外国人女性は、しばしば特に脆弱な存在ですが、被害者を特定するための特別な方法論がありますか。このような問題を取扱う特別な機関があるのでしょうか、それともそのような活動は特になされていないのでしょうか。

　他の委員が、様々なエスニシティをもつ女性の性的奴隷の問題、とりわけ第二次世界大戦中の特定の中国人の女性に対するそれについて言及しようとしているかと思います。したがって私はこれ以上この問題について述べません。しかし、私はこうした被害者に関するあらゆる記録を排除する法律(law)があったこと（訳者注：敗戦が明らかになった直後、日本軍が「慰安婦」制度に関する記録をすべて破棄するよう指令を出したことを指していると思われる）を知っています。

【被害者が賠償を受けるシステム】

　私の関心事項と委員会の関心事項との表明として、私は、被害者が賠償を受けるために刑事責任を問うメカニズムがないのではないかと思っており、日本に対して、刑事手続とは別に賠償のためのシステムをもつことを勧めたいと思います。私はそれが合理的なステップであろうと思います。

　議長、私がお尋ねするべきことは大体この位かと思います。回答をいただく前に、政府代表団の方々にあらかじめ感謝を申し上げておきます。これで以上です、どうもありがとうございました。

■アレクサンダー・コヴァレフ（ロシア、Mr. Alexander KOVALEV）委員

【謝辞】

　議長、ありがとうございます。我々委員会の会合へ日本から送られてきた、ハイレベルかつ大人数の代表団に対し、議長であるマヴロマティス氏、マリーニョ氏と共に、心から歓迎します。あなた方の最初の説明を聞いて、提出いただいた文書を検討いたしました。拷問の根絶に関する状況は満足なものとみることができるでしょうし、拷問禁止のための各々の法的な土台はかなり良いと思います。私はまた、拷問禁止のための活動が、市民社会と密接に連携してすすめられてきたことを喜んでいます。

【人権教育】

　第1報告者マリーニョ氏が既に述べたように、私は条約の10条から16条に焦点を当てますが、まず10条に関して締約国の履行状況について触れたいと思います。

人権教育のシステムが代表団の代表が切望するようには作られていないと思います。このシステムは確かに日本に存在していますが、私は研修の成果が本当に進展したかどうか疑問に思っています。私の質問は、プログラムの大部分が、上官、同じ組織に属している高官による講演形式のみであるようです。昨今では、研修に、NGOが招かれているということも見られます。

　それにもかかわらず、我々は学術関係者との関わりが十分でないと考えます。性的な侮辱を止めさせるために警察官や裁判官やその他の機関に属する人たちを訓練することを目的とした本格的な年間計画を設けることが必要です。NGOからの情報や我々がもっている情報によると、皆さんの国では、状況は向上しているようですね。日本政府は、人権に関する国際基準や現存の人権条約を反映したカリキュラムや研修テーマを提示していますか。私はこれら全ての条約は相互に関連していると思います。従って、ある1つのテーマについて検討する際には他の条約をまた考慮に入れる必要があります。同じ文脈で、法執行機関の職員に対する研修プログラムや、民間及び軍事医療関係者、逮捕・捜査・拘禁に関わる国家公務員及びその他の人々に対する研修コースはそれぞれ違っているのかどうかという質問があります。私は、少なくとも拷問防止に関する情報を、そのような研修の中に特に含めているか疑問に思っています。

【尋問に関する規則など】

　次に、11条では政府は定期的に、尋問や刑事施設の運用にかかわる規則を検討することとされています。日本では、私が知っている限り、尋問時間の制限が設けられておらず、黙秘している者に対する尋問が真夜中にまで及ぶことがあると聞きます。マリーニョ氏が述べた通り、日本には尋問を録音する制度がありません。したがって、尋問で得られた情報の正確性を確保することは難しいのです。情報をいつでも改ざんすることができます。NGOが尋問を行う際の秘密のマニュアルを入手したとのことですが、それによると、一度取調室に入ったら、自白がなされるまで部屋から出てはいけないと述べられています。

　罪状を否認する人は、朝まで尋問を受けなければならないそうですが、なぜ朝まで尋問を続けたら自白が得られることになるのか、私には理解できません。何日間そのような尋問が続くのかについて言及がありません。政府がこの秘密のマニュアルや、このような状況についてどのように考えているか説明して貰えますか。繰り返しますが、尋問にかかわるマニュアルです。

【拷問に当たる行為の迅速かつ公平な調査】

　12条は、拷問に当たる行為の迅速かつ公平な調査に関するものです。報告書のパラグラフ8では、一般的な情報について言及されているだけです。拷問及び残虐な取扱いにあたる行為がどのように調査されるかより詳細な情報を我々に提供して頂ければ幸いです。被疑者が警察官である場合には、警察組織はその調査を行う適切な組織とはなりえないと思うのですが。

【拷問や残虐な取扱いについての申立】

　13条は拷問や残虐な取扱いについての申立と関係がありますが、我々が知る限りでは、今春、日本の代表団が触れていた通り、日本で新しい行刑法が採択されました。しかし、我々が見るところでは、新法は被拘禁者による申立を検討する独立機関を設立していません。そのような機関を設立するのに障害となるものは何か、御説明頂けますか。

【刑事施設視察委員会】

　日本では、新法に従って、各々の刑務所をより人間らしい状況におき、各々の刑務所が、訪問のために設立された独立した組織を設置したことをうれしく思います。この組織のメンバーは刑務所を訪問し、被拘禁者の申立を聞くことができ、また、メンバーは法務省（訳者注：正確には法務大臣である）によって任命されます。ただし、弁護士会あるいは医師会から推薦されているということです。

　私が知っている限りでは、昨年の夏からこの制度は運用されています。簡単で結構ですので、この組織は実際に刑務所を訪問するに際してどのように機能しているのかを説明して頂けますか。この制度の効果的な運用の確保のために、どのようなことが可能でしょうか。

【拷問の被害者に対する賠償とリハビリテーション】

　14条は拷問の被害者に対する賠償の問題です。我々がみるに、日本では賠償を受けるに際して、拷問や他の形態の残虐な取扱いの証拠を集めることに、未だ多くの困難があります。第1に、通常、賠償を得るためには、弁護士の代理人が必要ですが、常に利用可能というわけではないことです。第2に、拷問を立証する書類は、被告たる国の防御の目的のために、原則として当局によって保管されていることです。また、それらの書類はしばしば改ざんされたり、紛失したりします。

　残念ながら、私が知っている限り、日本には拷問被害者の救済のためのリハビリテーション・センターのような組織がありません。拷問の被害者への

賠償は被害者のためだけでなく、免責の根絶という意味においても重要ですから、拷問の被害者のリハビリテーションに関してどういったことがなされているか、私に説明して頂ければ幸いです。

【拷問による供述の証拠許容性】

　15条は、拷問された結果としての供述は証拠として認めるべきではないということに言及しています。自白が拷問によって得られていないかどうか裁判官が判断するために、尋問の録音や録画といった電子記録がなされなければならないというマリーニョ氏の意見に同意します。また、さらに彼が言ったように、警察にとってもこの方法は好まれるものです（訳者注：マリーニョ氏は尋問の録画、録音に言及しているが、警察がこのようなやり方を好むとは述べていない）。1998年には、自由権規約委員会が既に、日本に対し、尋問の電子的記録制度を導入するよう勧告を出しています。

【面倒見による自白】

　NGOからの情報で、特に日弁連のものに言及します。多くのケースで被疑者から自白が得られているそうですが、それらの自白は、これまでに言われていたような脅迫によるものだけでなく、たとえば兵庫県のケースは私にとっては完全に初めて聞くものでしたが、被疑者たちは、あらゆる種類の恩恵を与えられていたということです。喫煙することも、競馬で賭けることも、寿司や果物を食べることもできます。また彼らはウイスキーを飲んだり、居室の中で性的行為に及ぶことさえできるのです（訳者注：このケースは1994年6月に兵庫県長田警察署で明らかになったケースである）。

　被疑者たちが、自分が犯していない犯罪を自白しているのであれば、私はこれまでにこのようにして自白を得る方法を一度も聞いたことはありません。恐らくこれは、自白を得るためのより人間的な方法かもしれませんが。このようなことは、無罪推定原則の明白な違反です。

　ここまでにしましょう。議長、ありがとうございました。

■マヴロマティス議長

　コヴァレフ委員ありがとう。寿司は私達の権限外のようですね。次はグロスマン委員です。皆さんには、時間を無駄にしないためにも、質問者の氏名を書き留めておくことをお願いします。次の順番は、グロスマン委員です。質問をどうぞ。

■クラウディオ・グロスマン（チリ、Mr. Claudio GROSSMAN）委員
【謝辞】
　議長、ありがとうございます。日本の代表団を歓迎します。また、その報告書や大使のお言葉も歓迎します。大使が言及した拷問に対する闘いの柱についてのプレゼンテーションにとても感銘を受けました。それはとても重要なことですし、拷問に関してゼロ・トレランスであるべきだという大使の発言は、確かにこの委員会でも共有されていることです。大使が述べられた考え方というのは法制度の問題ですから、その目的は重要です。また、市民社会の参加の重要性に関する日本という国の立場からの声明は、非常に評価できることだと思います。確かにそれは、市民社会の貢献、情報の入手や最新データの提供、政策決定の質、そして、物的資源、理にかなう法案作成、それを政策として行なっていくための重要な基盤になっています。
　政府が国際協力の重要性についても言及されたことを評価しています。今日では、純然たる国内問題ということはめったになく、すべてのことは国際的に関連しています。私達の前にある関心事として、主として拷問がそれにあたります。
　国際協力とこの条約、諸国によって創られた国際社会には、協力という価値の重要性が確かに根付いています。この目的は、国家を対話に参加するよう考え方を変化させることであり、国家にとっても我々の委員会の意見を知り、そして我々にとっても、必要に応じて、どのような方法ならよりよく撤回（withdrawal）ができるのかという国家の意見を知ることはお互いに重要なことです。報告書の審査は、単に報告書を提出する義務を果たすこと以上に、何かを気付かせてくれるものです。理論的には、本条約の締結国は、尋問規則、命令指示、方法と実践と同様に、すべての分野における拘禁や人の処遇規則、あらゆる形態の逮捕、勾留や拘禁を目的としているものについて、司法権のもとで、制度的な検討を与えるのです。

【刑事被収容者処遇法の施行】
　私達はいかなる拷問をも防止するために審査しています。その英知によってこの条約を締結した国家は、委員会が締約国から報告される状況を取り上げねばならず、また締約国の義務が、現在進行中の状況を基本にして、それがあらゆる者にとって履行されているかを見る審査制度の重要性を理解しているのです。そういう観点から、委員のすべては2005年5月18日の法施行を大いに評価している。委員会の報告者によれば、刑事施設の被拘禁者の

処遇に関して、私の理解は通訳を通してなのですが、日本で深く根付いていた慣行や規則を変えていると聞いています。委員会は、まさにそのことを議論するのです。また、私は個人として、一人の独立した専門家としても話します。その法は、日本における状況を改善するための重要な目的を明らかにしているのです。そして、市民社会との対話の成果が存在しているということはとても心強いことです。

【刑事施設視察委員会】

さて、代表団がとくに強調されていたことですが、刑事施設の視察訪問組織の設置という考え方に賛成したことはとても重要だと思います。この組織の構成は、日本でも他の国々でもとても重要です。私はこのことを重要だと思い、とても感動しました。刑事施設の運営改善に熱意を持ち、高い意識と洞察力を持った人々が、そういう機関に任命されると聞きました。であれば、どのような判断基準を使って、そういう人々を選ぶのか知りたいです。というのは、実際、その制度というのは、その構成する人々が高い基準を満たすかどうか次第であり、官僚機構へ組み込まれるのではなく、そのような機関の適任者かどうか判断している、という日本の実例に従うことができるのか、委員会としての私達にとってもそれを知ることはとても重要なのです。刑事施設の運営を改善するという過程に対する熱意こそが要求されているのです。というわけで、その熱意を確かめるための方法、任命された人たちが刑事施設運営を改善するという任務に関与できるかどうかを、どのような判断基準を使って確かめるのか知りたいです。

【不服調査検討会】

次に、法律によって設立される不服を検討する委員会は、とても価値があり重要です。ここで再び我々の経験から述べて見ますと、このような不服検討委員会をより効果的にする方法は、独自の事務局を持ち、他の人々に依存しないことです。引用できるこの条約の条文はありませんが、我々の経験を紹介することはできます。ですから、この審査機関が独立した機能を提供できるように自身の事務局を持つのか、あるいは、その機能を効果的に働かせるために官僚的な援助を要求しているのか、そして条約11条と一致する拷問の防止義務の実現を皆さんが考慮しているのかどうか疑問なのです。

【不服申立手続からの弁護士排除と期間制限】

続けて、教えていただきたいことがあります。不服申し立てのための書類を作成する場合、被拘禁者は、代理人として弁護士あるいは第三者機関を依

頼することが許されていないと聞いています。私自身弁護士であり、法律専門家であるがゆえに、あえて言うなら、依頼者を援助する可能性から排除されていることはとても不安になります。我々が世界中で最高の名声を得てはいないということは知っていますが、弁護士がその役割を果たす場所を創出している法の支配を促進する他の方法を我々が見いだしているとも思われません。

この不服申し立て手続きから弁護士を排除していることの合理的理由を知りたいのです。信じられるかどうかわかりませんが、弁護士は些細な事柄に関する申し立てを防ぐことができます。なぜなら、弁護士は取るに足らない不服を避けることの必要性について依頼者に助言することもできるからです。そのことを皆さんがどう考えになるか、ぜひ知りたいです。不服申立手続に30日間の時間制限があることについても言及したいと思います。なぜ時間制限が重要なのか理解していますが、時として例外が我々に正義の達成をもたらすこともあると多くの人々は知っています。時間制限に遅れた例外的な場合を容認するような制度を持っているのかどうか疑問に思っています。それが利点となるのは、被拘禁者にとっては、時間制限に遅れることは起こりうることだからです。経験からも、いかに私達が一生懸命努力しても、人生には予測できないことが起きます。なぜ例外措置を設定しないのだろうか。繰り返しますが、これに関するあなた方の意見を伺いたい。

【人権擁護法案】

次に、日本における人権擁護法案について議論を移します。法案が成立する見通しがないということについて、皆さんはどう評価しているのか知りたいのです。これらのことは、日本だけでなく、他の国々にとっても政治的な問題になっている。この件に関する皆さんの評価・考察をぜひ知りたい。

【保護室】

さらに、他の委員も質問していましたが、保護室に拘禁される際の時間制限という考えについて質問したいと思います。どう考えるべきか、それについての皆さんの見解や経験はどうですか。何が合理的なのか。時間制限がないことが理にかなっているのか、時間制限があることが合理的なのか。安全性など、どのような意味があるのでしょうか。

刑事拘禁施設内の取り扱いについての法律を読みました。一般的には、72時間と規定していますが、48時間ごとに延長を指示できます。しかし、延長の回数に制限はないという。私達は、人々や市民が必要としている正当

な安全を保護するためにもまたここにいるわけですが、私は、これら保護室使用による成功例及び失敗例を示している統計はどうなっているのか、疑問を持っています。保護室を使用すると決定された人々は、その行動を繰り返しがちで、反復するというパターンになってしまうのか、あるいはそうでないのか。このことは、他の関連機関をも巻き込んで検討されてきたのでしょうか。

【昼夜間独居処遇】

　昼夜間独居処遇について見ると、2005年の新法では、昼夜間独居処遇について規定ができ原則として3ヶ月以内と定められた。しかし、更新については制限がない。皆さんの経験ではどうですか。50年のうち42年間を独居房で過ごしたという終身刑の人がいるという問題を知りました。こういう事例は多くあると聞きます。ではその目的は何でしょうか。人々を保護し、安全を実現するということが合理的な目的のはずですが、その事例の場合は、昼夜間独居処遇を行うことによって罰することが目的でした。目的は達成されたのでしょうか、条約やその他の目的に沿って当該目的が合理的であることを確保するよう検討されたのでしょうか。状況が改善されているという数字を私は持っていますが、この場で私達が学ぶべきことや、現在の状況を知りたい。それにしても、そんな長期にわたって人を隔離させている目的は何なのでしょうか、そして何が今起こっているのでしょうか、とても知りたいものです。

【代用監獄制度】

　さて、代用監獄制度です。メディアの関心を呼んだようですね。私達はスキャンダルになる特別な事件があるときに、新聞を読むことが習慣になっていますから、新聞の報道にはそれほど注意を向けていません。しかし、この件に関しては、新聞を読みました。私としては、この制度についてもっと事例や現状を知りたかったからです。自由権規約委員会による勧告を読みました。そこでは、「委員会は、『代用監獄』制度を規約の要求をすべて満たすものにすべきであるとした第3回定期報告書の審査後の勧告を再度表明する」と述べられています。

　規約の要求を満たすものにするためには、自由権規約委員会が述べていることを読んで、また拷問等禁止条約のもとで考慮することは、警察官や尋問担当官を単に変える必要性があるということで満たされるものではないということなのです。この委員会の経験は、一般的にトレーニングをするだけで

は十分ではなく、重要なことは成功のための必要条件であり、トレーニングだけでは十分ではないのです。私は官僚機構に属していますし、法学の教授です。法学の教授であってもミスを犯しがちです。医者も同様、また警官でも例外ではない。彼／彼女らも人間ですし、それも社会の安全を守るためにとても重要な人々で、神の保護のもとにあります。しかし、私が言いたいことは、他の人々と同様に、過ちを犯すこともあるということです。

　私の質問は、トレーニングや尋問の場面における内部の安全のための方策について、真剣に考慮されているかどうかです。多くの国々では、あなたが弁護士を必要としているといえば、アクセスが許されます。これに関する皆さんのご意見はどうでしょうか。私達委員が理解するに、日本では、最長23日間も起訴かどうかを待つ間、被疑者を警察留置施設に拘禁することができる。長期間ですね。日本は、かつて私がいた国とは違うのですよ。かつて私がいた国（訳者注：チリのことを指している）では、米州人権委員会が述べていたように、毎日、毎分でも、拘禁することができたため深刻な人権侵害の危険性が生じたのです。これはあなた方の国とは状況が違います。しかし、23日は長時間です。

　さらに知りたいことがあります。23日間というのは1つの罪名についてだと私は理解しています。この制度の中で、複数の罪名を疑われる人の割合はどのくらいでしょうか。23日を越えて身体拘束され尋問を受けた人達の統計はありますか。罪名の数に関する厳密な規定があるのでしょうか。もう一度お聞きします。それが人権においてどのように作用しうるのかお聞きしたいのです。つまり、皆さんが誰かが犯罪をおかしたと疑っています。複数の異なる罪名が考えられます。その場合、どのくらいの割合の人が23日間よりも多い又は少ない期間拘禁されたのか知りたいのです。

【留置施設についての公安委員会から独立した第三者機関の必要性】

　同僚の委員が他の問題について言及します。2005年（訳者注：正しくは2006年）2月の未決拘禁者の処遇等に関する有識者会議による勧告を読みましたが、これは、同様に第三者機関設置を求めている。外部の専門家によって構成された刑務所に設置された、不服に関する検討及び調査機関とは同じなのでしょうか。さらに、政府は、手続の促進のために公安委員会から独立した第三者機関を設立する可能性はあるのでしょうか。この場で私の質問をすべてさせて頂き感謝しています。

【任意性を要件とする自白法則】

日本においては、違法だが任意になされた自白を許容する余地はまだあるのでしょうか。それは許されているのでしょうか。それから、刑務所内では防声具の使用がすでに廃止されているという最近の積極的側面を知りました。防声具廃止の理由は何ですか。もし防声具が危険で問題を引き起こすという理由ならば、なぜすべての施設で廃止しないのでしょうか。たとえば、防声具を使用しなければその人を静め、拘束するためには、他の可能性がないからだという理由は聞いてきています。しかし、それが危険性を生み出したので刑事施設では廃止されているのに、その防声具はまだ使用価値があるといえるのでしょうか。
　ですから、これを廃止するためにどのような理由が述べられていたのか知りたいのです。

【尋問時間の制限】
　これが最後の質問ですが、被疑者の毎日の尋問時間の制限はあるのか。被疑者は、24時間、20時間、16時間、14時間も尋問されるのでしょうか。法のもとで、そのようなことが存在しているものでしょうか。これで終わりにしますが、日本政府の皆さんと建設的な対話にかかわる可能性が持ててうれしく思います。重要な原則に対する日本の立場と日本の重要性は、その領土内における条約の適用の点にとどまるものではありません。ありがとうございました。

■マヴロマティス議長
　グロスマン委員、ありがとう。次からの順番は、ワン委員、ベルミエール委員、ガエル委員、スヴェアス委員、そして私です。私からの質問には6、7分必要です。皆さん方が質問するときも、そのくらいの時間はあるということを確認してください。私達3人は、通常は短く済みます。その他の質問者は、もう少し長い持ち時間があります。さあ、ワン委員から始めましょう。彼は短い質問者の一人です。さあ、すぐ始めましょう。

■シュエシアン・ワン（中国、Mr. Xuexian WANG）委員
【謝辞】
　ありがとうございます、議長。私は、1時間半以上もとりませんよ。それから、世界があまりに平和すぎるというのでなければ、私達は弁護士を必要としているのだと、グロスマン教授にお約束しましょう。さて、私は、1つ

か２つ質問あるいはコメントをします。

　最初に、日本の第１回報告書を私も歓迎します。それは多くの有益で価値ある情報を含んでおり、今朝行われたプレゼンテーションのあらゆる内容についても感謝申し上げます。

【法や規則の具体的な執行に関する説明不足】

　しかし、法や規則がどのように執行されているか、具体的な説明が欠けていると言わねばフェアではないでしょう。確かな具体的事実の欠如を多くの例証のなかに発見しました。次の報告書では、これらのことが改善されていることを、私は希望します。これが一つ目の質問あるいはコメントです。

【外国人に対する差別】

　２点目は、この質問は先の質問者がほのめかしていたことですが、私はさらに、もう少し追求したいのです。本条約の１条と関連して、外国人に対するあらゆる種類の差別に関する不服申し立てがあるのかということです。言い方を変えると、公務員の行動について、それが直接的に不合理だったり、あるいは人種差別的であったときに不服申し立てがなされているのか。もしそのような不服申し立てがあるなら、どう扱われているのか。そして、そのような行為の常習者に対する法的手続きが開始されているのだろうか。これが具体的な質問です。

【従軍慰安婦と強制労働】

　さてもう一つは、質問というよりコメントですが、いわゆる慰安婦と強制労働についてです。私の意見では、その多くは未成年だった女性たちをいわゆる慰安婦として徴用し、誘拐もしくは強制的に性的奴隷にされたということ、そして第二次世界大戦中の日本軍による強制労働のための徴用は、いずれも人道に対する拷問の非常に深刻な、そして典型的な犯罪です。これらの犯罪は、被害者やその家族にとって、語ることのできない苦痛を押し付けてきています。その被害者は、まだ生存しています。今日、大きな苦悩に耐え続けることは、苦痛を毎日与えていることを意味します。この被害者のための正義の回復について誰が国際的な呼びかけを行うのでしょうか。そして、被害者はこの苦痛の救済を要求してきているのです。

　日本政府は、これらのことについて、倫理的及び法的責任を認めるべきであるし、これらの犯罪の被害者についての賠償を確保すべきと私は思っています。以上が私のコメントです。ありがとうございました。

■マヴロマティス議長

　ワン委員、どうもありがとうございます。次は、ベルミール委員が質問します。

■エッサディア・ベルミール（モロッコ、Ms. Essadia BELMIR）委員
【謝辞】
　議長、ありがとうございます。そして、国の代表団を歓迎したいと思います。多くの分野で成功を収めている国民を、政府は誇りに思うべきです。すでに他の委員が、主要なテーマについてすべて触れていますが、私も同僚がすばらしいコメントをしているそれらのポイントのうちいくつかについて述べます。

【公正な裁判と被疑者の身柄拘束】
　それはバランスの取れた公正な裁判に関する問題で、つまり、関係しているいかなる鎖も議論から除外すべきでないということです。

　説明しましょう。裁判に貢献する多くの事項は、裁判官の注意をすり抜けてしまう。政府は報告書の中で、司法権は裁判所によって完全に掌握されていると述べていますが、事実はそうではありません。なぜなら、それは手続きの選択ができるということで、裁判に向けられた捜査期間は、まったく警察の掌中にあるのです（訳者注：日本において、被疑者の身体が警察のもとに置かれ続けることを指していると思われる）。常に、警察と裁判所の間には、現実として連携がありそれが弱点となっています。ある場合では、被疑者はとても困難な状況に置かれてあきらめてしまうのです。拘禁下での不服申立は、そのあとで自分の主張を証明したり関連する機関に申し立てたりすることは、当事者にとって困難ことなのです。

　勿論、人によって異なるでしょう。理論としては調書に署名することを拒否できますが、実際は、長い期間弁護士とも会えず、裁判官とも会えずにいた後には、人は署名することに同意するのです。これらの取調を管理する人間を監視することはとても難しい。暴力を発見したとき、その加害者はそれを再び起こさないように厳しく制裁が行われると書いてあった報告書の内容に私の注意は引き付けられました。しかしながら、誰がどのような理由によって制裁を行うのか詳細が報告されていませんでした。現実には、刑事司法手続のなかでは、多くの場合、被害者が疑われた立場なのですからそれは難しいのではないでしょうか。

【人間の尊厳を傷つける処遇】
　人々の尊厳は傷つけられているようにみえます。隔離され、両手を縛られ、特殊な方法で食べることを強制されます。報告書にあるように、隔離や隔離室への拘禁自体は拷問や品位を傷つける取り扱いとはなりません。しかし、犬のように食べることを強制されるならば、その人の人間としての尊厳は護られているのだろうかと思います。尊厳を傷つけられた状況というのは、例えば他の分野、精神病院にも見いだせます。院長は、退院させてよいかどうかの決定責任を持ちます。伝染病のような感染する病気でさえも、退院させるかどうかの決定責任は院長が持っているのです。真に人間性が尊重されているかどうかは、締結国がどう履行するのかにまさにかかっているのです。

■マヴロマティス議長
　ガエル委員どうぞ。

■フェリス・ガエル（アメリカ合衆国、Ms. Felice GAER）委員
【謝辞】
　議長、ありがとうございます。各委員の簡潔な質問に感謝し、私もその公正さを同様に維持して行きます。最初に、代表団を心から歓迎します。委員会は常に最初の報告書が重要だと思っていますし、優秀な、多くの代表団がいらっしゃったことを喜んでいます。
【政府報告書提出の遅延等】
　厳密に言えば、報告書提出は2000年まででした。2006年まででありませんでした。私達は長い間待ちましたので、報告書が遅れて提出されたことから、私達はより突っ込んだ質問をしていきますが、お許し願いたいと思います。私が提起したいと思っている問題点はすでに他の質問者が指摘しています。私は特に、担当報告者に感謝しています。差別的法律条項、ジェンダー、人身売買の問題も取り上げてくれました。勿論、第二次世界大戦中における性的奴隷の問題や、その時代の政治によって被害者となった人達の社会的な賠償についても質問してきた委員もいました。
【拷問の定義】
　拷問の定義に関することから私の質問を始めたいと思います。黙認や同意をしたという理由で、拷問に責任があると認定されたいくつか具体的な例を、代表団は我々にお示しいただけますか。条約1条の目的の、4つの記述の

うち1つは、公務員が黙認や同意をしたという理由で拷問の共犯として認めています。皆さんはこのような実例をいくつかお持ちでしょうか。

【難民認定制度】

条約3条に関すること、つまり当事者が拷問の危険に直面している国へその個人を送還することを禁じている条文に関して質問を加えたいと思います。皆さんは、以下の点について、私達のために明らかにするという決断をしていただけるのでしょうか。庇護資格あるいは難民資格の申請数の統計を配布してくれますか、そしてこれらの申請の結果がどうなっているのかについても教えてください。それらはどうなっていて、どのくらいの数が許可されているのでしょうか。日本から送還された人々は、どのような国に送られているでしょうか。

これに関する第2の質問ですが、国に送還されるかどうかについて、拷問の危険性がある人々の申請は分離して審査が行なわれるのかどうか教えてください。そして、入管職員による審査をこの視点で再審査する独立機関があるのでしょうか。政府に対して申請した庇護者や難民に関して、ジェンダーに関する特有なテストがありますか。女性であるために男性とは異なって扱われるべき、庇護申請者が直面している精神的影響の事例はあるでしょうか。

【代用監獄制度】

代用監獄制度について私も質問します。私達に提示可能でしたら、自白だけに基づいて解決に至った事件数についての情報、統計あるいは実例がありますか。刑務所、入管収容施設、精神病院あるいは他の拘禁施設に収容されている人が申し立てる不服を審査する第三者機関はありますか。そして、特に、新たな監獄法のもとにある刑事施設視察委員会は、拷問や虐待が疑われるか、あるいはそれらがあると申し立てられているようなケースを調査しますか。英語版の報告書のAnnex VIIIの66ページの「留置場において使用する戒具の制式及び使用手続に関する訓令」3条について、2、3の点について明確にしていただけますか。警察留置場において、拘束具を使うと書いてあり、そこには手錠と捕じょうが、被疑者が逃亡したり、暴力や自殺を企てたときに使用されるとしています。それから、防声具は被拘禁者が大声を出したり、その他のときに使用されると報告されています。

捕じょうがいつ使用されるのか、この捕じょうの性質について明確にしてくださると幸いです。これらがどのくらいの頻度で使用されるのか、情報を持っていますか。またどんな場合に使われますか。これらについて今まで不

服申し立てはなかったですか。これら拘束具の使用についてチェックされる機会はありますか。防声具についても、同様の質問によって明らかにしていただければと存じます。

　拘束衣はよく知られていますが、今は質問しません。しかし、捕じょうと防声具は、法律に基づく指示のもとで許されるべきで、非常に例外的な（unusual）もののように思われます。この件について皆さんからさらに情報を得られれば幸いです。同様に、報告書の67ページにある「行刑施設の規律の維持等に関する刑務官職務規程」8条では次のように述べています。身体検査を行なうとき、被拘禁者に脱衣させる場合、刑務官は、他者から見えない場所に連れて行くような方法によって、恥ずかしさを感じないような配慮をしなければならないという規則です。

　基本的に、よい規定ですが、私の皆さんへの質問は、実際にどうなっているのか、個人個人に対してこのような措置を確保されているのかどうかについてなのです。同性の人間同士に制限されているのか、あるいは異性の職員にもなりうるのでしょうか。裸体検査という尊厳が傷つきやすい状況で、人は辱めを受けないようにされ、身体、精神、性等に対する侵害からの保護を確保する措置が取られているのでしょうか。

【刑事施設内の性的暴行を監視する制度】

　次に少し幅広い質問をしたいと思います。すべての政府にお尋ねしてきたことなのですが、刑務所の中で性的暴行を監視する制度を持っているのでしょうか。私は単に女性刑務所について質問しているだけでなく、女性刑務所も男性刑務所についても同様にお尋ねしたいです。

　ワン委員は法とレイプについていくつかの質問をなさっていましたが、彼の質問をさらに広げて、すべての性的暴力、つまり同性、異性、性器と直接ふれない他の行為によるものを含めての性的暴力からの個人の保護について質問したいと思います。もしこうした保護のありようを監視しているのでしたら、その成果についてお話いただきたいと思います。また、どのような不服申し立てがあり、それらの申し立ての結果はどうなのか。どのような罪で刑事訴追がされ刑罰が科されたのか、申立人へはどんな救済がされたのでしょうか。

　また、この件に関する防止措置をとっていますか。個人が秘密を守られて不服申し立てできるようどのように保障しているか明らかにしてください。というのは、不服申し立ては困難ですし、申し立てたその相手とその後

も顔を合わせていなければなりません。そのような環境では、立場はより脆弱になるからです。これに関連して、私は4つのNGOからの報告書を受け取っていますが、代表団もお持ちだと思います。そのなかで、アジア・日本女性資料センターと反拷問国際委員会（訳者注：アジア女性資料センターとWorld Organization Against Torture〔OMCT〕のことを指すと思われる）が引用した事例について具体的にお尋ねしたい。その60ページに、2004年の4月と6月、2005年7月に起きた多くのケースが引用されていました。これらの事件の結果がどうなったのか、例えば、名古屋刑務所の豊橋支所では男性刑務官が関与しているのですが、これについて答えてください。もし、処罰がなされたとすればどのようなものですか。このNGOレポートではこの刑務官は逮捕されたとなってはいます。

　その後のことは何も書かれていません。その事件の結果はどうだったのですか。何らかの制裁が課されたのでしょうか。同種事件の再発防止のためにとられた措置は何だったのでしょうか。

　そのページにある3つの事例に関連した質問をします。今日、この警察官たちは嫌疑に問われたのでしょうか。制裁を受けましたか。あるいは、未だに警察官として働いているのですか。まだ施設で働いているのか、あるいは彼らには変化がありましたか。これらの答えを知ることで、その制度がどう運営されているのかを理解しやすくなります。

　同じNGOレポートの23ページですが、警察庁は、原則として女性被疑者には女性職員が同行するという制度をつくったとありますが、これは、罰則規定なしの内部規則です。これについて答えてください。同性による保護等に関する内部規定が遵守されなかったときには、懲罰的制裁はあるのですか。警察官の権限行使に対するチェックが存在しないために、女性被疑者の性的侵害を引き起こしたと聞いています。

　警察庁がこれらのことに実際どう対応しているのか、よく知りたいのです。警察官に課せられた上記の制限は、原則として置かれているけれども、実際にこれがどう運用されているのか、について政府は説明していない、とNGOの報告書は言っています。だからこそ、ここで皆さんがはっきりとそれに答えてくれること期待し、楽しみにしています。

【人身売買】
　ここで私は、報告者が質問していた人身売買についての質問に戻ります。この申し立ては、人身売買はいわゆる芸能ビザの発行によって助長されてお

り、それが事実上人身売買を認める公式な抜け道になっているというものです。これらのビザの位置づけについて、またどのくらい発行してきているのか教えてください。このビザが人身売買に関連したかどうか、実際の事案について今までに調査や照会をしたことはありますか。

再びアジア・日本資料センターが言っていることですが、日本は厳格な入国管理に関する法を持っているがため、外国人女性が日本人男性と結婚するとき、このNGOの言葉を引用すれば「彼女らは、ブローカーや仲介者によって、奴隷労働と同様な搾取の対象となる」といっている。

強制的な状況が存在しているのかについてはわかりません。皆さんが、日本における慣行の文脈でもまたこのことについてコメントしてくださることを願います。ジェンダーに基づいた暴力に対する包括的な法律はありますか。確かではないのですが、資料の中で見ました。見落としてしまったのかもしれませんが、結婚関係にある者のレイプを犯罪と見なす法律があるかどうかも明らかにしていただけませんか。ありがとうございます。

【第二次世界大戦中の性的奴隷制】

さて、第二次世界大戦中の軍の性的奴隷に関する日本政府の方針についての話に変わります。皆さん方はこのことをすでに他の委員から聞いているでしょうし、ワン委員は特に感動的でして、道義的謝罪は一つのことであり、今も苦しみが続いている現実生活を送る被害者に対する正義は、また別のことであるという彼の発言に私自身もまったく同調します。

私の国も政府によってなされた過ちの経験があります。皆さんはご存知でしょうが、私の国では第二次世界大戦の憎悪から、先の世代の日本人を連行し、収容所に拘禁したのです。この制度内でどうすればよかったのでしょう。

多くの論争や議論がありましたが、議会によってこの議論の道は開かれましたが、誰がどこで何をし、いつ、誤りであったと宣言するのか、基金の設立を宣言するのか、すべての被害者に賠償をするのか、について詳細な議論に入るというよりはむしろ決定をしてきた。裁判所が何を言うかにかかわらず、平和条約の国際法における位置づけがどうであるかにかかわらず、また、道義的責任のみならず法的責任を認めたという位置づけによってとられた措置であるかどうかにかかわらず、その決定はなされたのです。

さて、私からの皆さんへの質問です。皆さんのとられた方法は、悲惨な状況に対処するためには合理的な方法だったと私は思いました。日本で検討されているこの件に関する法律は、採択されるのでしょうか。できないとした

ら、その障害は何なのか説明してください。つまり、被害者や特に強制的に性的奴隷の対象とされた人々の権利と尊厳に関心を払うすべての人々の間に困難で過酷で、苦痛を生み出している問題に終止符を打つための措置をとるにあたっての障害が何であるか、ということです。

　同様の質問として、これ自身が軽蔑的な婉曲語ですが、いわゆる慰安所の設立や維持にかかわったすべての人間の処罰や説明責任をどのような措置をとることで求めてきたのかどうか。調査は誰がしてきたのか、あるいは説明責任は誰が負うのか。1993年当時の河野官房長官が道義的責任を認めて公式に謝罪した事を、今日における位置づけについてコメントをしてください。二国間合意が、かつての被害国への賠償に関係しているという議論があることは理解しています。さらに軍事性奴隷問題はそれらの合意には含まれていないと私は理解しています。責任性について国家としての見解はどういうものなのか明確にしてもらいたいと思います。10件の訴訟がありましたが、被害者の正義を獲得するための試みは、実際には法技術的な理由で退けられています。これらの例についても、これまでその事実関係について調査が行なわれて来たかどうか、ご説明いただけるでしょうか。このコメントと共に、議長、私の質問を終わらせていただきます。ありがとうございます。

■マヴロマティス議長
　質問が活発で委員会の閉会を行う時間が残るかどうか心配ですが、さてスヴェアス委員、質問をどうぞ。

■ノラ・スヴェアス（ノルウェー、Ms. Nora SVEAASS）委員
【謝辞】
　議長、ありがとうございます。他の委員と同様に、代表団の参加や、コメントや、私達の前に配布されている第1回報告書とその追加情報などを歓迎します。朝受け取った追加情報には感銘を受けました。それには、刑務所内で行われたり、特に刑務所運営や入管問題に関連する法制度についてとても大きな改革や修正があったと強調されていました。

【制度運用の実際】
　私も、同じ質問をするかもしれませんが、ワン委員の質問はとても重要で、重要なことはそれがどのように運用されているかです。これら新たな改革として取り上げた措置について具体的なデータをくださいませんか。これらの

法律が実際に、どの様にセーフガード（保護措置）、日本の人々にとって権利のセーフガードになるか知るために必要です。

【パリ原則に基づく国内人権機関の設置】

これは、人権状況を監視する第三者機関が立ち上げられ、そして今朝の大使の紹介コメントの中で、市民社会やNGOとの協力が、日本の人権活動の主要な柱の一つとなっている、ということでしたので、そこから先のことが知りたいのです。私の質問は、パリ原則を適用して国内人権機関設置の計画があるのかどうかです。これは、全制度における人権原則を監視する重要な機関を作り上げることにつながります。これが質問の一つで、もっと聞きたいと思います。

【自白の強要】

そのような機関は、提起されたある一つの問題と関連してとても重要だと思います。昨日もヘラルド・トリビューンに取り上げられていましたが、とても重大な申し立てが取り上げられていたので、皆さんにコメントしていただきたい。なぜなら、ここで引用されていたり、新聞のなかの記事は、NGOから私達に提供された情報、具体的には、強制の問題や自白制度についての情報からもとられています。もし、この記事を読み、今朝の日本政府の主張を聞かなければ、ここに書かれていることは恐ろしいことです。自白の焦点化、強調は、すでに同僚の委員も指摘しているように、結果として長期の拘禁に結びついていくのです。私はここで、特別にもう一つの側面について付け加えたいのです。ストレスのかかった深刻な状況のもとにいる人間はとても脆弱な状態で、すべての種類の影響や圧力にとても敏感です。時として人々は、特に長期間孤立させられていたり、自分の権利がないがしろにされていると感じたならば、真実でない話を告白する状態に置かれてしまうでしょう。

それは、外から明らかにわかる混乱状態ではありませんが、ストレスや圧力に曝された人々の間に、頻繁に見られます。ですから、それらを避けるためにも、そういう状況を迎えないためにも、この種の圧力や強制に曝されないことは重要です。そして、自白は、自分自身を救うものでもなく、またいわゆる正義を買うものでもないと思われます。この記事の中で、とても強く、直接的にそのような主張を知ったので、この点についてコメントを求めます。特に、この記事に真実が含まれているならば、そういう制度を変えるためには何がなされているのでしょう。

では、我々に提供されたその他の関心事について話を移しましょう。私達にもたらされた情報は、この記事にもあるのですが、最近紹介された映画です。そのなかの青年は、地下鉄の中でいわゆる痴漢行為で罪に問われ、とても長い裁判にかけられます。最終的にどうなるか映画ではわかりませんが、いろいろなところで問題が生じている過程がよく描かれています。

【ジェンダーに基づく暴力】
　このことを今お話したのは、ガエル委員が述べているジェンダーに関連した問題の質問に少し付け加えたいからです。というのは、私にとってとても不思議な、というか、映画での地下鉄の痴漢行為が、数多く捜査されているということが、私には理解しがたいのです。同時に、NGOの報告書にもあるのですが、他の多くの深刻なジェンダーに関連した暴力行為は、すべて平等には取り上げられていないように思えました。これは矛盾なのか、私がもう少し理解したいことなのです。ジェンダーに基づく暴力に関することと同時に、ガエル委員と同様に、結婚生活におけるレイプは犯罪でないのか、また近親相姦つまり家族内での性的関係や性的暴力はどう取り扱われているのか、どのくらいの人が裁判にかけられ、有罪判決を受けているのか、についても知りたいと思います。そういうデータをお持ちでなければ、どのくらい多くの父親や、伯父や祖父が有罪になっているのか。この種のきわめて難しい事案について法的慣行がどうなっているか多くのことはわからないかもしれませんが、情報を提供いただきたいと思います。家庭内暴力のすべてに関して、どの様に捜査するのか、どのように家庭内暴力を申し立てるのか、そしてこれらの人達はどの様に保護されるのか。適切な方法で、事件を申し立てるためにどの様な援助が提供されているのか。移民の女性は、おそらく、より危険に曝されていたり、あるいはジェンダーによる暴力の危険にさらされていると思われますが、彼女らがそのことを申し立て、正義を得ようとする彼女らを援助するためにどのような制度が創設されているのだろうか。

【人身売買】
　人身売買は何回も言及されているので、私は繰り返しません。しかし、この問題の重要性を強調するために述べたいことがあります。この国際社会では、人身売買は大問題なのです。私達はすべての締約国に対して常に提起しています。少なくとも私が委員であるあいだは、懸案事項なので私はいつも言及しています。

【沖縄の米軍兵士による性的暴行】

第二次大戦中の性奴隷については言及されていますが、長い間にわたって起きているとても悲惨な別の事件について話したいと思います。それは、若い日本女性が、特に沖縄の米軍兵士による性的暴行の被害者になっているということです。私自身は心理職であり、心理職の専門家として彼女からこの事を話す許可をもらっています。現在は成人女性になっていますが、当時12歳で集団暴行にあった少女が私に話してくれたのです。この米軍兵士による集団暴行、この特殊な軍事キャンプの兵士達は、それ以来彼女の人生をある意味で縛り付けてしまったのです。彼女は現在40歳ですが、12歳のときの彼女の身に起こったことに非常な影響を受けています。ある人にそれを話しても、人に話してはいけないことといわれ、自分自身でそれを抱え込むということが起こりました。そのうち、その物語が表面化し、心理職の援助を受けて今の状況を変えたいと望むまで、彼女はものを語らない大人として完全に異なった世界で生きなければならなかったのです。
　ですから、私の質問は、これらの基地の周囲に生活する少女、女性そしてたぶん少年たちかもしれませんが、彼女たちにとって、こういうことが起こらないためにどの様に防止され、また保護されているのか、ということです。次に、もし事件がおきてしまったら、どの様に被害者を助け、犯罪者に責任を負わせることができるのでしょうか。

【損害賠償とリハビリテーション】
　説明責任や救済について話しましたが、拷問の被害者が救済や賠償を与えられなければならないという条約14条についての皆さんの説明やコメントを興味深く読みました。報告書の中では、ほとんど金銭的なものとして与えられる救済に言及されていますが、その他、リハビリテーションなどを受けるためにも支払われるものもあるようです。この点について言及されることは非常に重要だと思います。なぜならば心理的なリハビリテーションなどの援助は特別な機関では行なわれるものですから。私がここで知りたいことは、何件の賠償がなされ、どのくらいの頻度で人々は賠償を受けているのか、また、例えば、非合法な拘禁を受けたり、拘禁状態のもとであってはならないような過剰な脅威に曝された後に、賠償に対するオプションは与えられているのでしょうか。これは14条に関する私の質問です。

【人権研修】
　10条のトレーニングに関して、最後の質問をします。一般的な人権研修に関する記述はありますが、警官や他の法執行官へのトレーニングの一環と

して、女性や子どもの権利についてのトレーニングにも力を注いでいますか。そして、女性刑務官や女性警察官の数を把握されていますか。すべての刑事施設における状況を理解するために、このことは重要なのです。以上が私の質問です。皆さんのプレゼンテーションをありがとうございました。回答を楽しみにしています。ありがとう。

■マヴロマティス議長
【政府報告書の提出遅延と報告書に対する評価】
　ありがとうございました。それでは、個人の資格で、私の所感をいくつか述べさせていただきたいと思います。まず、政府報告書の表紙についてですが、政府報告書の締め切りが1996年となっていますが、これは2000年に直してください。最初にこの表紙を見たときに驚いたのですが、なおその驚きは軽減されていません。なぜ日本のような高度に発達した国が報告書を提出するのにこれほど遅れたのか教えてください。最初の報告書は、2000年に提出される予定で、その後は、2004年の年末でしたね。4年もの遅延ですから、理由をお聞かせ願いたいのです。
　報告書それ自体は、ほぼ良い報告書です。けれども、すでに述べられていますように、あなた方の言及されている美しい法律が、実際にはどのように履行されているか、そしてどれほど効果的に機能しているかという点が欠けています。ちょっと聞こえたのですが、笑いは必要ありませんよ。一度この部屋に入られたら、この部屋での礼儀に従っていただきます（訳者注：傍聴席で笑ったものがいたことに対する注意である）。
　このような例の一つとしては、確かに賠償とリハビリテーションの制度はありますが、我々が必要としているような事例や事実、統計を示してください。
【司法の独立】
　そして、皆さんにとっての報告書を見るに、人権保障の基礎は、独立した司法です。
　私は、司法が独立していないと言っているのではないのですが、ただ、あなた方の報告書の中に、懸念を抱かせる点があるのです。特に、何と呼んだらいいのかわかりませんが、高等裁判所の裁判官に対する再審査と承認が、議会の過半数投票で行なわれると理解しました（訳者注：最高裁の裁判官の国民投票制度、国会による弾劾制度、その他の裁判官に対する10年ごとの

裁判官の再任制度などが混同されているように思われる)。その点に関していくつか質問をしましたし、それが形式的なものだと承知してはいますが、繰り返しになりますけれども、司法の独立の基礎は、身分の保障であって、それは、10年ごとでも何年ごとでも、議会によって選出されたり、罷免されたりしないということです。このような制度では、まだこういったことは起こっていませんが、もし判決が気に入らなかった場合、その裁判官の地位を剥奪することが可能になってしまいます。裁判官が罷免されるとしたら、それは、同じ裁判官によって決定されるべきです。したがって、どうしてこのような制度があるのか、また、司法の独立という一般的原則とこの制度をどのように両立させているのかについて教えていただきたいと思います。

【長期の警察拘禁】

　他の委員が述べまして、全員が同意しましたように、日本における人権の一般的状況は、かなり満足できるものです。あなた方のNGOに対する態度や扱いは、非常に正しいものです。ですから、何年にも渡って数々の問題が国民の注目を集めているにもかかわらず、長期間に渡って何の対処もされていないことは驚きです。その中の一つは、裁判前の長期拘禁です。このような長期拘禁によって、精神錯乱さえ起こる可能性があります。例えば、219日後に自白したり、英雄的な話でありますが、拘禁されていた女性が何日拘禁されても自白しなかった事例というのは信じられません。このような事例が起こらないように対処されるべきなのです。拘禁の上限期間を設けるべきです。訴追する人々や裁判所がただ単に被疑者である被拘禁者に対して無制限の権利を持つべきではありません。

【無罪推定の原則】

　なぜなら、それは、無罪の推定を侵害することになるからです。もし、誰かが留置場にそれほど長い期間留め置かれた場合、結果として有罪判決を導くだけでなく、無罪の推定をも踏みにじることになるのです。

【自白】

　次に、自白についてですが、自白の中には、非合法な手段を使って得られたものがあるようで、世界的に見られます。自白は、司法制度の首に巻き付く重荷になる可能性があります。私が考えるもっとも良い自白へのアプローチは、拷問等禁止条約の規定にもいくつか定められていますし、私の国の法律の一部でもあるコモン・ローにもその例を見ることができます。つまり、自白は証拠として認められ得ますが、自由で自発的になされたものでなくて

はなりません。

　自由には、寿司が含まれるなんて冗談で言いますが、私が言いたいのは、約束です。寿司か刺身を与えるという約束ではなく、公正さの約束です。自由で自発的な自白のみが訴追に使われるべきで、その立証責任は、検察側にあります。被疑者や被告人にあるべきではありません。まず始めに、被告人による自白は、非合法の方法によって得られたかもしれないと疑わなくてはなりません。ですから、現代的で確実で、できるだけ人道的なアプローチをとるのであれば、まさにこれがそのためのやり方でしょう。

【入管法の改正】

　それから、入管法の改正について感銘を受けた点が多くあります。はっきりした日付はわかりませんが、改正法が施行されて現在まで2年ほど経つと思いますが、改正法には、新しい特筆すべき規定があると思います。例えば、難民審査参与員などに関する規定です。

　改正法施行後、状況は改善されたのかどうかどうか教えていただけますか。ここで、教えてくださいと言っているのは、イエスかノーかではなく、統計などを使って詳細にということですよ。そして、どの程度改善されたのか、可能であれば、繰り返しになりますが、データを示して詳細に教えてください。

【死刑】

　次に、死刑についてですが、この問題に関しては、条約そのものからは除外されている事項であるため、委員会内では少し議論があるところですが、日本は、自由権規約の締約国であると私は承知しています。実は、自由権規約は、長年の間、この規約委員会には素晴らしい議長がいたのですが、それはともかくとして、自由権規約6条の規定自体は、死刑の判決および執行を直接禁止していないのですが、委員会の解釈によって、まず締約国に死刑が科せられる深刻な犯罪の再検討と制限を要求し、また最終的に死刑廃止を目指すべきであるが言及されるとされています。日本は死刑廃止に向けた計画はあるのでしょうか。

　ところで、残念ながらちょっと申し上げたいことがあるのですが、絞首刑という忌まわしい方法による殺人を残虐ではないとおっしゃるとは、信じられません。私は、以前、イラクの人権特別報告者であり、イラクの憲法から死刑をなくそうと尽力しましたが、不可能でした。イラクでは多くの人々が死刑に賛成しており、結果を出すことができなかったのです。ある男は死刑

になり、斬首されましたし、ニュースに絞首刑にされた人がかなりの時間吊るされている様子が映っていることを考えてみて下さい。返答を求めているわけではありませんけれども、私はただ、死刑問題全体が繰り返し再検討されるべきだと訴えているだけなのです。私が申し上げたかったことは以上です。

【難民認定申請の却下理由の記載方法】

それでは、日本政府代表団による今朝の報告に再び感謝したいと思います。あ、すいません。一つ言い忘れていました。NGOから提出された文書の中に、難民認定申請の却下理由の見本という題のものがあります（訳者注：本章末尾追記参照）。正しいかどうかわかりませんが、これは、難民認定申請の却下理由の見本です。よろしかったらこの見本を差し上げますよ。私が言えることは、我々の前にあるこの事例には、別の結果が出ていたかもしれない、この決定が間違っているかもしれないということです。この却下理由では、全く正当化されません。この理由は、一般的すぎます。我々ならば、この事例は、ノン・ルフールマンの原則を定めた3条によって保護される事例だと言っていたでしょう。これが私の手元にあるものです。この辺りで私の介入は終わりにしましょう。

【最後に】

では、議長として皆さんにお知らせしますが、今日の質問に対する明日の回答を楽しみにしています。回答は、簡潔にお願いします。回答されなかった質問への再質問や、回答に対する所感など、委員たちが望んだ場合に機会が与えられますように、回答は、1時間から1時間15分の間ぐらいでお願いします。明日ここで回答することが不可能な問題については、後に文書で提出していただいてもけっこうです。大使が今朝述べたような質の高い質問をできたかわかりませんが、これは、あなた方の権利の範囲内です。この場で回答ができないようでしたら、後ほど文書でお送りいただいても構いません。これで以上です。もう1時ですので、閉会しなければなりません。午後の審査は、ウクライナからの回答を聞くことになります。

（以上。1日目の審査閉会）

第2日目（2007年5月10日木曜日午後3時〜午後6時）

■マヴロマティス議長

　それでは、日本の代表団を再び迎えましょう。皆さんの回答が十分に準備されていれば、日本について確かに多くのことを知ることができるでしょう。ですから、我々は皆、あなた方の答えを楽しみにしています。それでは、私に許可を求めなくてけっこうですので、代表団の中で誰から質問に答えるか、そしてどのように答えるか、決めてください。ひとつひとつ答えても、まとめて答えていただいてもよいです。始めていただけますか。

■外務省・木村課長

【はじめに】

　ありがとうございます、議長。昨日いただいたご質問への答えから早速はじめさせていただきたいと思います。ここからは、日本語で話させていただきます。

　議長、ありがとうございます。私はまず、直ちに答えのほうに入っていきたいと思います。昨日いろいろとたくさんの質問をいただいたその答えに、答えていきたいと思います。これからは日本語で話させていただきます。できる限りテーマごとにまとめて説明することとしたいと考えております。質問数が多く、多岐にわたる上、重複もあることから、簡潔に整理して回答することもあると思いますが、委員の皆様にはご理解いただきたいと思います。質問者の名前を省略したり、質問の内容については簡潔にいたしますが、これについてもご理解をいただければと思います。それでは始めます。

【政府報告書の提出の遅延】

　まず、なぜ報告の提出が遅れたかという問題ですが、報告の内容が広範囲に及ぶことから、報告書作成に当たって協議すべき関係省庁が多岐にわたる上、この報告を作成しているあいだに新たにとった措置、最新の事実関係やデータを可能な限り報告に反映すべく調整を重ねた結果、提出期限を経過してしまったものです。

　拷問等禁止条約を含め、国際人権諸条約は、それぞれ定期的な報告の提出を義務づけております。これらの作業負担が、わが国を含む締約国共通の課題となっております。わが国としては、定期的な報告の提出を含め、わが国が締結している国際人権諸条約の義務を誠実に履行するとともに、報告およ

び審査の合理化に関する改革の議論にも積極的に参加していく考えです。

【拷問の定義】

次に、拷問の定義に関してです。憲法第36条は、「公務員による拷問および残虐な刑罰は、絶対にこれを禁ずる」と規定し、また憲法第38条第2項が、「強制、拷問もしくは脅迫による自白または不当に長く抑留もしくは拘禁された後の自白は、これを証拠とすることができない」と規定するとともに、刑訴法第319条第1項がこれを受けた規定を置いておりますが、国内法上拷問の定義を定めた規定はありません。

しかしながら、時間の関係上、逐一罪名を挙げることはいたしませんが、刑法上報告書に記載されている罪名以外にも規定をおいて、本条約が規定している拷問を犯罪としております。

また、暴力行為等処罰ニ関スル法律第1条の2、加重傷害、および人質による強要行為等の処罰に関する法律第1条、人質による強要等も、拷問を犯罪としていると解されます。

【公務員その他の公的資格で行動する者】

次に、公務員その他の公的資格で行動する者についてですが、これは公務員という身分の有無に関係なく、公権力を行使する者を指すと解されます。公権力を行使する限り、刑務官、入国警備官、自衛官についても、公務員その他の公的資格で行動する者に該当すると考えています。

なお、公務員その他の公的資格で行動する者により、またはその関与のもとで行われたものであっても、これら公務員等の職務と関連なく行われた場合については、本条約にいう拷問には当たらないものと解されます。

次に、法務省からお願いします。

■法務省刑事局

【拷問を扇動または同意もしくは黙認した者】

法務省からお答えします。拷問を扇動または同意もしくは黙認した者も処罰すべきではないかとのお尋ねがありました。これについては、刑法において、犯罪をそそのかし、あるいは他人と共同して犯罪を犯し、あるいは犯罪を助けた者は、共犯として処罰されることとしており、ご指摘のように、拷問を扇動、同意もしくは黙認した者も処罰することが可能となっております。

■防衛省

【国外に派遣された自衛官が拷問を行った場合】
　防衛省です。国外に派遣された自衛官が拷問を行った場合についての質問がありましたが、刑法第3条は、日本国外において、強制わいせつ、殺人、傷害等を犯した日本国民に適用し、第4条は、日本国外において公務員職権濫用、特別公務員暴行陵虐等の罪を犯した、日本国の公務員に適用される旨を規定しており、国外に派遣された自衛官がこれらの罪を犯した場合においても適用されております。

■警察庁
【警察官が拷問を行った場合の捜査】
　はい、議長。警察庁です。昨日、警察官が拷問を行った際、どのような手続きで捜査を行うのかという問いがございました。それについて、警察庁からお答えいたします。
　警察官は刑事訴訟法の規定により、犯罪があると判断をするときは、犯人および証拠を捜査するものとされております。これは報告書にも記載のとおりです。
　具体的には、警察は被害届の受理等により捜査を開始し、任意または強制による捜査を行います。捜査の中で、必要に応じて被疑者の逮捕や捜索等の捜査を実施しており、犯罪の捜査をしたときには、速やかに検察官に事件を送致し、検察官において必要な捜査を遂げ、起訴、不起訴の判断を行うことになっております。これは警察官が拷問を行った場合であっても、変わるところはございません。警察は、被疑者がたとえ警察官であっても、厳正に捜査を行っております。
　しかしながら、拷問を受けたと主張する者が、検察庁に対し直接被害の届出等を行うことも考えられます。この場合には、通常、検察官が必要な捜査を行い、起訴、不起訴の判断を行うことになっております。ありがとうございました。

■外務省・木村課長
【フジモリ元大統領の引渡請求】
　フジモリ元大統領の引渡請求についてですけれども、2003年7月および2004年10月に、ペルー政府より提出された二つの引渡請求書について、わが国政府において慎重に精査していましたが、この精査の過程で、ペルー

側から提供された情報は、フジモリ氏が引き渡し犯罪にかかる行為を行ったことを疑うに足りる相当な理由について、十分な疎明がなされていないと考えていました。

　そこでわが国政府は、引渡請求書の内容に関し、ペルー側の明確な説明と、さらなる情報の提供を求める必要があると判断し、ペルー側に照会を行っていました。その最中の 2005 年 11 月、同氏はわが国を出国し、わが国として引き渡しに関する最終的な判断を行うに至らなかったものでございます。

【公務員に対する人権教育】

　次に、公務員に対する人権教育についてです。公務員に対しては、地方公務員を含め、これまでも各種研修等を通じて、拷問等の禁止はもとより、人権の重要性について教育しています。

　わが国は人権教育を重視しており、1997 年 7 月には、「人権教育のための国連 10 年」に関する国内行動計画を取りまとめました。この国内行動計画に沿って、公務員について、人権にかかわりの深い職業に従事する者として、人権教育の充実に努めることとしています。この人権教育には、女性や児童の人権も含まれます。また、公務員に対する教育の一環として、民間の専門家による講義も実施しています。

【拷問等禁止条約選択議定書への加入】

　拷問等禁止条約選択議定書への加入についてです。政府としては、本選択議定書に定められている視察の具体的な対応と、選択議定書の規定と、国内法との関係等につき、検討を行っているところであり、引き続き本件、選択議定書についての検討を進めていきたいと考えております。

【条約 22 条・個人通報制度】

　個人通報制度についてです。わが国は、本制度は本条約の実施の効果的な担保を図るとの趣旨から、注目すべき制度であると考えておりますが、本制度については、憲法の保障する司法権の独立を含め、司法制度との関連で問題が生じるおそれがあり、慎重に検討すべきとの指摘もあり、その受け入れに当たっては、拷問禁止委員会による本制度の運用状況を、さまざまな角度からさらに検討する必要があると考え、わが国は本条約への加入に際して、第 22 条の宣言を行いませんでした。今後とも本制度の運用状況を見つつ、真剣かつ慎重に検討に努めていくことにしております。

【拷問被害者への補償】

　次に、被害者への補償についてです。拷問に当たる行為の被害者に対する

損害賠償については、国家賠償法または民法に基づいて、国または私人が損害賠償責任を行うこととされる場合があります。具体的な賠償金額については、被害の内容や程度等を考慮して、事案ごとに裁判所が判断するものと考えます。また、リハビリのための費用についても、損害賠償として認められることがあり得ます。

【慰安婦問題】

次に、慰安婦問題についてです。わが国は1999年6月29日に拷問等禁止条約を締結し、同年7月29日に同条約はわが国について効力を生じましたが、本条約はそれ以前の事案にさかのぼって適用されるものではありません。

日本政府は、先の大戦にかかる賠償ならびに財産および請求権の問題について、サンフランシスコ平和条約、二国間の平和条約、その他の関連する条約等に従って誠実に対応してきており、慰安婦問題を含め、これら条約等の当事国とのあいだでは、法的に解決済みです。

同時に、日本政府としてはこれまで、1991年から93年まで、慰安婦問題に関し関係資料の調査を行うとともに、元慰安婦を含む関係者からの聞き取り調査を行った。1993年8月に、右結果を踏まえ発表された河野洋平内閣官房長官談話などにより、慰安婦問題として数多の苦痛を経験され、心身にわたりいやしがたい傷を負われたすべての方々に対し、おわびと反省の気持ちを繰り返し表明してきています。こうしたわが国政府の基本的立場には、何ら変更はありません。

その上で日本政府は、およびその国民は、元慰安婦の方々に対するおわびと反省の気持ちを表わすために何ができるかについて検討した結果、政府と国民が協力して、1995年7月に設立したアジア女性基金を通じ、元慰安婦の方々に対する償いを行うこといたしました。

アジア女性基金は、国民の募金を原資として、285名の元慰安婦の方々に対し、一人当たり200万円の償い金を支給するとともに、48億円にのぼる政府拠出金を原資として、医療福祉支援事業をはじめとする諸事業を実施しました。

また、日本政府を代表して、歴代の内閣総理大臣がおわびと反省の気持ちを表わした手紙を、元慰安婦の方々に対して直接送付しており、一国の総理大臣が、他国の戦争被害者に対し直接謝罪するという意味で、歴史的にもまれな対応をとっております。

■法務省刑事局
【被疑者の身柄拘束制度】

　次に法務省から、わが国における被疑者の身柄拘束について、委員の方々からいくつかの問題提起がありました。そこでまず、現在のわが国の制度や運用の実情について、説明させていただきたいと思います。

　わが国では、被疑者の身柄拘束については、これが真に必要な場合に限り、厳格な司法審査を経て行われており、十分な司法的コントロールがなされております。また、被疑者の身柄拘束は、被疑者が証拠を隠滅すると疑うに足りる相当な理由がある場合や、逃亡のおそれがある場合などに行うものであり、単に取調をする必要があることを理由として身柄拘束をすることは認められておりません。

　わが国では、原則として、司法警察員等は、被疑者を逮捕しようとするときは、あらかじめ裁判官の審査を受けて、裁判官が発する逮捕状を受けなければなりません。逮捕状を請求する際には、司法警察員等は、被疑者が罪を犯したと疑うに足りる相当な理由があることを証拠で疎明しなければなりません。

　司法警察員等が逮捕状なしに被疑者を逮捕することができるのは、現行犯である場合か、または一定の重大な犯罪について十分な嫌疑があり、かつ、急速を要するために、裁判官の逮捕状を求める時間がない場合に限定されております。そして、後者の場合でも、逮捕後に直ちに裁判官に対して逮捕状を請求しなければならず、逮捕状が発せられないときは、直ちに被疑者を釈放しなければなりません。

　また、被疑者を現行犯として、または逮捕状により逮捕したあとも、司法警察員は、無制限に被疑者の身柄を拘束し続けられるのではありません。司法警察員は、被疑者に弁解の機会を与えた上で、被疑者を留置する必要があるかどうかを判断し、その必要があると思料する場合、逮捕後48時間以内に被疑者の身柄を検察官に送致しなければなりません。つまり、司法警察員が逮捕後に被疑者の身柄を拘束することができる期間は、逮捕してから48時間以内に限定されております。そして、その後さらに身柄拘束をするかどうかについては、まずは検察官がその必要性を判断し、さらに裁判官の審査を受けなければならないこととなっております。

　検察官は、司法警察員から送致を受けると、被疑者に弁解の機会を与え、

被疑者を留置する必要があると思料する場合には、送致を受けたあと24時間以内に、裁判官に対して被疑者の勾留を請求します。検察官が、その被疑者を留置する必要がないと判断すれば、被疑者は釈放されます。

また、勾留状は、裁判官が勾留の理由があるなどの要件を満たすと判断する場合に限って発せられますが、勾留期間は10日以内とされており、その期間内に捜査を終えなければなりません。もっとも裁判官は、やむを得ない事由があると認めるときは、検察官の請求により、その勾留期間を延長することができますが、延長の期間は10日以内とされています。

【被疑者の身柄拘束の実情】

次に、わが国の実情についてですが、例えば2005年に検察庁が処理した事件のうち、逮捕された者の割合は、約33.2%にとどまっております。また、勾留された者の割合は、約29.8%にとどまっております。また、勾留された者のうち、勾留期間が10日以内にとどまっている割合は、約43.9%にのぼっており、勾留された者のおよそ半数については、10日以内に必要な捜査が終わっているのが実情であります。

【ウィーン条約領事館への通報】

次に、抑留されている被告人、被疑者について、領事に関するウィーン条約46条（訳者注：42条の間違いである）に基づいて、領事館への通報がちゃんと行われているのかというお尋ねがありました。これについては、きちんと行われており、必要に応じて領事館の支援などを受けることができることとなっております。

【被疑者の弁護人へのアクセス】

また、起訴の前に、起訴前で身柄拘束されている被疑者が、弁護人にアクセスできるかというお尋ねがありました。これについては、刑事訴訟法により、身柄の拘束を受けている被疑者は、弁護人または弁護人となろうとする者と、立会人なくして接見することができるとされております。

【被疑者段階の国選弁護人制度】

次に、起訴前で身柄拘束されている被疑者に対し、裁判官が弁護人を任命しないのかというお尋ねが、委員の方からございました。これについては、刑事訴訟法において、一定の犯罪については被疑者段階から国選弁護人を付することができる制度が導入され、一定の要件を満たす裁判官が、被疑者のために弁護人を付することとなっております。

【代用監獄制度】

次に、被疑者を勾留するに当たり、拘置所ではなく、警察署の留置場に留置することについて、委員の方々からいくつかの問題提起がございました。これについて、まず現在の制度や運用についてご説明させていただきたいと思います。

　被疑者を警察署の留置場において勾留するに当たりましては、捜査を担当しない部門に属する留置担当官が、法に基づき、被疑者の人権に配慮して、勾留された被疑者の処遇を行っております。したがって、留置施設における被疑者の身柄拘束が、取調に不当に利用されるおそれはありません。

　また、そもそも留置施設における被疑者の勾留は、裁判官が刑事訴訟法等に基づいて、被疑者に逃亡や罪証隠滅のおそれがある場合等において、諸般の事情を考慮して、その合理的な裁量によって決定しているところでありまして、司法的なチェックを受けているところでございます。

　他方で、わが国の刑事司法制度は、裁判所の事前チェックを前提としながらも、身柄拘束期間は短期間に制限されております。その期間内に起訴するに足りる証拠が収集されなければ、それ以上の身柄拘束を継続することはできません。したがって、短期間で捜査を円滑、かつ、効率的に実施するためには、身柄を拘束する場所は、捜査を行う警察と近接し、かつ、取調室等の設備が十分に整備されていることが必要でありますし、これを認めたとしても問題はないものと考えております。

■警察庁
【捜査と留置の組織上、運用上の分離】
　警察庁です。警察における捜査と留置の、組織上、運用上の分離について、具体的に警察庁のほうからご説明申し上げます。

　警察の留置施設においては、被留置者に対し、留置開始時に、処遇に関することはすべてを留置担当官が行うことを告知すること。捜査に従事する者は、当該被留置者の処遇に当たってはならないこと。食事、面会、差し入れについては、留置担当官が扱うこととし、捜査員は関与しないこと。被留置者を留置施設から出場させる際には、留置主任官がその理由、必要性等を審査の上、承認をすること。被留置者の留置施設内外への出入時の時期は、留置主任官により逐一記録され、留置部門による厳格なチェックがなされること。なお、この記録は、裁判官等の請求がありましたときには、公判に提出されることがあります。それから、取調等の捜査活動は、食事、就寝等の日

課時限を尊重しなければならないことといった措置を徹底しているところであります。

　これらの措置によりまして、代用監獄は自白の強要が行われやすいシステムであるというご指摘をいただいておりますけれども、そのようなご懸念がないように運用しているところでございます。

■法務省刑事局
【わが国における自白の位置づけ】
　また法務省から話させていただきます。昨日、わが国における取調が、自白獲得を目的としたもので、そのために不当な取調などがなされているのではないかという趣旨の問題提起がございました。そこでまず、わが国における自白の位置づけについてご説明させていただきます。

　わが国の憲法第38条第2項は、「強制、拷問若しくは脅迫による自白又は不当に長く抑留若しくは拘禁されたあとの自白は、これを証拠とすることができない」と規定しております。これを受けて、刑事訴訟法でも、強制、拷問または脅迫による自白、不当に長く抑留または拘禁されたあとの自白その他任意にされたものでない疑いのある自白および任意になされたものでない疑いのある、被告人に不利益な事実の承認を内容とする供述調書は、証拠とすることができないと規定しております。したがって、わが国におきまして、そもそも強要などにより、任意になされたものでない自白が証拠として用いられることはございません。また、自白が任意にされたものであることについては、検察官が立証責任を負っております。

　また昨日、自白のみで有罪判決が下された事案があるかというお尋ねがございました。これにつきましては、わが国では、自白を過度に重視した裁判がなされることのないようにするために、憲法第38条第3項において、「何人も、自己に不利益な唯一の証拠が本人の自白である場合には、有罪とされ、又は刑罰を科せられない」と規定し、これを受けて、刑事訴訟法第319条第2項は、「被告人は公判廷における自白であると否とを問わず、その自白が自己に不利益な唯一の証拠である場合には、有罪とされない」と規定しております。したがいまして、自白だけで有罪判決が下されることはございません。

■警察庁

【取調について規則違反があった場合の処分】
　続いて警察庁からお答えします。取調について違反行為があった場合に、どのように厳正な処分を行うのかといった質問についてお答えいたします。
　警察庁では、懲戒処分の指針というものを制定しております。被疑者等に対してわいせつな言動をすることについては、免職または停職、被疑者等に対して暴行を加えることについては、免職または停職といったように、規律違反行為の対応ごとに、基本となる懲戒処分の種類を示しています。
　被疑者の取り扱いにかかる被疑事案を認知した場合には、できる限りの調査、捜査を行い、明らかになった事実に即して、懲戒処分の指針を参考にして、厳正に対処をすることとしております。
　続きまして、女性の被疑者、この取り扱いについて、警察庁はどのような政策を取っているのかというご質問がございました。警察庁では、女性被疑者の取調に当たり、その人権保障に十分配意することはもちろん、その特性を認識して、捜査官が単独による取調を避け、必要に応じて女性警察官を補助させること。みだらな言葉を使ったり、相手の身体に触れたりしないこと。こういったことを指導して徹底しております。

■外務省・木村課長
【兵庫県長田警察署の事案】
　続きまして、昨日ご指摘のありました、兵庫県長田警察署の事案についてご説明いたします。同事案は平成6年に発覚したものでございまして、留置担当官が規律に違反して、アイスクリーム等を被留置者に食べさせたり、お酒を飲ませたりした事案であります。
　この事案は、留置担当官が被留置者から、「出所したらおまえの家族を殺す」などと脅かされたことによりまして、被留置者からの不当な要求を拒むことができずに行ったというものであります。自白を得るために便宜を与えたとご指摘がございましたが、そのような事案ではございません。なお、性交ということもご指摘がございましたが、これについても事実は確認をされていないということでございます。

■警察庁
【取調の時間制限】
　続きまして、昨日、取調時間の上限について、法令で制限があるのかとい

うご質問がございました。これにつきましては、取調時間として許容される範囲は、事案の内容、容疑の程度等により異なるものであり、個別具体的に判断されるものであることから、一般論として取調時間の上限を、法令によって規定されるというものではございません。

なお、警察の取調につきましては、犯罪捜査規範の規定により、「強制、拷問、脅迫その他の供述の任意性について疑念を抱かれるような方法を用いてはならない」とされているほか、「取調はやむを得ない理由がある場合のほかは、深夜に行うことを避けなければならない」というようにされております。

【愛媛県警のいわゆる取調マニュアル】

続きまして、NGOのカウンターレポートにある、取調のシークレットハンドブックの存在について知っているのかという質問がございました。お尋ねの文書につきましては、ベテランの捜査官が警察学校での講義に当たり、自らの体験を伝えるために、取調に対する考え方、心情、意見等、そういった自分の意見を記載したメモとして、自らの責任で作成し、使用をしたものでございます。警察組織として作成したというようなものではございません。なお、取調に関する基本的な留意事項については、犯罪捜査規範において規定がなされております。

ただし、被疑者の取調につきまして、任意性に疑念を抱かせるような指導自体があってはならないと考えております。事案の軽重や罪証隠滅の危険性、被害者の保護等にもよりますが、被疑者の性別、年齢、体調等に配慮した取調を行うよう、繰り返し指導しているところであります。

■法務省刑事局

【取調の録音・録画】

次に、法務省からお話をします。取調を録画・録音すべきではないかというふうなご意見が、委員の方からございました。このことについてお答えをします。

まず、このようなご意見があることは、われわれとしても理解をしております。しかし一方で、わが国の刑事司法手続きにおいて、被疑者の取調は、事案の真相を解明するために不可欠な手段であります。ですから、極めて重要な役割を果たしておりますところ、取調状況の録音・録画を義務づけることについてはさまざまな問題点があり、慎重な検討が必要であるとわれわれは考えております。

つまり、取調の状況を録音・録画することになりますと、関係者のプライバシーにかかわることを話題とすることが困難になりますとともに、被疑者に供述をためらわせる要因となり、その結果、真相を十分解明することができなくなるなどの問題があると考えております。

　特に警察は、公共の安全と秩序の維持に当たることをその責務としており、国民は事案の真相解明について警察に大きな期待を寄せております。取調の録画・録音を行うことにより、被疑者との信頼関係を築いた上で、詳細な取調を実施することが困難となることなどから、かかる録画・録音を実施することについては、慎重な検討が必要であると考えております。

　もろちん、わが国としましても、被疑者の取調の適正を確保することは重要であると認識しております。そこで、身柄拘束中の被疑者の取調時間、調書作成の有無等の取調の過程、状況に関する事項につき、書面による記録の作成、保存を義務づける制度を導入し、実施しているところでございます。

■警察庁
【鹿児島県県議会議員選挙の際の投票買収事件、いわゆる志布志事件】

　続いて警察庁から。昨日、『ヘラルド・トリビューン』掲載の日本の記事についてお尋ねがございました。『ヘラルド・トリビューン』誌の記事の事件は、2003年に行われた、鹿児島県県議会議員選挙の際の投票買収事件であります。本年の2月に、12名の被告人に対し無罪判決が言い渡された事件でありますし、本事件では13名が起訴をされましたが、うち1名が公判中にお亡くなりになっております。本事件では、6人の被告人の自白およびその他の証拠に基づき、起訴がなされております。このように、この事件については、ねつ造であるといったような指摘は当たらないというふうに考えております。

　また、委員ご指摘の記事では、捜査段階での取調状況につき、強圧的な取調があったということが指摘されておりますが、裁判所は、公判で調べられた証拠や証言に基づき審議をした結果、この事件の捜査において、自白を得るため捜査官によって暴行、脅迫等があったとは認定をしておりません。6人の被告人の自白が任意になされたものと認めて、これらの自白調書を証拠として採用しております。

　最終的に裁判所は判決において、投票買収があったとされる会合につき、被告人にアリバイが成立すると認定をし、これに反する内容の自白の信用性

を否定して、無罪の判決を言い渡しました。しかし、条約にいう拷問または残虐な、非人道的なもしくは品位を傷つける取り扱いが行われたと認定してはおりません。

もっとも、判決において長期間、長時間にわたる追及的、強圧的な取調あるいは取調官による不適切な言動の存在が強く伺われ、自白の信用性に疑問が残ると判断されたことも事実であります。

警察ではこうした判決の指摘を真摯に受け止め、自白の裏づけをさらに徹底して行うことなどにより、ち密かつ適正な捜査を徹底し、供述が真実であるかどうかを慎重に吟味することとしております。

【佐賀県における殺人事件と富山県における強かん等の事件】

なお、本記事では、佐賀県における殺人事件や富山県における強かん等の事件についても記載がございます。佐賀県の事件については、3人の女性が殺害されるという重大事件ではございましたが、報道されたような、長時間にわたる取調について、判決においても指摘がなされているところであり、この点は真摯に受け止めております。

事案の軽重、証拠隠滅の危険性等、個々の事件によって異なるために、一概に取調の時間を制限することは困難と考えていますが、警察では、被疑者の性別や年齢、体調等に配慮した取調を行うよう、指導をしております。

また警察では、取調の中で適宜に休憩時間を設けるとともに、やむを得ず深夜にわたる取調の必要性が生じた場合は、取調を続けるかどうかについて十分に検討することとし、深夜にわたる取調を行ったときは起床時間を遅らせ、翌日の取調時間も遅らせるなど、都道府県警察に対する指導を徹底しております。

なお、富山県の事件は、無実の男性を逮捕し、約2年9か月の長期にわたり刑務所に服役させたという事件でございまして、まことに遺憾と考えております。ただし、記事に記載されているような強圧的な取調はなく、逮捕前に自ら犯行を認める供述したものと承知をしております。もっとも警察としては、本件を重く受け止め、証拠の十分な吟味および裏づけ捜査の徹底を指導しております。

■法務省刑事局
【高い有罪率と裁判官の独立】

次に法務省から。有罪率が高いのは、検察官が起訴を決めた以上、裁判官

はその事件について無罪判決を出すのは難しいからではないかといった趣旨のご指摘がございました。これについてお答えをします。

　わが国の刑事裁判において有罪率が高い理由は、ご指摘のような理由からではないと理解をしております。わが国の刑事司法制度においては、検察官が綿密な捜査を行った上で、被疑者が有罪であると疑うに足りる十分な証拠があると認めた事件であって、かつ、起訴する必要があると判断した事件だけを起訴することとされております。

　つまり、起訴、不起訴の決定段階において、厳格なスクリーニングが行われているわけであります。このことが有罪率の高さにつながっているということをご理解いただきたく思います。

■警察庁
【留置施設の不服申し立ての第三者機関に対する申告】
　次に警察庁から。警察における留置施設の不服申し立ての第三者機関に対する申告についてご説明いたします。公安委員会の話、ございましたけれども、都道府県公安委員会は、都道府県警察を民主的に管理をする目的で、住民を代表する者で構成される合議制の機関であります。

　都道府県公安委員会と都道府県警察とは別個の行政機関でありまして、それぞれ独自に意思決定を行うものであります。したがいまして、公安委員会に対して不服申し立てを行うことにより、適正な取り扱いが十分に保障されるものであります。当然のことながら、被留置者は留置施設に留置されているあいだであっても、自己が受けた処遇は違法であることを理由として、裁判所に訴訟を提起することができることとなっております。

　なお、2006年中の受刑者処遇法に基づく被留置者からの不服申し立ては、0件であります。警察法に基づく都道府県公安委員会に対する苦情の申し立ては、14件行われております。

【留置施設における防声具の使用】
　次に、留置施設における防声具の使用についてご説明いたします。防声具は、保護室のない留置施設に限り、使用が認められております。防声具は、被留置者が留置担当官の制止に従わず大声を発し続け、留置施設内の平穏な生活を乱す場合において、他にこれを抑止する手段がないときに、原則として留置業務管理者の命令により使用するものです。防声具を使用する場合には、被留置者の健康状態に配慮し、医師の意見聴取を行うこととされており

ます。すべての留置施設に保護室が設置されていないことから、大声を発し続ける被留置者に対し、留置施設における平穏な生活を保つために、やむを得ず引き続き使用することとしております。

【留置施設における捕縄の使用】

　続きまして、留置施設における捕縄の使用について説明いたします。捕縄とは、直径3ミリメートル以上の縄状のものであります。捕縄は、逃走、自傷、器物損壊等のおそれがある場合に、例えば壁をけとばす被留置者に対しまして、足などを結束するといった用途で使用いたします。2006年中の留置施設内での捕縄の使用実績は、約250件となっております。

【留置施設における身体検査】

　続きまして、留置施設における身体検査について説明します。留置施設において行う身体検査は、通常肌着を脱がさない程度で行っております。ただし、凶器等を肌着の中に隠し持っている概然性がある場合には、肌着を脱がせて検査を行うことがございます。しかしながら、この場合でも、まず留置施設に備え付けの浴衣などに着替えさせてから検査を行うようにしておりまして、留置担当官の前で全裸になるようなことはまずございません。

　なお、浴衣等着替えるときにですね、全裸になるのではないかとの疑念を持たれる方もおろうかと思いますけれども、日本の浴衣というのは、コートのように身体を包むものでありまして、肌着をつけたままの状態で浴衣を羽織ると、それから肌着を脱ぐということで、全裸にはならないという状態になります。

　それから、女性の被留置者の場合には、女性警察官または女性の警察職員が身体検査を実施するということになっていまして、男性警察官の目に触れることはなく、適正な処遇の確保に努めているところであります。

■法務省矯正局

【刑事施設における裸体検診】

　法務省です。刑事施設における裸体検診についてお話しいたします。刑事施設におきましても、男子の被収容者に対しては男子刑務官が、女子の被収容者については、刑務官を含む女子の職員が身体検査を実施しております。また、裸体検査は、危険・不正な物品の持ち込み、持ち出しなどを防止する、必要かつ合理的な範囲で行うものとしています。さらに、ほかの被収容者の目に触れないようにするなどの配慮も行っております。

【刑事施設の医療】
　続きまして、刑事施設の医療が不十分なのではないかというご質問についてお答えいたします。刑事施設としては、高度かつ専門的な医療を行う施設として、国内に4箇所の医療刑務所がございます。また、医療機器や医療関係職員を集中的に配置した、6箇所の医療重点施設等を設置しております。そして、専門的な医療を要する者および長期療養を要する者については、同専門機関に集め、十分な医療措置が受けられるよう配慮しております。したがって、日本の矯正医療の水準が、世界水準と比較して低いとは認識しておりません。
　なお、医療制度については、新法の成立以前から必要な見直しを行ってきております。例えば行刑改革会議からの提言を受けまして、2004年3月から外部移送病院の確保や医師を確保するために、外部医療機関との連携、協力体制の構築を図るため、関係各機関と連絡会議を開催しております。また、医療機器の充実や血液検査項目の拡充等の矯正医療の水準の向上も図っておりまして、一層の充実となっていると考えております。

【長期間にわたる昼夜の単独室処遇】
　次に、長期間にわたる昼夜の単独室処遇についてのお尋ねがありましたので、お答えいたします。単独室処遇は、工場での就業を拒否し続けるなど、勤労意欲の欠如が認められたり、心身の健康状態等により、集団での処遇が困難な受刑者や周囲とのトラブルを起こすおそれが認められる受刑者など、集団による処遇になじまない場合に行います。これについては本人が希望する場合もあります。これらの事項が継続している限り、相当長期間にわたって、昼夜単独室収容が継続される可能性も否定できません。
　しかし刑事施設としては、単独処遇を行う者の心身の状況について改善を図るなどの配慮を行うとともに、単独処遇を行っている理由となっている事項が解消した場合には、集団処遇に移行させています。

【刑務所内での性的な暴力事案】
　次に、刑務所内での性的な暴力についてのご質問にお答えいたします。性的な暴力に限らず、刑事施設では不適切な処遇の有無などについて、年1回の監査を受けることとなっています。また、監査時に限らず判明した事案については、そのつど適切に対処しております。
　NGOが指摘する豊橋の例のほか、2件についてもお尋ねでしたので、これらも性的な暴力の問題ですので、これらを例として、職員の処分状況など

についてお答えします。

　まず、名古屋刑務所豊橋刑務支所の刑務官の事例です。これは、2003年9月に女子被収容者を姦淫したという事案です。同刑務官については、2004年7月に免職の懲戒処分としています。刑事処分としては、2005年1月に懲役3年の判決言い渡しがありました。

　福岡刑務所飯塚拘置支所の刑務官が、2004年7月から8月にかけて、女性被収容者に2回にわたり裸になることを強いるなどした事案についてご説明します。同刑務官については、2004年9月に懲戒免職処分としました。なお、被害者からの告訴意思が認められなかったことから、この件については刑事訴追がなされておりません。

　もう1件、名古屋拘置所一宮拘置支所に収容されていた元被収容者が、収容中でありました1996年に、同支所の刑務官から性的虐待を受けたと述べている事案がございます。しかし、この件につきましては、関係書類が保存期間を経過したことによって廃棄されております。そこで本件事案については、確認をすることができませんでした。ただし、この問題となっている刑務官については、すでに辞職しております。

【被収容者に対する性的暴力の予防策】

　こういった事案を踏まえて導入されました、被収容者に対する性的暴力の予防策についてご説明いたします。

　まず予防措置としては、職員研修の充実を図りました。また、居室の開け閉めは、原則として女子職員が行うようにしています。男子職員のみにより、女子被収容者の運動や面会の立ち会いをせざるを得ない場合にも、原則として複数の職員で実施するなどの配慮を行っております。また、女子刑務官を増やしたほか、女性の収容区域の廊下に設置している監視カメラや幹部職員の巡回などによって、監視体制を充実させております。

【不服申し立てにおいて弁護士などの関与を認めないこと】

　次に、不服申し立て制度についてお話しいたします。不服申し立て手続きに、弁護士または第三者が関与しない理由についてお話しいたします。

　まず、刑事施設における不服申し立ての対象となる処分などの内容は、一般に、違法または不当の有無を比較的容易に判断できる性質のものです。また、申し立ての方法も複雑なものではありません。不服申し立てに関する事項は、収容開始時の告知をはじめとして、さまざまな場面で教示されています。刑事施設における不服申し立ては、申し立て後に申立人が証拠提出等を

することが予定されていません。以上のような理由から、不服申し立てについて代理人を認める必要はないと考えております。
【不服申し立ての提出期間】
　次に、不服申し立ての提出期間に、例外的取り扱いがあるのかというご質問があったのでお答えいたします。被収容者が何らかの苦情を申し立てる制度としては、期間の制限のないものも含めて３つの制度があります。このうち２つの制度については、苦情の対象となっている事情から、30日以内に申し立てをしなければならないという制限があります。しかし、いずれの制度におきましても、天災その他その期間制限内に不服を申し立てることができないやむを得ない事情があった場合には、その事情がなくなった翌日から起算して１週間以内に不服申し立てをすることができます。
【不服審査に関する調査検討会の独立性】
　次に、不服申し立てを審査する機関の独立性についてもご指摘をいただきました。不服申し立てを審査する機関としては、行刑改革会議の提言を踏まえ、刑事施設の被収容者の不服審査に関する調査検討会というのを設けております。同検討会は、被収容者からの不服申し立てについて、より公平で公正な救済を図るために、法務省の外部から選任された、法律、矯正行政、医療などに関する優れた識見を有する委員が審議しております。
　また、この事務局は法務省内に置かれておりますが、矯正の事務を取り扱う矯正局からの独立性を担保するため、大臣官房秘書課に置かれております。
　法務省はこの検討会の委員に対して、次のような援助を行っております。関係法令の提供、類似事案の民事判決など参考資料の提供、個別案件毎の詳細説明、証拠提示、質問への回答、刑事施設の見学などを行っています。
【不服申し立て内容の秘密性】
　不服申し立ての内容を刑事施設の職員に秘密にすることができるよう、申請書等を作成中の者については、保管用の封筒を貸与し、その作成中の申請書をこの中に保管させています。これにより、居室の検査等の機会により、職員が申請内容を知ることがないように配慮しています。
　また、法律上も、刑事施設の職員は、受刑者が不服の申し立てをしたことを理由として、その者に対し、不利益な取り扱いをしてはならないと規定されております。
【刑事施設視察委員会】
　続いて、刑事施設視察委員会についてのご質問にお答えします。刑事施設

視察委員会は、刑事施設の視察や被収容者との面接などにより、刑事施設の運営状況を的確に把握し、その運営に関し、刑事施設の長に対して意見を述べるものとされております。

委員会が刑事施設の長に対して述べた意見およびこれを受けて、刑事施設の長が講じた措置の内容については、毎年大臣がこれを取りまとめ、その概要を公表することとされていますが、2006年度において委員会が述べた意見は、現在のところまだまとまっておりません。なので、その内容については承知しておりません。

刑事施設視察委員会の権限について、委員会に捜査する権限はあるのかというご質問もありました。刑事施設視察委員会の事務は、事項的に施設の運営全般に及んでおります。したがって委員会は、刑事施設の長に必要な情報の提供を求めるなどして、職員の不適正な職務執行が疑われる事案についても確認し、調査を行うことが可能です。しかし委員会には、捜査の権限はありません。なお、この捜査の権限というのは、刑事手続き上の捜査という意味です。

続いて、どのような人がどのように選定されているのかという点についてご説明します。委員の選定についても、行刑改革会議提言を反映しております。提言では、「刑事施設視察委員会の委員には、地域の市民のほか、弁護士等の法律関係者、医師、地方公共団体の職員等を含めることが望ましい」とされております。そして、その選任に際しても、公私の団体から推薦を得るなどの方法を検討していくべきであるとされました。

これを踏まえて刑事施設では、弁護士会、医師会、地方公共団体等の各種団体に対し、法定の委員の要件を満たす候補者の推薦を求めております。したがって、各団体において、熱意、人格識見等、推薦していただく委員の資質について十分検討していただいているものと承知しております。各刑事施設においては、引き続き各団体に対し、一層の理解のもと、より適切な委員の推薦をしていただくよう努めたいと思っております。

【保護室】

保護室についてもご質問を複数いただきました。保護室拘禁の更新についてのご質問ですが、保護室への収容の期間は72時間以内とされており、特に継続の必要がある場合に、刑事施設の長がこれを48時間ごとに更新することができるとされています。

更新については、上限は設定されていませんが、収容時と更新時には、そ

の者の健康状態について、医師の意見を聞かなければならないとされております。そのようにして、保護室収容中の者の健康状態には十分配慮しております。さらに、保護室への収容の必要がなくなったときは、ただちにその収容を中止することとされています。

　保護室の有効性について、統計的な数字のご質問もありました。保護室への収容は、被収容者の自傷の防止、大声または騒音を発することにより、居室等の静謐を乱すことの防止、他人に危害を加える行為の防止等を目的としています。これらの行為を行うおそれが消失し、保護室への収容の必要性がなくなったときは、直ちに保護室への収容を中止していますので、保護室への収容は、被収容者の問題状況を一時的に沈静化するための措置です。したがって、その原因を根本的に解決する上での効果については、把握しておりません。

【新法の有効性等を示す統計的データ】
　そのほか、新法の有効性等を示す統計的データがほしいというご意見もありました。新法のうち、受刑者の処遇にかかる部分は、昨年5月に施行されたばかりです。また、未決部分を含む全体としては、本年6月に施行予定です。このような状況でありますので、まだ、データをお示しできません。

■外務省・木村課長
　時間の制限がありますので、まだ質問がたくさん残っていますので、簡潔にお願いします。

■法務省刑事局
【絞首刑の人道性】
　次に、引き続き法務省から、死刑についてお答えをします。死刑は非人道的な刑罰ではないかというご指摘がございました。これについては、われわれとしても理解をしております。

　しかし、まずわが国において、現在採用しております絞首刑が、他の国で採用されている他の方法に比べて、精神的または肉体的に不必要な苦痛を与えるような、人道上残酷な方法とは考えてはおりません。また、今日の国際社会において、死刑制度自体が非人道的な刑罰に当たるという共通認識は、存しないものとわれわれは考えております。

■法務省矯正局
【死刑執行の秘密性】
　死刑囚の処遇についても、非人道的な取り扱いではないかとご質問がありましたので、例示された事項ごとに説明させていただきます。
　死刑の執行の事実について、秘密主義であるとのご指摘についてですが、これにつきましては、死刑囚本人、家族や被害者の方などのプライバシーに配慮しなければならないことから、公表できる情報に限りがある、いうことがございます。
【執行までの期間と長期の独居拘禁】
　執行までの期間が長いとのご指摘については、再審手続きに留意する等、執行が慎重な手続きに基づき行われているため、やむを得ないものです。
　長期の独居拘禁についてのご指摘は、死刑囚は単独室に収容することを原則としておりますので、執行までの期間が長い場合にはやむを得なく生じます。
【死刑執行を事前告知しないこと】
　死刑囚には執行について、執行の当日に告知していますが、それ以前に告知した場合には、当人の心情の安定を害することが懸念されるとともに、かえって過大な苦痛を与えることにもなりかねない等の事情によるものです。
【死刑確定者の再審請求】
　義務的再審の制度はありませんが、死刑囚が再審請求を行うため、弁護士と連絡を取りたいということについては認めております。

■法務省入管局
【入管法改正による難民認定制度運用の実情】
　法務省から難民制度についてご説明します。まず出入国管理および難民認定法の改正について、高い評価をしていただいたことに感謝を申し上げます。委員ご指摘のように、法改正が現実に十分に機能していることが重要であると考えております。
　わが国の難民認定制度が改正されまして、2005年5月16日に新しく施行されましたが、その後の難民認定数の急増は、何よりもその改正の効果があったことを示しております。2006年の難民認定申請者数は954件であり、年間として、制度発足以来最高の数となっております。これは新法施行前年の、2004年の2.2倍の数でございます。

その要因は、不法滞在者である難民認定申請中の者の法的地位の安定化を図るため、仮滞在を許可する制度を設けたことなどによりまして、難民認定手続きに関する情報が広く伝わり、さらに、2005年に認定者数の数および人道的配慮から、特に日本における在留を認めた者の数が増加したことなどが影響していると推測されます。
　また、難民認定手続きの公正性、中立性を高める観点から、第三者を異議申し立ての審査手続きに関与させる、難民審査参与員制度を設けたことにより、異議申し出の段階において難民として認められた件数は、2006年には12件となり、やはり2004年と比べて2倍となっています。今後とも、この新法を適正に運用していきたいと考えております。

【ノン・ルフールマンの原則の遵守状況】

　次に、入管法の改正後に、ノン・ルフールマンの原則が遵守されているかの質問がありましたけれども、出入国管理および難民認定法第53条第3項では、送還される国には難民の地位に関する条約、「第33条第1項に規定する領域の属する国を含まないものとする」と規定しており、これは難民条約33条の規定を国内法化したものであります。これにより、拷問禁止条約第3条の規定は、新法においても引き続き遵守されております。これまでも、当該外国人について拷問が行われると思料される国への送還や、逃亡犯罪人を引き渡した事例もないと承知しております。
　日本においては、拷問禁止条約3条を担保するために、法務省以外の独立した機関が意思決定をしたり、協議をしたりする制度は設けられておりません。
　しかしながら、出入国管理および難民認定法53条においては、難民認定を受けている者に限らず、すべての外国人について、日本国の利益または公安を著しく害すると認められる場合を除いて、送還先、国には、難民条約33条1項に規定する領域の属する国を含まないとしておりまして、いわゆるノン・ルフールマンの原則が国内法化されておるわけでございます。
　このことは、個別の事情について、生命または自由が脅威にさらされるおそれがある場合や、人権侵害を加えられると考えられる相当の理由がある場合などには、第三国への送還、あるいは日本での在留を特別に許可するなどの適切な措置を取ることにしているものであります。
　なお、退去強制令書発布処分に不服がある場合にあっては、訴訟を提起し、司法機関の判断を求めることが可能であります。

【最近の難民認定申請者数と認定件数】
　ここ最近の難民認定申請者数と、認定件数について説明します。申請者数については、着実に増加しております。2002年からいえば250件、次の2003年に336件、2004年に426件、2005年に384件、昨年2006年は954件で、先ほど申したとおりです。また、難民として認定された者の数は、2002年14件、2003年10件、2004年15件、2005年46件、2006年34件となっております。

【難民不認定で退去強制令書の発布を受けた場合の送還先や送還までの期間】
　難民として認定されずに退去強制令書の発布を受けた者は、どの国へ送還されるのかとのお尋ねがありました。出入国管理および難民認定法第53条の規定により、原則としてその者の国籍または市民権の属する国に送還されます。現実に送還された国についての統計は取っておりません。

　難民として認定されずに退去強制令書の発布を受けた者は、どのくらいの期間で本国へ送還されるのかとの質問がありました。現行法においては、難民認定申請を行っている最中の者は、その申請の結果が出るまでは送還は行わないことを明記しております。しかし、最終的に難民として認定されず、かつ、退去強制令書の発布を受けた者は、法律上退去強制令書の発布後、速やかに送還することとなっております。直ちに送還することができないときは、送還可能のときまで収容所、収容場などに収容することができることとなっております。

　しかしながら、送還の見通しが立たない場合には、収容期間、年齢、健康状態等にかんがみ、仮放免許可を弾力的に運用し、一時的に身柄の拘束を解く措置をとっております。なお、送還までの期間が具体的にどれだけかかったかについては、統計を取っておりません。

【難民認定の審査における男女の差】
　それから、難民認定申請について、男女の差を考えているかという質問がありました。難民認定申請の審査については、申請者側のあらゆる事情を聴取しており、女性特有のレイプ等の被害についても、迫害の有無を判断する要素であると考えられております。また、難民として認められない者につきましても、その個々の事情を考慮して、日本での在留を認める人道的配慮も行っておりますが、女性がレイプ等の被害を受け、トラウマがあるというような事実は、この場合の人道的配慮の一つの要素としております。

【入管収容施設に収容されている外国人からの不服申出】

入管収容施設に収容されている外国人から、不服申し出があった場合についてお答えします。入管収容施設における被収容者が、自己の処遇に関する入国警備官の措置に不服があるときには、被収容者処遇規則の規定により、所長等に不服を申し出ることができ、さらに不服の申し出についての所長等の判定に不服があるときは、法務大臣に対し異議を申し出ることができます。

　この不服申し出制度が開始された2001年11月以降、2006年までの不服申し出の件数は、167件となっております。このうち法務大臣への異議申し出がなされた件数は63件であります。異議の申し出において、その申し出に理由があると認められた事例は1件ございますが、職員の暴行にかかわるものではありませんでした。

【在留資格「興行」】

　在留資格「興行」について質問がありました。わが国の出入国管理および難民認定法においては、在留資格「興行」は、具体的には俳優、歌手、演奏家、プロスポーツ選手、ダンサー等の行う活動がこれに該当します。

　ところで、在留資格「興行」によりわが国に入国した外国人の一部には、ホステス等として働かされ、人身取引の被害に遭っている者が存在していたことも事実であります。

　そこで、2005年および2006年に、在留資格「興行」の上陸許可基準を定める省令を改正するとともに、審査を厳格に行い、在留資格「興行」の活動の適正化に努めているところです。これにより、現在では、在留資格「興行」の許可を受けて日本に入国した者が、人身取引被害者になるという事例は減少しております。

　なお、日本政府は、人身取引の被害者と判明した者については、帰国の支援等を行い、その中で正規の在留資格を有さないときには、在留特別許可を与えるなどして、その保護に努めています。

　最近の「興行」の入国状況について話します。在留資格「興行」での入国が最も多いのは、フィリピン人の興行入国者数ですが、2001年から2004年までは、毎年7万人から8万人でありましたが、2005年には4万7,000人、2006年には8,600人台と減少してきており、在留資格「興行」の入国審査の厳格化の効果が明らかになっております。

■外務省・木村課長

　時間がないので、本当にあと最高で10分ですので、簡潔にお願いします。

■厚生労働省
【民間の精神科病院の入院決定手続等】
　続きまして、厚生労働省より、精神科病院等についてご説明させていただきます。まず第一に、国は民間の精神科病院について、どのような管理を行い、どのように入院を決定しているのかというご質問ですが、精神科病院への入院の手続きについては、設置主体が民間であるかどうかを問わず、精神保健福祉法において次のような規定がございます。

　まずは、患者の意思に基づく任意入院。次に、精神保健指定医による指定医診察と、一定の要件に該当する場合に行われる保護者の同意に基づく医療保護入院。そして、2人以上の精神保健指定医の診察が、自傷他害のおそれがあると一致した場合に、都道府県知事の行政処分として行われる措置入院が規定されています。

【精神科病院に対する監督】
　精神科病院に対する監督としては、設置主体が民間であるかどうかを問わず、精神保健福祉法において、厚生労働大臣または都道府県知事により、処遇の改善のために必要な措置を命ずることができること。措置入院、医療保護入院をさせている精神科病院は、都道府県知事に対して、入院時における届出や患者の症状等について、定期的に報告を行うこと。入院届や定期的な病状報告、患者からの処遇改善請求や退院請求があった場合は、精神医療審査会で審査を行い、その結果に基づき都道府県知事は、退院等の必要な措置を命じることとされております。なお、精神科病院からの、2004年における処遇改善請求は219件、退院請求は2,496件でありました。

【民間の精神科病院で勤務している職員】
　民間の精神科病院で勤務している職員は公務員に該当しませんが、措置入院先の精神科病院は民間病院である場合、厚生労働大臣が定める基準に適合し、都道府県知事が指定するものでなければならないとされております。このように、民間の精神科病院であっても、人権に配慮した適切な医療が行われるための制度となっております。

【退院手続】
　続きまして、精神科病棟や感染症病棟に入院している患者の退院は、だれがどのように判断しているのかというご質問ですが、精神科病院に入院している患者の退院の判断は、精神保健福祉法における入院形態によって異なり

ます。

　まず、任意入院の場合は、患者の意思。医療保護入院の場合は、一般に入院の必要性が認められなくなった場合や保護者の判断。措置入院に関しては、精神保健指定医の診察の結果、入院を継続しなくても、その精神障害のために自傷他害のおそれがないと認められる場合に、都道府県知事により、それぞれ退院が決定されます。また、精神保健福祉法においては、入院の決定を問わず、精神科病院に入院中の者や保護者は、都道府県知事に対して退院請求ができることとしています。

　一方、感染症法においては、入院した患者について、その病原体を保有していないことが確認されたときには、退院させなければならないとされています。さらに、患者またはその保護者からの退院の請求に応じて、都道府県知事は、患者の病原体の保有の有無についての確認を行わなければならないとされています。

　このように、人権に配慮した適切な医療が行われるための制度となっておりますが、今後とも精神科病院や感染症病棟における適切な処遇の確保に努めてまいりたいと考えております。

■法務省刑事局
【女性に対する暴力】
　次に法務省からですけれども、女性に対する暴力に対して、日本において適切な対応がなされているかという質問がありましたが、もちろん暴力は、被害者が男性女性であることを問わず、刑法において犯罪とされております。また、ＤＶ事案についても、これに対処するための特別な法律を制定し、対策を講じております。

　また、レイプに関する法規制などについてもご質問がありました。まず刑法において、強かん罪、強制わいせつ罪等により、犯罪とされております。夫婦や親子、兄弟など、加害者と被害者に親族関係があるかどうかに関係なく、レイプは犯罪とされております。また、女性が男性に対して行ったレイプについても、刑法により処罰されることとなっております。

■外務省・木村課長
【人身売買の対策】
　人身取引対策については、関係省庁連絡会議が2004年4月に設置されて、

構造計画が2005年に策定され、防止、撲滅、保護の分野で取り組みが行われております。具体的な効果が上がっているところですけれども、時間の都合上、詳細については省略させていただきます。

それから、女性の人身売買が犯罪となるかについては、刑法第226条の2、人身売買等により犯罪とされております。

■法務省入管局
【外国籍の女性が日本人男性と結婚した場合の日本の市民権の取得】

続いて法務省からご説明いたします。外国籍の女性が日本人男性と結婚した場合には、日本の市民権を得られるのかどうか、その手続きなどについてお尋ねがありました。日本には市民権という概念がございませんので、ご質問の趣旨は、日本の国籍制度に関するものと理解いたします。

外国人が日本国籍を取得するためには、通常、帰化という手続きが必要でございます。帰化を許可するかどうかは、日本人と結婚したことによって、当然日本国籍を取得することはございません。帰化を許可するかどうかを法務大臣の自由裁量とされておりますが、その際に満たすべき必要最低限の条件が国籍法に定められておりまして、日本人と結婚している外国人については、一般の外国人と比べて、その条件が緩和されております。また、帰化によって日本国籍を取得した者については、離婚したことを理由として国籍を失うことはございません。

【パリ原則に基づく人権機関の設置】

続いて、パリ原則に則った、人権の状況などについて監視する人権機関を作る予定があるのかどうかということについてお尋ねがございました。法務省においては2002年に、独立性を備えた人権委員会を作るということを内容とした、人権擁護法案を国会に提出したことがございます。この法案は、その後衆議院が解散されたために廃案となってしまいましたが、法務省では現在もこの法案について検討しております。

この法案では、その委員長や委員は職務執行に関して、法務大臣や内閣による指揮監督を一切受けないことにしておりました。また、委員長や委員の任命権は内閣総理大臣が持っておりますが、解職する、職を解く事由は、限定的なものとしておりました。このように、人権擁護法案における人権委員会は、高い独立性が確保されていたものと考えております。

【裁判官の罷免のシステム】

最後のお答えでございます。裁判官の罷免の仕組みに問題があるのではないかというお尋ねがございました。わが国の憲法では、司法権の独立を確保するために、裁判官については強い身分保障を与えております。すなわち裁判官は、公の弾劾による場合、心身の故障のために職務を執ることができないと裁判された場合、あるいは最高裁判所裁判官に対する国民審査による場合を除いては、罷免されることはありません。

　委員のご心配は、国会議員が弾劾裁判所の構成員として、裁判官の罷免について審査することにあると理解いたしました。しかしながら、公の弾劾によって罷免される理由は、裁判官弾劾法によって規定されておりまして、その裁判官が職務上の義務に著しく違反し、または職務を甚だしく怠ったとき、またはその他職務の内外を問わず、裁判官としての威信を著しく失うべき非行があったときに限定されております。またその手続きも、極めて厳格に定められております。また、最高裁判所の裁判官に対する国民審査においても、投票者の多数が罷免を可とした場合でなければ、罷免されることはありません。

　このように裁判官の罷免は、極めて限定された条件のもとに行われることになっております。したがって、わが国における司法権の独立は、十分に確保されているものと考えております。以上でございます。

■マヴロマティス議長

　今いただいた一連の返答に感謝します。途切れなくお答えになられましたが、それだけたくさんの質問があったということですね。非常に短くおまとめいただきましたが、お答えの中には、時々不完全なものがあったと言わざるをえません。

【裁判官の罷免】

　最後の返答について、最後の質問ですが、取り上げるとすれば、私は、あなた方に報告書を見ていただきたい。全ての裁判官は、10年に一度、審査され、罷免されるということですが、そうすると、最後の回答から考えますと、報告書を見直さなければならないということですね。それでは、報告者のマリーニョさんからどうぞ。5時には終えなければならず、明日そして来週の準備をはじめなければいけないのですが、それはできないようですね。マリーニョさんからどうぞ。

■マリーニョ・メネンデス委員

　できる限り迅速に答えてくださりありがとうございます。ともかく、短いだけでなく、完全な答えにも謝意を表します。私は、ただ明らかにしたいいくつかの点を挙げたいと思います。これは、基本的な国際的な機構によっては、異なった考え方があり、異なった機能を有しているものと私は理解しています。

【軍隊がなんからの紛争に関与した場合の条約の適用】

　ここで、一つ質問をさせていただきたいのですが、政府に関する限りにおいては、このことを素晴らしいことだとお考えにならないことを願っております。もし、日本が武力紛争を始めた場合、もしくは、軍隊（訳者注：自衛隊）がなんからの紛争に関与した場合、拷問等禁止条約は適用されるのかどうか、政府の見解はいかがですか。平和維持活動は、拷問等禁止条約によって法的に規制されますか。これは、人道法の特別な規範です。

【警察署での尋問】

　次に、警察署での尋問に関するご回答との関連です。ある裁判官が、勾留決定に署名して決定すると理解しました。この制度は非常に珍しいのですが、裁判官たちはこのことを理解しているのでしょうか。この慣行には強力な反対意見があります。機密が守られなければならないのはわかりますが、情報がもっと開示される必要があります。それでも、裁判官は許可するかもしれない。私が知りたいのは、実際にどのように行なわれているのかどうか、ご存じであれば実際の事例を知っているでしょうか。長期間にわたる拘禁は、そのような拘禁の後に得られた自白は認めることはできないということを示している、もしくはその可能性があると言われているということをここでは述べておきたいと思います。

　これは本当のことでしょうか。裁判官の許可がある23日間の拘禁は、それがそれほど長いと考えられておらず、実際に使われている規範のようなものであると考えて間違いありませんか。これが標準、もしくは、規範なのですか。尋問期間の上限が存在していないようですね。私の理解が正しければ、日本の法律には尋問の上限時間がありません。我々の国の考え方では、圧力の下で真実を得ることは不可能です。真実を話したくない者は、どれだけ圧力をかけても話さないのです。これが私たちの考え方です。警察官との間に信頼があるからといって、真実を話すというわけではありません。ここに悪循環があるように見受けられます。

【無罪推定の原則】

　おそらくここに異なったアプローチが存在するのでしょう。しかし、もし無罪の推定という原則がこの手続の中で本当に考慮されているのでしょうか。この推定は裁判においては標準的な原則ですが、もしも昼夜行なわれる尋問が、真実を引き出す方法であると考えられているならば、私は懸念します。つまり、無罪の推定原則が、手続全体を通してある程度実施されるべきだということです。無罪の推定が特定の状況においては重要ではないということになるのではないでしょうか。

【独居拘禁】

　また、拘禁されている者が独居拘禁を要求することがあるというのであれば、その要求は許可されるでしょうが、しかし、その決定には、精神疾患などのような正当化される理由がなければなりません。けれども、その要求は要求を満たすために十分なものなのでしょうか。

【死刑制度】

　死刑判決についてですが、その場合でも弁護人がつくと私は理解しました。そのようにおっしゃったと思います。死刑判決を受けた者には法的支援がないと思っていました。また、この痛ましい問題へのアプローチが、私たちのものとは違うと理解しました。

【刑事施設視察委員会の独立性】

　私が挙げておきたい点がもう一つありまして、それは、他の委員も挙げていたことなのですが、それは、新しい法律によって設置された拘禁施設を調査する訪問機関のことです。これらについては、多少の説明を受けていますが、実際のところ、この機関は真に独立しているのですか。法律では、独立性を持つことが意図されているようですが、NGOによれば、委員の中に専門家や市民社会からの人が含まれていないようです。そして、この視察委員会は、調査権限を持つようになっていない。これは、現実的な文脈の中で見直されるべきであり、これらの委員会が本当に独立しているのかどうか検討すべきだという印象を私は持っています。刑事施設を監視する裁判官はいますか。こういった裁判官は、もちろん独立していなければなりません。

【難民審査参与員の独立性】

　そこで、お聞きしたいことです。難民審査参与員は、難民の庇護付与に関与するために、中立であるとおっしゃいました。しかし、参与員はどのように任命されるのですか。彼らは、法務大臣に任命されるのですよね。それで

は、参与員の選出にはどのような基準が適用されているのですか。参与員制度は、本当に中立で公平だと保証できますか。

【フジモリ氏の件】
　次に、フジモリ氏の件についてですが、ペルーの元大統領である彼が、チリへ出国しようとした際に、彼について捜査したようですね。拷問等禁止条約は、引渡し（送還）の禁止を定めていますが、この捜査は、犯罪人引渡しの観点から行なわれたのでしょうか。引き渡す可能性があったとしても、彼は日本国民ですから、彼が出国する前に、日本国内で裁判を行なう可能性も含めて調べなければなりませんでした。
　議長、私が担当すべき部分はほぼ全て申し上げたと思います。ここで挙げられた問題は複雑で、数々の質問が出されましたが、取り扱われている問題が多すぎます。ですので、我々の返答と勧告は、できる限り明確にされるべきだと思います。ありがとうございました。

■マヴロマティス議長
　ありがとうございました。好奇心から日本の代表団にお尋ねしますが、いくつの質問に答えましたか。回答いただいたのは、74個でした。素晴らしい仕事ぶりですね。6個の質問を逃しただけですよ。ということは、我々は、80個以上の質問をしたということですね。少なくともこの数字は憶えておくことにしましょう。それでは、次にコヴァレフ委員。

■コヴァレフ委員
　ありがとうございます、議長。そして、日本の代表団にも、詳細な返答を用意してくださったことにお礼を申し上げたいと思います。私は、質問以上の回答があったと思いますし、それらの回答は、かなり正しいものであると思います。けれども、だからといって全ての答えに同意するというわけではありません。

【尋問の録画・録音】
　最初の質問は、尋問の録画と録音についてです。録音をすると情報が漏洩する可能性があるとのことですが、警察がその録音の機密性に責任を負うものです。そうしなければ、文書による記録だけでは何も変わらないでしょう。それとも、書くことで奇跡をもたらすことができるのでしょうか。実際の状況がどうなっているのか私にはわかりませんが。

【難民の認定】
　そして、2つ目の質問は、難民の認定についてです。
　日本の難民認定制度は、ほとんどオリジナルですね。326人の庇護希望者の内、272人に様々な理由から、難民の地位を与えました。私が疑問なのは、日本に来た者が、いつ日本で庇護を求めるのかということです。ある者が、他国から、拷問を受ける可能性のある国ではない国から来たとします。そうすると、ここで私には少し気になることがあるのです。というのは、ある者が庇護を求めて日本に来たものの、日本が庇護を拒否するという状況が考えられるからです。例えば、北朝鮮から来た人が庇護を断られるということが実際に起こりえると思うのです。彼は、ロシアを経由して、日本に庇護を求めて来たとします、なぜなら、ロシアと北朝鮮は国交がありますからね。ロシアには合法に入国できる可能性がありますが、その後日本へは不法に入国したとしても、北朝鮮には送り返されない。しかしながら、あなた方の法律によりますと、国籍国に引き渡すか送還しなければならない。従って、実質上、彼は、拷問を受ける国へ送還される、大きなリスクを負っていることになります。ですので、拷問の恐れがない国を経由して日本に入国した者に対して庇護を与えないことを正当化したこの規定は、改正されるべきだと思います。ありがとうございました。

■マヴロマティス議長
　ベルミール委員。

■ベルミール委員
【警察における尋問】
　ありがとうございます、議長。手短かにしないといけませんので、警察における尋問についての政府回答についてだけ応答したいと思います。NGOからの報告書および報告で、自白を確保しない限り、取調室を離れるなと書かれた警察用のハンドブックがあると知りました。そして、もし被疑者が自白しなければ、その者が自白するまで昼夜かまわず取調室に留めておくようにも書かれているようです。このような方法では、警察官は、被疑者が言うべきことを聞くためにそこにいるのではなく、被疑者から自白を得るまで取調を続けることが目的になってしまいます。NGOからの報告書で引用されている部分をお見せします。

【死刑に対する恩赦と減刑】
　次に、報告書には死刑判決の減刑については何も書かれていません。上訴や再審についてはありますが、恩赦や減刑については何も書かれていません。伝染病・精神疾患の場合に患者が退院していいかどうかを政府（訳者注：governor〔知事〕の間違いだと思われる）が決めるということですが、私は少し困惑しています。こういう場合は、かならず医師が決定を下さなくてはなりません。ありがとうございました。

■マヴロマティス議長
　ありがとうございました。ガエル委員。

■ガエル委員
【取調の録画と録音】
　ありがとうございます。短く2、3点挙げさせていただきます。ビデオ録画と個人のプライバシーを保護する必要性の問題についてですが、これは保護の問題とバランスをとらなくてはなりません。多くの国がこれまでにそうしてきました。これらの国々は、入国管理や刑事事件の捜査上の尋問において、録音や録画を取り入れてきました。私は、とにかく、こういった形でバランスがとれるという事実に目を向けるように強く求めたいと思います。
　例えば、私の国では、アトランタとヒューストンで、入国管理官がビデオ録画しています。他の都市では行なっていません。労働組合の問題があるからです。しかし、録画テープをどの程度の期間保管するかについて了解しています。これは、個人にとってまず保護に関わる問題であり、そのあとにプライバシーの問題に対応することができるのです。ですので、私は、日本政府がこの事実を考慮することを奨励します。これは、するかしないかではなく、検討する価値がおおいにあります。この制度は、高度な保護のための技術で、広く使用されているのです。

【警察留置場における防声具】
　次に、防声具（gags）についてです。刑務所では、その使用が法務省の下で廃止されたとようですが、警察留置場ではまだ使用されています。そして、新しい防声具は改良されたとの主張があります。ですが、もちろん、この新しい防声具も、ベルミール委員（訳者注：ガエル委員のことと思われる）がおっしゃったように、自白を強制したりするために使われる可能性がありま

すし、誤用されるかもしれません。

ですので、このことについて我々にもう少し具体的な説明をしていただくか、何からの提案をしていただけないでしょうか。2006年の改正法では、防声具の使用を3時間に制限し、医師の関与が必要だと定められていることは承知しています。しかし、防声具の使用が警察留置場でも廃止される可能性はあるのでしょうか。

【性奴隷制による再トラウマ化と条約の適用】

次に、最初に回答された質問の一つに、条約が遡及して適用されない問題がありました。第二次世界大戦中の性奴隷について尋ねた質問に関連する時間軸については、十分承知しています。条約の意図を汲み取り、被害者の保護とリハビリテーションのために、再トラウマ化、新たな暴力、継続的暴力というものが存在するということを、政府代表団の皆さんにお伝えしたかったのです。失踪宣言(訳者注:「強制的失踪からの保護宣言」のことと思われる)の起草時に、継続的暴力という概念がどのように発展してきたかを我々は皆知りました。

けれども、国家が事実を否定・隠蔽・歪曲し、文書を隠したり、もしくは破棄したり、事実を明らかにしなかったり、刑法上責任を負っている者を訴追しないという状況においては、再トラウマ化や、ある意味で暴力を継続させる行為が国家によって行なわれているということを私は指摘しておきたかったのです。このような状況は、性的暴力の被害者に特に見られることで、これまでもこのようなことが、同様の状況のもとで起こっています。賠償をしないことや、過去に被害者となった人々の尊厳や福祉を保護する方策を引き続きとらないことによって、継続的暴力や新たな暴力が生まれるのです。そして、条約は、被害者のリハビリテーションを要求しています。

私は、あなた方と講和条約の日付がどうだとか、そういう議論はしたくありませんが、ただ、最近、さまざまな国が歴史的事実を再解釈し、生還者に新たな苦しみやトラウマを与えてきた事実があるという見解を示したいのです。ですから、これらの点について懸念を表明したいと思います。首相からの手紙を含め、この戦時性的奴隷の問題についてあなた方が挙げた点は、個人的に行なわれたことであり、この問題をずっと否定することによって再びトラウマを与えることになります。この点に関してコメントをしていただければ幸いですし、今後これらの問題について再検討する機会を持たれることを期待しています。ありがとうございました。

■マヴロマティス議長

　ありがとうございました。ワン委員。

■ワン委員
【人種差別を理由とした不服申立て】
　議長、私がいつもは多くの質問をしないことをご存知でしょう。まず、日本の政府代表団がこれだけ多くの質問をこれほどの短時間で答えられたことへの感銘を表したいと思います。大変真剣な回答をいただきました。しかしながら、私が聞き逃したのかもしれませんが、昨日私が出した、法務省職員に対する人種問題、人種差別を理由とした不服申立てについての質問に対する回答を聞いていません。聞き逃してしまったのかもしれませんけれども。

【性奴隷制】
　そして、戦時下の性奴隷の質問に関しては、ガエル委員が部分的に私の聞きたいことに触れてくれていて、それにかなり同意していますが、さらに付け加えさせていただきたいのは、NGOを含む国際社会は、日本政府に対して、法的責任だけでなく道義的責任を認めるように要求しています。道義的責任については、2人の首相による声明で果たされたと考えていらっしゃるかもしれませんが、問題は、一人の首相の声明が別の指導者のそれと矛盾している場合があることです。見解の不一致によって、特に被害者は、よりいっそう侮辱されたと感じるのです。

　このような一貫した立場は、確かにより意味のあるものです。しかし、法的責任については、何も聞いておりません。この問題に関する政府の法的責任をどのようにお考えですか。もし時間に余裕があれば、あなた方とより広く深い対話をしたいと思いますが、残念ながら時間がありません。最後に一つだけ申し上げておきたいことは、条約法は法律文書をどのように解釈するかについて規定しているということです。一方的な解釈は、解答よりも多くの疑問を生じることがあります。この疑問については、締約国が答えるべき問題であって、私やこの委員会が答えるものではありませんけれども。ありがとうございました。

■マヴロマティス議長

　ありがとうございました。グロスマン委員。

■グロスマン委員

【謝辞】

　議長、そして素晴らしい日本政府代表団の皆さん、私も他の委員と同様に、代表団による今日の素晴らしい回答に謝意を表したいと思います。そして、今日の報告によって、政府の見解が表明されたと同時に、委員会の意見を聞く機会もあり、対話の重要性が明らかになりました。なぜなら、両当事者の所産だとよく言われますように、私は、この審査を相恵的で建設的な作業だと考えています。私も他の委員たちも、日本からの適切な回答に対して、（訳者注：最終見解を出すために）真剣に決定し、熟考します。

【尋問と無罪の推定】

　しかしながら、私にとってもっとも関連性のある問題で、慎重に分析している問題があります。これまでの調査やあなた方がおっしゃったことをよく聞いていましたが、拘禁の問題について、ずっと考え続けているのです。

　尋問を受けている間拘禁されている人々がいます。そこには、検討されなければならないさまざまな要素（訳者注：自白の強要のことを指している）が存在しています。我々を多様な結果に導いてくれるものは何もありませんでした。この条約上の義務という文脈の中で決定するために重要な基準の一つは、例えば、条約適合的な対応がどの程度反映されているかを見ることです。ですから、我々は、無罪の推定を考慮しなければなりません。無罪の推定は、最も重要な概念であり、つねに考慮されなければなりません。なぜなら、重要なことは、国家こそが証明しようと努めなければならないのであり、取り調べている人を無実だと推定しなければならないのです。そして、証明の方法やその程度については、国家が負うべきことであり、取調を受けている者が自分の無罪を証明するのではありません。

【自白の役割】

　2つ目に、自白の役割についてです。自白は、全ての証拠の母のように考えられてきましたが、どういうわけか、その正統性は、政治制度の中で失われつつあります。自白を禁止しろと言っているのではないことはすでに申し上げましたし、それは確かに禁止できないのですが、しかし何とかして、自白の結果によって明らかにする犯罪の割合を、それ以外の証拠で明らかにする犯罪の割合に比べて非常に小さくするのです。そして、これは、法律と無罪の推定との間にある一定の概念が反映されているのです。

上述したもの以外に、私が重要で、考慮されるべきだと考える点は、無罪の可能性がある人々の何日もの、何週間もの、何ヶ月もの時間です。この拘禁は、言うまでもなく、適切な法的権限によって決定されるべきです。もしも不公正な拘禁が行なわれているならば、それは複雑な問題です。再び申し上げますが、西半球では、日本の状況ととにかく比較する者がもちろんいます。しかし、我々の国（訳者注：チリのこと）においては、24時間におよぶ拘禁によって、被拘禁者は、非常に苦痛な体験をしています。被拘禁者は、直ちに裁判官の前に連れていかれるべきであり、被拘禁者は常に危険な状態にあるからです。

　そして、もちろん最後に、あなた方は、安全の中で生活していかなければならない人々の権利について考慮しなければなりません。これはただの権利の問題ではなく、たいていの場合、国家がそのような環境を創り出さなくてはなりません。しかし、これらすべてのことによってあなた方が出してくださった異なる要素と多くの回答の間で一般的な評価ができるようになりました。これらは非常に注意深く検討するに値する事項でしょう。国際的な場において出された問題は、今後、日本国内においてもまた議論されるようになるでしょうし、私たちも慎重に検討したいと思います。

　政府代表団の返答と市民社会からの貢献には非常に感謝しています。市民社会から得た文書や情報は、本当に賞賛に値するものであり、より良い仕事を可能にしてくれます。もしこのような可能性が他国にもあれば、いっそう良い対話ができるでしょう。ほんとうにありがとうございました。あなたたちの報告は、私たちにとって非常に重要なものでした。ありがとうございました。

■マヴロマティス議長
　グロスマン委員、ありがとうございました。続いて、プラドヴァレホ委員の番です。

■ジュリオ・プラド・ヴァレホ（エクアドル、Mr. Julio Prado Vallejo）委員
【対話の継続】
　ありがとうございます、議長。私もグロスマン委員がたった今おっしゃったことと同じことを考えておりました。
　この日本との対話では、詳細で非常にプロフェッショナルな仕事ぶりを見

ることができました。日本の代表団と我々に重要な情報を提供してくれたNGOにもお礼の言葉を述べたいと思います。市民社会と政府の関係、この関係は、人権という利益に対して最大の配慮がなされる可能性があるということです。そして、代表団長の素晴らしい仕事ぶりを祝福したいと思います。この対話は、専門家としての私に素晴らしい情報を提供してくれました。そして、人権分野で我々が長年直面している問題への解決に向けて、この実り多い対話を続けていきましょう。ありがとうございました。

■マヴロマティス議長

大変ありがとうございました。私は、あなた方の回答についてコメントする機会を得ることができました。同時に、我々が出した質問に対して、ほとんど全て回答していただきました。今、私が頭の中で考えていることについて少しお話したいと思います。この対話が行なわれている理由は、あなた方に、解決策を考え、学び、そして推進していただきたいからです。

【絞首刑の非人道性】

ですので、私は時代錯誤の行為、つまり絞首刑についての回答に少々失望しました。「日本人である我々は、絞首刑を残酷だとは思いません」と言いきるとは。日本以外の国、世界のほとんどの国々では、絞首刑は残酷だと考えられています。だから、我々も言及したのです。まだわかりませんが、適切な範囲内で最終見解に含まれる可能性があるでしょう。

【死刑と世論】

この対話を行なっている理由は、あなた方に世論の難しさを克服していただくためです。なぜなら、世論は、不幸なことに、血を見たがり、処刑を見たがるものです。これは、日本に限ったことではなくあらゆるところで見られます。死刑を再開する可能性がない我々の国でさえ、悲惨な事件が起こるや否や、騒がしい報道陣や人々の間で死刑を求める声がしばしば起こるのです。では、5分か10分ほどでご回答いただけますか。政府代表団が質問への答えを準備できるように、会議を10分間中断したいと思います。最大で10分ですよ。それ以上は1秒足りとも延長できません。

(休憩明け)

■マヴロマティス議長

では、回答をお願いします。

■外務省・木村課長
【従軍慰安婦問題】
　委員からご指摘があったとおり、1995年8月15日や、2005年8月15日の内閣総理大臣談話等で繰り返し述べてきているとおりです。委員からも認めていただきましたけれども、慰安婦問題については、官民が真摯な取り組みを行っております。こうした取り組みに理解が得られるよう、引き続き最大限の努力を行っていく考えです。

【フジモリ元大統領の身柄】
　次に、フジモリ元大統領の引き渡しについてお答えします。まず日本政府は、フジモリ氏の引き渡し要請に対して、フジモリ氏が日本人であることを理由として、引き渡しを拒否した事実はありません。われわれの引き渡し手続きを定める法律では、引き渡しを行うためには、嫌疑の存在が必要とされています。フジモリ氏の引き渡し要請に対しては、日本政府はペルーに対して、嫌疑の存在を示す資料の提出を要求している最中でした。その間にフジモリ氏が出国してしまったということが事実です。
　警察庁、お願いします。

■警察庁
【人種差別が行われた場合の不服申し立て】
　はい、警察庁です。ワン委員、大変失礼いたしました。人種差別が行われた場合の不服申し立て、あるいはそういった手続きについてという問いについてでございますけれども、人種差別も含めまして、そういった制度が日本にもございます。
　例えばわたしども警察につきましては、都道府県の公安委員会に対して、文書により苦情の申し出をすると。こういったような申し立ての手続きを経て、そういった原因となるようなものが除外されていくよう、そういうふうに図れることになろうかというふうに思っております。

【取調マニュアル】
　続きまして、先ほどベルミール議員のほうから、取調のシークレットハンドブックのことについて、改めてご質問がございました。これによっては、延々と長い時間調べなさいということを、このシークレットハンドブックでいってるのではないかというようなご指摘がございました。

しかしながら、先ほども申し上げましたように、これはあるベテラン捜査官が、自らの体験を基に作ったメモでございます。これは作成者自身も、延々と長い時間調べをさせよという趣旨ではなく、極めて短時間の取調で、特に重要なことを聞くこともなく、あっさりとした取調だけで終えてはいけないと。きちんと真摯に取調を行いなさいと。そういう趣旨の説明をするためのメモであったということであります。

　しかしながら、先ほど申しましたように、このメモを使って警察が、全国の警察官に対してこのようにしなさいと指導しているわけではありません。また、取調につきましては、相手の性別、年齢等にも十分配慮するようと、いうことを繰り返し指導しております。

【取調の時間制限】

　なお、ほかの委員からもご指摘がございましたが、取調をただ長くすれば、それによって自白が得られるものではないと、というご意見ございました。わたしどもとしても、こういう機会でそういうご議論をいただき、非常に理解できるものがあります。

　わたしどもとしては、真相解明というものの中にも、もちろん犯罪事実を解明するということもありますが、もちろんその被疑者が無罪であるのか、あるいは正当防衛等などが成立するのか、そういったことも当然調べることになります。そのためにも、取調というのは重要な機能を有すると考えています。そして、われわれの提供した証拠等に基づき、検察官において起訴するかしないか、厳格なスクリーニングが行われているということは、先ほど法務省からも述べたとおりです。

■法務省

【被疑者の長時間の取調と無罪推定】

　続きまして、法務省からも何点かお話しさせていただきます。まず、推定無罪を軽視しているのではないかというご指摘がございましたが、先ほど警察庁からもありましたとおり、むしろ推定無罪の原則を重視しているからこそ、起訴前の段階における身柄拘束につきましては、逮捕段階、勾留段階と、二段階に分けて、裁判官による司法的コントロールを及ぼしているところでございます。ですから、わが国は決して推定無罪を軽視しているわけではないことを、委員の皆様方にご理解いただきたく存じます。

【取調の録画・録音】

また、取調の状況について、録画・録音すべきではないかという点について、さらにお話しさせていただきます。まず委員の方から、関係者のプライバシーにかかわることが、他人に漏れてしまうということについてのご指摘がありました。委員の方々は、捜査機関からこの内容が他人に漏れるということを懸念されているように理解いたしました。

　しかし、われわれが懸念しているのは、そういう点ではございません。取調状況について録画・録音したものについては、次の段階におきまして、それはすなわち公判、裁判でありますが、そこにおいて証拠として提出され、取り調べられる可能性が出てきます。裁判は公開されておりますので、この段階で関係者のプライバシーにかかわることが他人に知れてしまう。そのことを被疑者が、そうなっては困るということで、本当のことを語ることを躊躇すると。こういうことを懸念しているのでございます。

【わが国の捜査における取調のもつ重要な機能】

　もう1点ですが、現在、取調の録音・録画について取りざたされておりますが、これについては、わが国における取調の持つ機能について、非常にこれが重要な機能を持っているということをご理解いただきたく思います。取調は、わが国においては真相解明の機能、こういう重要な機能を持っております。委員の皆様方から、取調の録画・録音についてのご指摘がありましたが、わが国としましては、各国においての刑事手続きにおいて、取調がどんな機能を持っているか、こういうことも踏まえた上で、日本の取調制度が持つ機能の重要性を、もう一度ご理解いただきたいのです。

　例えば、この問題を考えるに当たりましては、各国において、被疑者の取調以外にどのような捜査手段が認められているか。例えば、通信傍受や潜入捜査、無令状による捜索や身柄拘束、取り引きによる証言獲得といった手法が、どの程度活用されているか。こういった点などを見極めた上で、わが国において、取調の録音・録画の制度を導入すべきかどうか。わが国は現在、慎重な検討をしているところでございます。

■外務省・木村課長

　警察庁の質問が1問続きます。1問あったので、警察庁お願いします。

■警察庁

【警察留置場における防声具】

警察庁から、ガエル委員の防声具に関するご質問、お答えいたしたいと思います。先ほどもご説明いたしましたとおり、防声具……実際留置施設におきまして、大声を発し続け、留置担当官の停止にも従わず、他の被留置者に対しまして迷惑を与えるという被留置者が存在することは事実でございます。

こうした中で、できるだけ警察庁といたしましては、各都道府県警察に対しまして保護室、これを整備するよう指示をしております。各都道府県警察におきましても、厳しい財政状況のもとで保護室の整備に努めておるところでございます。しかしながら、いまだすべての留置場におきまして、保護室が設置されているわけではございません。

先ほどご説明いたしました、防声具の要件といたしまして、「保護室がない留置施設に限って使用することができる」、これは新法でも法律の規定に盛り込まれておりまして、逆を申しますと、保護室が整備されている留置施設では、防声具は使用ができないということになっております。現在新たに新築、改築する警察署について、保護室を整備することとしておりまして、保護室が整備された留置施設では、順次使用ができなくなるという状況でございます。

■外務省・木村課長
引き続き法務省お願いします。

■法務省入管局
【難民審査参与員の独立性】
法務省から、難民の関係についてお答えいたします。難民申請の審査の際のアドバイザー、エグザミネーション・カウンセラーの制度についてですね、その中立性、公平性が保たれるのかというような疑問が出されました。

この委員につきましては、法律専門家ですね、弁護士、検察官、裁判官等の法律専門家の経験者、それから国際法の学者、NGOの方々、民間の企業で海外経験の長い方、こういった方々から選んで、そのお仕事をお願いしております。今の日本において、その識見と知識から、公平、中立なご判断をいただける方々だと思っています。

本日、そのメンバーの方々の載った、この法務省の本を持ってきておりますので、あとで委員の方にお配り申し上げますので、現実にどういう方が委

員になっておられるか、参与員になっておられるか見ていただければ、よくご理解できるのかなと思います。

【第三国経由で日本に来た事例】
　それからもう1点、私もその質問のご趣旨がよく理解できなかったんですけれども、例えばの例で、北朝鮮からロシアを経由して日本に来た場合に、本国である北朝鮮に帰されて、迫害、拷問を受けるのではないかという話ではございましたが、これは安全な第三国を経由して日本に来たケースでありましても、基本的にその者が本国で迫害を受ける、あるいは拷問を受ける、こういったことを審査して、保護を与えるかどうかを判断するわけでございまして、その本人がどこを経由して日本に来ようとも、その本人の本国において、その人間に対して迫害あるいは拷問があるような場合に、そこに強制送還することはあり得ません。
　そこで、基本的には日本で難民申請がなされて認定されれば、領土的庇護を日本において与えるということになるものだということで、これが委員の関心のお答えになっているかどうかわかりませんが、そういうことで、当然の難民条約、それからこの拷問禁止条約3条を履行しているということでございます。

■法務省矯正局
（訳者注：ここだけ原語が英語なので日本語訳を掲載する）
【死刑判決と弁護】
　私からは、死刑宣告を受けた者の弁護の問題についてお話します。わが国では、最高裁まで弁護人がつくシステムになっています。最高裁まで、弁護人による法的援助を受けることができるのです。最高裁で判決が確定した後も、弁護士へのアクセスに制限はありません。ただし、国選弁護人ではありません。

【刑事施設視察委員会の独立性】
　刑事施設視察委員会についてですが、我々は、委員会は独立したものと考えております。すでに述べましたように委員は、刑務官や刑事施設当局の者と関係性はありません。現在活動しているすべての委員会それぞれに少なくとも民間人たる弁護士が一人含まれています。その機能の点からも独立性が確保されていると考えております。権限については、刑事手続における捜査権は持っておりませんが、当該刑務所の中で拷問が疑われる場合は、これを

調査することができますし、そのための権限を有しております。以上です。
なお、矯正局もまたパンフレットを持ってきましたので、ご参照いただければ幸いです。

■防衛省
【国外に派遣された自衛官が拷問を行った場合】
　はい、防衛省です。PKOと国外に派遣された自衛官が拷問を行った場合でございますが、警務官が捜査を実施いたします。自衛官等の犯した犯罪につきましては、自衛隊法第96条の規定によりまして、警務官が刑事訴訟法の規定による司法警察職員としての職務を行うこととされております。

　なお、国外におきましてこれらの職務を行う場合でございますが、原則としまして、派遣された国におきまして、警務隊が捜査権を有するということが確認されているということが必要であります。以上であります。

■外務省・木村課長
　じゃ、厚生労働省お願いします。

■厚生労働省
【精神病院からの退院手続】
　最後に厚生労働省から、精神科病院からの退院についてご説明させていただきます。精神科病院からの退院の判断に関しましては、精神保健福祉法における、入院形態により異なります。

　まず措置入院に関しましては、都道府県知事がその者を退院させるときには、精神保健指定医の診察の結果に基づかなければならないとされております。

　また、続きまして、医療保護入院の場合におきましては、一般に入院の必要性が認められなくなったと医師が判断する場合や、保護者の判断により、退院ができます。これにつきましては、退院の判断については、それ自体は患者の人権の制限を伴うものではないという理由から、精神保健指定医の診察は、法律上は必要とされておりません。

　最後に、最も日本の精神科病院で多い入院形態であります任意入院につきましては、患者の意思によって退院ができます。

　いずれにしましても、臨床の現場におきましては、医師の判断が適切にか

かわっていると承知しております。以上です。

■マヴロマティス議長

　すばらしい回答をありがとうございました。再度感謝申し上げます。日本の報告書審査はこれで終わりです。今回は良い報告書を受け取りましたが、次に提出される報告書にはもっと実際の履行状況に関する情報を盛り込んでいただきたいと思います。今日は、非常に多くの質問についてご回答をいただきました。回答は、簡潔ではありましたが、その内容は我々が期待していた主要なポイントをカバーしていたと思います。その点にも感謝申し上げます。

　ところで、今回はあまりに多くの質問がありすぎたと思われるかもしれません。そうではありません。なぜならば、今回は第1回の報告書だからです。第1回報告書の重要性から我々は多くの質問をさせていただいたのです。さらに、私たちは責任も感じています。なぜなら、経験的に、次の第1回報告書審査もまた午後5時までに終わらせるべきだとは思っていないというわけではなく、今回もその経験に基づいて3時間を余すところなく使いました。ですから、我々はまたあなた方を急がせ、すべての作業を終えなければならなかったということに責任を感じている、という点もご留意ください。

　今回は、すばらしい対話ができました。我々は政府の皆さんの意見を聞き、自分の意見を表明させていただきました。我々がみなさんに期待したいことは、来週末までのどこかの時点でみなさんの常設代表を通して受け取るものと思われる最終見解とともに我々の見解を受け取り、またみなさんの政府にこれらを分析し、改善が今回の対話の結果として引き出せるかどうかを検討していただきたい、という強い要望とともにフィードバックしていただくことです。結局のところ、我々が対話の機会を持つ理由は、その国の実情を見せていただき、同様の状況やその他の状況を検討してきた我々のあらゆる経験に照らして提案をすることで、それが、我々がここにいる理由です。我々はここにおられる代表団の皆さんが質問に対して十分に答えていただいたことにたいへん感謝しており、ご帰国される皆さんのご成功を祈っております。日本の政府報告書審査はこれで終了です。

〔追記〕
　84頁に引用されているNGOによって示された難民認定申請の却下理由の見本というのは、以下のとおりである。

　あなたは、「人種」「国籍」「特定の社会的集団の構成員であること」および「政治的意見」を理由とした迫害を受ける恐れがあると申し立てています。
　しかしながら、
1　トルコ共和国憲法では、すべて個人は人種を理由として差別されることなく法の下に平等であるとされていること
2　英国内務省報告等の資料によれば、トルコにおいては、クルド語放送やクルド語による教育が認められ、ネブルーズ祭りも一般的に行われており、クルド人であることのみを理由に迫害を受けるとは認められないこと
3　あなたは、HADEP及びDEHAPの党員として活動していたとする日以降に、正規に自己名義旅券の発給を受け、合法的に国籍国を出国した事実が認められること
4　特定の社会的集団の構成員であること及び政治的意見を理由に迫害を受けるとのあなたの申立には信用性が認められないこと

等からすると、申立を裏付けるに足りる十分な証拠があるとは認め難く、あなたは、難民の地位に関する条約に規定する難民とは認められません。

　　　翻訳：小川昂子、桑山亜也、小林信子、里見佳香（以上、CATネットワーク）
　　　　　　　　　　　　　　　　　　　　　　　　　　　　監訳：海渡雄一

第4部
拷問禁止委員会は何を求めているのか

拷問等禁止条約に関する報告審査・最終見解の意義

はじめに

　今回の拷問等禁止条約に関する日本の審査では、第１回目にもかかわらず、日本の市民社会は大きな成果を得た。その成果は、拷問禁止委員会の「結論および勧告」（いわゆる最終見解）を見れば明らかである。個別具体的な問題は他の項目に譲るが、拷問等禁止条約に関わる日本の諸問題はことごとく具体的に指摘されたといってよい。NGO レポートの作成・提出やロビイング活動など市民社会の側からの情報提供や説明・説得が効果的であれば、こうした勧告を獲得する可能性が高まることの証左といえよう。

　しかし、この最終見解に関して、よく出される疑問がある。それはこの文書の法的性格に関するものである。そもそも法的拘束力がないではないか、委員会は条約違反の指摘をしていないではないかといった点である。これに関連して、この最終見解は裁判で規範として活用できるのかといった疑問もある。こうした疑問はほとんど法律専門家から出されるものであるが、政府もそれに乗っかるきらいがあるので、それに応じざるをえない。実際、衆議院における質問主意書に対する 2007 年 6 月 15 日の政府答弁書（内閣衆質166 第368 号）では、最終見解について「法的拘束力を有するものではないが、その内容等を十分に検討した上、政府として適切に対処していく必要がある」と答えている。

　また、この最終見解をどのように実践的に活用し、制度や実態の改善をもたらすかという方法論に関する問題もある。

　こうした問題を検討する前提として、まず、国連の人権条約における報告審査制度というものの意義についてあらためて確認しておきたい。

1　報告制度と最終見解の意義

　報告制度は、締約国が、条約に規定された人権実現の義務をどのように履

行しているかについて、自ら報告書を作成して条約機関に定期的に提出し（本条約では発効1年後、その後は4年ごとに）、それを条約機関が審査し、その組織的評価を定式化するものである。つまり、締約国による自己評価・自己申告的な作業を前提とした制度であり、通報制度のように人権侵害の被害者や第三者からの申立てにもとづくものではない。審査も、条約機関の場での委員と報告国の政府代表との間の質疑応答を中心とした「建設的対話」をめざすものであり、当該国の条約違反の有無を判断することを目的とした責任追及的な性格のものではない（責任の追及はむしろ個人通報制度の目的である）。条約機関は、締約国の条約実施を促し、人権状況の向上のために援助するという姿勢で審査に臨む。いかに民主主義的な国であっても人権侵害は起こりうるのであり、「人権の保護・促進に第一義的責任」を有する締約国に対して、定期的な形で国際的吟味を受けさせ、それを国内レベルでの検証と政策形成に結びつけることが追求されるのである。

　こうした報告制度の意義からすると、そもそも報告制度の下での最終見解に法的拘束力がないことや法的責任を追及するものでないことを問題視すること自体、報告制度の趣旨をふまえていない議論といわざるをえない。条約を批准することにより、締約国は、報告制度の適用を受けることを引き受けたのであり、この意味で締約国には条約レジームを尊重し、それに協力する義務がある。締約国には、報告制度を通じた国際的説明責任があり、また同時に、拷問等を禁止・防止する義務を確実に履行するために、委員会から出された最終見解を少なくとも尊重・考慮する義務が生じるのである。その意味で、政府のいう「その内容等を十分に検討した上、政府として適切に対処していく必要がある」という立場は、それ自体は報告制度の趣旨から外れたものとはいえない。問題はその「十分な検討」「適切な対処」が、国際的説明責任、見解尊重義務を実質的に果たすものといえるかどうかである。条約上の義務を真剣に吟味することなく委員会の最終見解を全面的に否定するような態度であれば、それを果たしているとは到底いえないであろう。

　政府の答弁書では、委員会の個々の勧告に対して、それを実施することが「相当でない」「必要がない」と応じることが多いが、これは条約上の義務に合致しているかいないかという観点で述べているのではなく、国内的な政策や法の論理で語っているにすぎない。これは条約を批准したことにともなう国際的説明責任、見解尊重義務に反する態度といわざるをえない。この点、勧告を拒否することでは同じでも、アメリカの態度とはかなり大きな相違が

ある。アメリカは2006年5月の審査においてことごとく委員会の条約解釈を争い、例えば、グアンタナモ基地での拘禁や虐待、CIAの不正規移送や秘密収容所などの問題について、条約の不適用、解釈の誤りを牽強付会的に主張して、条約違反がないという立場をとり続けている。これももちろん大いに問題がある態度であるが、これに対して日本は、政府としての条約解釈を披瀝することなく、ただその必要がない、相当でないというだけの説明に終始している（審査の場において慰安婦問題に関連して14条は遡及適用されないと反論したのはむしろ例外的であった）。最終見解に法的拘束力がないからという形式的な理由でこのような態度をとっているのだとしたら、いくら言葉は多くとも、国際的説明責任の実質的回避に近い。

確かに、委員会が条約違反の指摘をしていないだけでなく、個々の勧告と条約規定との関連づけが弱い点はその通りである。少なくとも条約規定との関連づけは、他の国に関しては明示的にそうしている場合があるだけに（例えば、アメリカ）、私見としては残念な点である。

しかし、それについては、条約審査での具体的議論を通じてある程度明らかにすることができる。例えば、代用監獄や取調については、多くは2条1項や11条に関連づけて正・副の報告者は質問をしていた。この個々の勧告と条約規定との関連づけそして条約解釈の明確化は審査を見てきた我々の重要な役割であると考える。特に1年以内のフォローアップ情報が政府に求められた事項については、政府答弁書が条約解釈にまったく触れていないだけに、条約解釈の観点から政府回答を質す必要があろう。

個々の勧告と条約規定との関連づけ、条約解釈の明確化の作業にとっては、今委員会が作成している条約2条に関する一般的意見2の草案（2007年5月）が参考になろう。拷問防止義務を定める2条は、この規定を根拠としてとるべき多様な防止措置が引き出される、いわば条約の中核的な規定である。今回の最終見解中の代用監獄、取調、刑事拘禁、ジェンダーにもとづく暴力などの部分の多くは、2条1項と、ほぼそれと重なるとされる16条1項（一般的意見草案3項）に関連づけて読むことができる。

例えば、一般的意見草案13項では、すべての被拘禁者に適用される一定の基本的保障が2条1項に内在することが指摘されており、その例として、被拘禁者の公的登録の保全、被拘禁者の自らの権利を告げられる権利、独立した法的援助を迅速に受ける権利、独立した医療の援助を受ける権利、家族と接見する権利、拘禁場所を査察・訪問する公正な司法的メカニズムを設け

る必要性、拷問や虐待を受けるおそれのある被拘禁者が司法的その他の救済手段を利用する可能性、が挙げられている。

また、同草案14項では、条約発効以降、新たな実効的な防止措置が確認されてきており、かかる必要な拷問防止措置の範囲の拡大の根拠となるのが2条だとされている。そして、その例として、すべての取調のビデオテープ化もあげられている。したがって、例示されたような防止措置をとらないことは、2条1項違反となる可能性がある。とりわけ、国際的説明責任を果たさないまま、かかる防止措置をとらないことをし続ける場合、2条1項違反の可能性はいっそう高まる。

また、同草案19項を読めば、レイプ、ドメスティックバイオレンス、トラフィッキングなど、私人間の人権侵害を射程に置くための条約上の論理がわかる（「締約国の当局や公務員が、拷問行為が私人によって行なわれていることを知っているかまたは知るべきであったにもかかわらず、条約にしたがって、かかる私人の行為を防止し、調査しおよび処罰することをしなかった場合、国家は責任を負い、その公務員は、かかる許されない行為に同意または黙認したことにより、条約上実行者、共犯者またはその他の責任をとる。委員会は、締約国が条約の範囲内にあるさまざまな暴力行為〔レイプ、ドメスティックバイオレンス、性器切除、トラフィッキングを含む〕を防止せず、その被害者を保護しなかったことに対して、かかる原則を適用してきた」と説明されている）。

拷問等禁止条約および最終見解の裁判規範性については、現在の日本の裁判動向を見る限り前途多難といわざるをえない。そもそも日本の裁判所では本条約の直接適用可能性という形で裁判規範性を明確に肯定した裁判例はない。日本の裁判所は自由権規約のように個人が権利の名宛人になっている人権条約については直接適用可能性（自動執行性）を肯定しているが、国家に積極的義務を課しているような人権条約については、社会権規約のように消極的姿勢を示している。本条約は、proactiveな条約と呼ばれるように、拷問や虐待を禁止するだけでなく、それらを防止するための積極的な措置を締約国に義務づける条約である。

私見では、個人の権利という形式で規定されていなくとも、締約国の義務の内容が明確でありかつ司法判断になじむような規定（1条、2条、3条、12〜16条など）は日本でも直接適用できると考えるが、現時点では日本の裁判所に多くを期待することはできない（最終見解の11項を見る限り、

委員会も条約が直接適用できると考えているようである）。まして、自由権規約を含む他の人権条約に関するいくつもの対日最終見解についても、それらを積極的に援用した裁判例はなく、最終見解を条約解釈を示すものとして提起しても、裁判所は法的拘束力なしという単純な論理で処理することが多い。

2 最終見解の活用方法

　いま見たように、最終見解の活用を裁判所に期待することはあまりできない。しかしもちろん、人権条約の国内的実施の態様はさまざまである。最終見解を実施するためのターゲットはむしろ国会や行政である。その点で、いちはやく衆議院で質問主意書を出し政府答弁書を要求したのは、その答弁の多くがいかに形式的なものであったとしても、国内的議論の出発点として建設的な方法であった。

　例えば、拷問犯罪に対応する主要法令である特別公務員暴行陵虐罪が、一般論としてではあるが自衛隊員や入管職員にも適用しうるとの説明は、審査での政府回答を再確認したものではあるにせよ、これはおそらく政府としてのはじめての公式解釈であろう。逆に最終見解で求められた、条約3条の入管法への明示的導入、拷問について時効や除斥期間の廃止、条約15条に合致した刑事訴訟法の改正などの問題については拒否の姿勢を示したが、これらの問題は審査がなかったらおそらく国内的には提起もされなかった問題であり、審査を受けて実質的な議論の段階に進むことが期待される。

　国内的に最終見解の実施を国会や行政に直接働きかけるのと並行して、迂回した方法かもしれないが、今回の勧告をさらに国際的場面で活用して、いっそうの国際的圧力を引き出すという戦略もあろう。つまり、国連の人権メカニズムの相互補完性の機能に注目し、相乗効果を期待するということである。当面来年の夏に予定されているといわれる自由権規約委員会の対日審査の折に今回の勧告と同様の勧告を獲得することをめざしてもよい。少なくとも前回1998年の自由権規約委員会の勧告ではまったくふれられていない難民認定制度の部分については、今回の勧告から後退することのない勧告を引き出したい。

　もっとも、自由権規約委員会とはいえ、同じ人権条約機関の勧告であるがゆえ、政府代表機関でない個人資格の専門家委員会による勧告のもつ限界は

拷問禁止委員会同様存在する。つまり、勧告を支える政治的圧力が期待できない現状では、国家が行動を起こす動機づけとしては弱いものがあることは否めない（締約国会議や国連総会はそうした機能を果たしていない）。

　これに対し、2007年6月に国連人権理事会でまったく新しい人権メカニズムである「普遍的定期審査（UPR）」の方式が決定された。これは政府代表機関による各国ごとの人権状況審査である。人権理事会は2006年3月にそれまでの人権委員会に代わって創設された、国連憲章に基礎をおく47か国から構成される政府代表機関である。理事会は1年間かけてメカニズムの見直しを行ない、一応それが6月に終了した。UPRは、47か国の代表から成る作業部会によって、すべての国連加盟国を対象に定期的に各国の人権状況の審査を行い、理事会で結論・勧告を採択するというものである。1か国につき作業部会（3時間半）、理事会（1時間）合わせて4時間半の審査を行い、1年間に48か国4年で一巡するという計画である。理事国はまず最初に審査を受けることになっているので、日本は来年の審査が予定されている。作業部会の審査は各地域から選出される3名の各国ごとの報告者中心に進行するが、情報源は、当該政府によって作成される国家報告、人権高等弁務官事務所がまとめる資料（当然条約機関の最終見解等も含まれる）、NGO（特に、協議資格のあるNGO）や国内人権機関等のstakeholdersが提供する追加情報（人権高等弁務官事務所が要約化する）、などである。また、国家報告を作成する際、NGO等との協議プロセスを経ることが奨励されている。少なくとも協議資格あるNGOは作業部会、理事会の審査に出席でき、勧告が採択される前にgeneral commentsを述べる機会が与えられる。

　このUPRは個人資格の専門家による人権条約機関の審査とは異なり、まさに政治機関による審査であるので、当該国の審査に政治的考慮が入る可能性は多分にある。しかし、そこで出される勧告は日本のような国にとっては、条約機関の勧告よりも大きな圧力となることは間違いない。理事国であるだけになおさらそういえよう。この審査を過度に政治化させず、審査に信頼性・説得力をもたせるためには、人権高等弁務官事務所やNGOの強いコミットメントが欠かせない。日本の審査では、各人権条約機関の勧告を活用して問題を絞り込み、人権高等弁務官事務所や作業部会の報告者に情報提供すべきであろう。

　このUPRの可能性は現時点ではまったく未知数である。UPRは、人権理事会創設決議では人権条約機関の活動を「補完」するものとされているが、

審査は、「国連憲章、世界人権宣言、当該国が当事国となっている人権文書」にもとづいて行なわれることになっているから、より概観的なものであるにせよ人権条約機関の審査と重なり合うことは十分予想される。人権条約機関の勧告を支えるものとして機能するか、あるいは人権条約機関の勧告を後退・形骸化させるものとして機能するか、非常に重要な局面にあるといえる。だからこそ、この初期段階でNGOはこのUPRのあるべき方向性を模索し、その実現のために積極的にコミットすべきであろう。これは、日本の人権状況のためだけでなく、世界の人権状況の向上にも寄与することなのである。

（今井直／宇都宮大学教授）

第4部　拷問禁止委員会は何を求めているのか

代用監獄・取調

1　代用監獄

(1)　代用監獄問題に深刻な懸念を表明

　拷問禁止委員会の最終見解15項は、「Daiyo Kangoku」という日本語の見出しでひとくくりの項目として、警察留置場における取調の可視化、弁護人の立会権、接見制限、取調期間・取調時間の無制約、証拠不開示などの問題をまとめて摘示する。これら警察における取調と処遇などにかかわる問題のすべての根元が代用監獄問題であることを端的に示しているわけで、そこに、自由権規約委員会の勧告（1993年、98年）を超える大きな意味合いをみてとることができる。日本の刑事司法の本質を見抜いた画期的な評価といえよう。

　拷問等禁止条約は、「公務員……により」「自白を得ること……を目的」として「身体的なものであるか精神的なものであるかを問わず人に重い苦痛を故意に与える行為」を「拷問」と定義し（1条）、締約国に「拷問に当たる行為が行われることを防止するため、立法上、行政上、司法上その他の効果的措置をとる」ことを義務づけている（2条）。

　公務員による身体的拷問と並んで、精神的拷問をも防止する措置を義務づけるところに大きな意義がある。しかも、「自白を得ること……を目的」としてこのような行為をしてはならないというのであるから、日本の代用監獄問題にストレートに該当する。代用監獄制度のもとでの長時間そして長期間の取調自体が、拷問等禁止条約の禁止する「精神的」拷問そのものであるからだ。従って、日本政府に対して拷問等禁止条約が求める最大の問題は代用監獄であると位置づけられる。

　委員会は、これに見事に応えて、勧告の中で、代用監獄問題を大きく位置づけたのである。

　勧告の総論部分は、「委員会は、被逮捕者が裁判所に引致された後ですら、起訴に至るまで、長期間勾留するために、代用監獄が広くかつ組織的に利用されていることに深刻な懸念を有する。これは、被拘禁者の勾留及び取調に対する手続的保障が不十分であることとあいまって、被拘禁者の権利に対す

る侵害の危険性を高めるものであり、事実上、無罪推定の原則、黙秘権及び防御権を尊重しないこととなり得る」と、代用監獄に深刻な懸念を表明し、それが「無罪推定の原則、黙秘権及び防御権」の「尊重」という近代刑事司法の根幹にふれることを明確に捉えている。

(2) 映画『それでもボクはやってない』の衝撃

実際、委員会審議では、「無罪推定の原則」という言葉が飛び交った。

NGOとの公式ミーティング（5月8日）に、布川事件の再審請求人である杉山氏自らと、同じ再審請求人桜井氏の妻が国連に来て、自白を撤回すると拘置所から代用監獄に戻された体験などを語った。ちょうどその日の朝、インターナショナル・ヘラルド・トリビューン紙がタイミングよく、「強制された虚偽の自白が日本の司法システムの欠点をさらす」と題して、1面と7面で、鹿児島県志布志事件など日本の冤罪事件の特集記事を掲載していた。その前夜、ジュネーブの国連近くにあるNGOが入っている建物で、痴漢冤罪事件を扱った周防正行監督の新作映画「それでもボクはやってない」が上映され、委員会の3名の委員、国連職員、NGOなど約60名が参加。この映画は冒頭、「十人の真犯人を逃すとも、一人の無辜を罰するなかれ」という文字をスクリーンに浮かび上がらせる。上映後、「これは本当の話か。日本はそれでも先進国か。」「どうしたら変えられるか。」などと、質問が相次いだ。これらが委員会審査にインパクトを与えたことは確かである。

映画を見たスベアス委員は、NGOとの公式ミーティングの場で、「昨日見た映画で大変なショックを受けた。単なる痴漢事件でありながら、長期間拘禁され、あれほど金をかけて、人もたくさん関わった裁判で、時間があまりにもかかっている。無罪推定の原則が機能していない。クレイジーだ。こういう刑事システムが本当に存在しているのか。あれは典型的か」と衝撃を隠さなかった。

同委員は、翌日の審査の場でも、日本政府に対して、「昨日のインターナショナル・ヘラルド・トリビューン紙に深刻な人権侵害の申立が載っていた。この新聞に記載されている強制された自白のシステムは、恐ろしい状況だと思う。長期的勾留システム故に、危機の中にある人たちはとても脆弱性が高く、いろいろな影響を受けやすい。外界から切り離され、権利が守られていない人は、偽りの自白をするおそれが強くなる。そういう状況を回避するための措置がとられているか。その新聞に載っている最近の映画で、痴漢事件で裁

判を受けた男の話だが、痴漢行為でこれだけ過酷な取調が行われる一方、同じジェンダーに基づくドメスティック・バイオレンスなど、より重大な事件が放置されているのは理解しがたい。勾留された人たちへの心理的カウンセリング、特別なセンターがどれだけ確保されているか」と質問した。

　同じく映画を見た、日本政府報告書審査における第1報告者であるメネデス委員は、「取調のために23日間も警察留置場に収容するのが今も合法的なものとして扱われているのか。自白を強制される心理的な状況に追いやられるものであり、推定無罪の原則が壊れている。自由権規約委員会も懸念を表明した」「20日間判事は勾留を命ずるのか。20日はとても長いのではないのか」「取調が昼夜続き、そこから真相を引き出そうとするのであれば、推定無罪の概念が入っていないように思える」と指摘した。

　マヴロマティス議長は、「裁判は無罪推定のもとになされなければならない。長く拘禁されると自白すると思う。自白が日本の司法制度の大きな重しとなっている」とコメントした。

　こうして最終見解は、無罪推定の原則が損なわれている代用監獄制度に憂慮を示し、「捜査期間中、起訴にいたるまで、とりわけ捜査の中でも取調の局面において、拘置所に代えて警察の施設に拘禁されている者の数が異常に多いこと」に「深刻な懸念」を表明したのである。

(3)　警察拘禁期間——代用監獄の廃止

　最終見解は、「警察留置場における未決拘禁期間が、1件につき起訴までに23日間にも及ぶこと」「警察留置場は長期間の勾留のための使用には適しておらず」と指摘し、「締約国は、未決拘禁期間中の警察留置場の使用を制限するべく、刑事被収容者処遇法を改正すべきである」として、「国際的な最低基準に適合するよう、被拘禁者を警察において拘禁できる最長期間を制限」するよう勧告した。

　国連機関が日本政府に対して、警察における未決拘禁期間の短縮を明確に勧告したのは今回初めてである。しかも法改正まで迫ったのである。

　この短縮期間がどのくらいか。前述した「委員会は、被逮捕者が裁判所に引致された後ですら、起訴に至るまで、長期間勾留するために、代用監獄が広くかつ組織的に利用されていることに深刻な懸念を有する」との総論部分の記述をみれば、「被逮捕者が裁判所に引致された後」の勾留段階は警察留置場に収容すべきでない趣旨と解することができる。

しかも、「国際的な最低基準に適合するよう」にというのであるが、「国際的な最低基準」とはいかなるものか。

ちなみに、自由権規約委員会は、規約の公的な解釈基準である一般的意見において、「規約第9条第3項は、刑事事件において逮捕又は抑留された者が裁判官……の面前に「速やかに」連れていかれなければならないことを要求」しており、その期間は「委員会の意見では2、3日（a few days）を超えてはならない」とする（一般的意見8（16）2〔9条・身体の自由及び逮捕又は抑留の手続〕1982年7月27日採択）。また、「第14条第3項(g)は、自己に不利益な供述又は有罪の自白を強要されないと定める。この保障規定を考えるにあたっては、第7条及び第10条第1項の規定に留意すべきである。自白又は自己に不利益な供述を強要するために、しばしばこれらの規定を侵害する方法が使用される。法律は、そのような方法又はその他の強制的手法によって得られた証拠は受容できないとしなければならない」（一般的意見13（21）〔民事及び刑事裁判における手続的保障〕1984年4月12日採択）とも述べている。

なお、他の規約締約国における警察拘禁期間については、逮捕後5日以内に裁判官の前に引致することを定めているニカラグア法は規約9条3項に一致しないとの認識を示し（UN Doc. GAOR, Supp(No.40), A/45/40, vo.1, para.406 and 425）、ドイツにおいて裁判官引致までの時間が48時間とされている点について長過ぎると指摘している（UN Doc. GAOR, Supp(No.40), A/45/40, vo.1, para.333 and 352）。

日本政府報告書に対する第3回及び第4回審査においては、自由権規約委員会は、以下のように、代用監獄制度が規約9条、10条、14条に適合しないことを明らかにした。

① 第3回審査の際の最終見解（1993年）：

13. 当委員会は、規約第9条、第10条及び第14条に規定される保障が、次の点において完全には守られていないことに懸念を有している。すなわち、公判前の勾留が捜査活動上必要とされる場合以外においても行われていること、勾留が迅速かつ効果的に裁判所の管理下に置かれることがなく、警察の管理下に委ねられていること、取調はほとんどの場合に被勾留者の弁護人の立会いの下でなされておらず、取調の時間を制限する規定が存在しないこと、そして、代用監獄制度が警察と別個の官庁の管理下にないこと、である。更に、弁護人は、弁護の準備を可能とする警察記録にあるすべての関係資料に

アクセスする権利を有していない。

19．規約第9条、第10条及び第14条が完全に適用されることを保障する目的で、当委員会は、公判前の手続及び代用監獄制度が、規約のすべての要件に適合するようにされなければならないこと、また、特に、弁護の準備のための便宜に関するすべての保障が遵守されなければならないこと、を勧告する。

② 第4回審査の際の最終見解（1998年）：

22．委員会は、起訴前勾留は、警察の管理下で23日間もの長期間にわたり継続し得ること、司法の管理下に迅速かつ効果的に置かれず、また、被疑者がこの23日の間、保釈される権利を与えられていないこと、取調の時刻と時間を規律する規則がないこと、勾留されている被疑者に助言、支援する国選弁護人がないこと、刑事訴訟法第39条第3項に基づき弁護人の接見には厳しい制限があること、取調は被疑者によって選任された弁護人の立会いなしで行われることにおいて、第9条、第10条及び第14条に規定する保障が完全に満たされていないことに深く懸念を有する。委員会は、日本の起訴前勾留制度が、規約第9条、第10条及び第14条の規定に従い、速やかに改革がされるべきことを、強く勧告する。

23．委員会は、代用監獄制度が、捜査を担当しない警察の部局の管理下にあるものの、分離された当局の管理下にないことに懸念を有する。これは、規約第9条及び第14条に基づく被拘禁者の権利について侵害の機会を増加させる可能性がある。委員会は、代用監獄制度が規約のすべての要請に合致されるべきとした日本の第3回報告の検討後に発せられたその勧告を再度表明する。

25．委員会は、刑事裁判における多数の有罪判決が自白に基づくものであるという事実に深く懸念を有する。自白が強要により引き出される可能性を排除するために、委員会は、警察留置場すなわち代用監獄における被疑者への取調が厳格に監視され、電気的手段により記録されるべきことを勧告する。

この勧告について、葛野尋之教授は以下のように的確な指摘を行っている。

> 「規約人権委員会（引用者注：自由権規約委員会）は、警察内部の留置管理制度は捜査と拘禁の分離にとって不十分なものでしかなく、代用監獄が被拘禁者の権利侵害の危険を内在する制度であると指摘し、代用監獄「制度」自体を自由権規約に完全に適合させるよう厳しく要求し

た。今回の勧告が代用監獄の「制度」(the substitute prison system) という言葉を用いたのは、第3回政府報告書審査の勧告が、代用監獄制度の運営（the operation of the substitute prison system [Daiyo Kangoku]) と表現したことにより、代用監獄という制度自体の廃止が勧告されたわけではないとの日本政府の理解を、それは文脈全体からは無理のある理解ではあるものの、招いたためであろう。廃止勧告であることをより分かりやすい形で表明するよう意図したのである」（葛野尋之「刑事訴訟法と刑事拘禁法」刑事立法研究会編『代用監獄・拘置所改革のゆくえ——監獄法改正をめぐって』〔現代人文社、2005年〕〕8～69頁）

「警察内部の留置管理制度という枠組みにおいては、未決拘禁が司法的コントロール下に置かれているとはいえず、捜査と拘禁の分離に関する規約9条3項の要請は満たされない。実効的な司法的コントロールのためには、本来、裁判所の管理運営する拘禁施設に被勾留者を収容することが最も適切であろう。刑事訴訟法上、未決拘禁が公正な裁判のための身体拘束を目的とすることからも、そのようにいえる。少なくとも、国連ハンドブック『未決拘禁と人権』が示唆し、国際刑法学会ハンブルグ決議7-eが求めるように、警察とはまったく別個の行政機関が管理運営する拘禁施設に収容しなければならない。被疑者の身体拘束が警察のコントロール下に置かれ続ける限り、規約9条3項の要請を満たすような形での捜査と拘禁の分離は確保されないからである。1998年の規約人権委員会最終見解は、そのことを含意していたのである」（同上75～76頁）。

この勧告は、司法制度改革審議会意見書の中でも指摘され、「代用監獄の在り方」などについて、「被疑者・被告人の不適正な身柄拘束が防止・是正されなければならないことは当然で……制度面、運用面の双方において改革、改善のための検討を続けるべきである」と明記している（『司法制度改革審議会意見書——21世紀の日本を支える司法制度——』〔2001年6月12日〕50頁）。この機会にこそ、「代用監獄の在り方」などについて、根本的な検討を加えるべきである。

拷問禁止委員会は、拷問等禁止条約2条（締約国による拷問防止措置義務等）に関連して、加盟国に対して必ず警察拘禁の期間について質問し、長い場合にはこれを短くするように勧告している。

1988年国連総会決議である被拘禁者保護原則（あらゆる形態の抑留又は拘禁の下にあるすべての者の保護のための諸原則）は、以下のとおり拘禁状態にある人々の人権に影響を及ぼすすべての措置が司法的コントロール下におかれることを求めている。

　　被拘禁者保護原則4　あらゆる形の拘禁又は受刑のための収容、及びそのような状態にある人々の人権に影響を及ぼすすべての処置は、裁判官等により命じられるか、又はその効果的な監督のもとに置かれなければならない。

　　同原則9　人を逮捕、拘禁し、又は事件を捜査する機関は、法律によって与えられた権限のみを行使するものとし、その権限の行使については裁判官等の審査、救済の対象とされなければならない。

　　同原則37　犯罪の嫌疑によって拘禁された者は、逮捕後すみやかに、裁判官等の前へ引致されなければならない。裁判官等は、遅滞なく、拘禁の合法性及び必要性につき判断しなければならない。何人も、裁判官等の書面による命令なくしては、捜査、公判終了まで拘禁されない。拘禁された者は、裁判官等の面前に引致された場合、拘束中にうけた処遇に関して意見を述べる権利を有する。

これに関連して国連ハンドブック『未決拘禁と人権』は、被疑者の勾留場所は取調・逮捕に責任を持つ当局により管理運営されてはならないとし、警察施設以外に代替場所がない場合には、拘禁はごく短期間に限られなければならないとする。

　　66．被拘禁者処遇に関する基準を遵守するためには、被疑者は、被疑者の捜査及び逮捕に責任を有する官憲が管理する拘禁施設において拘禁されてはならない。

　　可能であれば、逮捕された者の拘禁に責任を有する官憲は、別系統の指揮監督下にある施設に置かれるべきである。

　　警察署付属の施設における拘禁に代わる方策の可能性がない場合には、そうした施設への拘禁は極めて短期間（very short period）であるべきである。

　　さらに、被拘禁者を監視する職員は、逮捕を行った職員及び捜査を行った職員からは独立した別の職員とするべきである。

さらに、ヨーロッパにおける基準・原則は以下のとおりである。

① 　ヨーロッパ人権裁判所

ヨーロッパ人権条約5条3項は、逮捕又は抑留された者が司法官憲の面前に速やかに引致されるものと定めるが、人権侵害的取扱いの防止のために実効的に機能するために、同条項のもとでは、被疑者を逮捕後裁判官の面前に連れて行った後に警察留置場に再度連れ戻して拘禁することは許されないと解されている。

　「人権条約5条3項は、警察のコントロール下にある身体拘束を極小化するという目的を有している。被疑者の身体が警察のコントロール下にあるとき、被疑者に対する拷問・虐待など人権侵害的取扱い、自白強要的取調べが行われる危険が高まる。それゆえ、被疑者の身体を警察のコントロールから速やかに引き離し、被疑者に対する人権侵害的取扱い、自白強要的取調べの危険が現実化しないようにしたのである。／被疑者を逮捕後裁判官の面前に連れて行くことが人権侵害的取扱い、自白強要的取調べの危険の排除にとって実効的に機能するためには、その時点以降は被疑者の身体を警察のコントロール下には置かない、すなわち被疑者を警察留置場に再度連れ戻して拘禁することはしないという手続保障を確保しなければならない。もし被疑者を警察留置場に再度連れ戻して拘禁することを許したならば、それによって未決拘禁は司法的コントロールから離脱することになる。人権条約5条3項の下で、このような被疑者の身体拘束が許されない所以である」（前掲・葛野論文71頁）。

　また、ヨーロッパ人権裁判所は、イギリスの4日と6時間にわたるテロ対策の緊急事態拘禁が条約に違反するとし（ブローガン対英国事件〔1988年11月29日判決〕、Ser. A No.145-B, para62）、トルコにおける14日間の警察拘禁が条約に違反するとしている（アクソイ対トルコ事件〔1996年12月18日判決〕、RDJ1996, RDJ1996-V, 2260, para83 et seq.）。

② 　ヨーロッパ拷問防止委員会（CPT）

　ヨーロッパ拷問等防止条約に基づく委員会の各年度の一般報告書に記載された、各国共通の基準に関する部分には、以下のように記載されている。

〈一般報告書1992〉

　　42　警察による拘禁は、原則として比較的短期間でなければならない。したがって、警察の施設で拘禁を受ける者の身体的状況が長期間の拘禁を受ける他の場所にいる者と同程度に良好であることは期待されないが、一定の重要な要求事項は満たしていなければならない。

〈一般報告書2002〉

45　司法と検察の役割

　警察拘禁の終わりに裁判官の前に引致された被疑者が虐待を申し立てた場合、裁判官はその事実を書いて記録しなければならない。

46　拘置所移管後の警察による追加的取調

　「虐待の防止という観点からは追加的取調は警察施設において行われるよりも、関連する拘置所において行われることの方がはるかに望ましい。」

　また、加盟国における警察拘禁の期間が、委員会の勧告により短縮され改善が進んだ実例が報告されている。

〈トルコ〉

　1990年以来CPTは国家安全裁判所の管轄下の事件についての警察留置期間の短縮を求めてきた。最長は15日、非常事態宣言が出された場合には30日まで延長ができる。

　1996年のCPTのトルコに関する公式声明によると、トルコにおいては国家安全裁判所の管轄下で集合罪（つまり、3人以上が集まった場合）による被疑者の警察留置場への収容期間の最長期間を15日から4日に減らすこと、これは裁判官の判断で7日まで延長できる、非常事態宣言が出された場合には30日だったものを7日に短縮し、これは10日まで延長できるという法改正を予定していると報告されている。

　2004年6月18日のCPTのレポート（トルコ政府の同意によって公開されている）によると、2003年9月に更に制度の改正がなされ、警察拘禁の原則は24時間、国家安全裁判所の管轄下の事件についての警察拘禁の期間は原則48時間、集合罪による被疑者の警察留置場への収容期間の最長期間は検察官の書面による命令があれば4日まで延長できることとされた。

　CPTの2003年の訪問調査によれば、この法律の規定は遵守されているとのことであった。

〈ハンガリー〉

　ハンガリーは1992年CPTを批准し、CPTによる訪問は1994年に始まった。もともと、ハンガリーでも、刑罰執行法によって未決拘禁の場所の原則は拘置所であったが、他のヨーロッパ諸国と著しく異なる、超長期の警察拘禁が例外的に認められていた。このような拘禁は法的には無制限、実際にも数か月継続することもあったとされている。

　1998年3月に法改正がなされ、警察拘禁の原則は72時間とされ、30日

間は警察に拘禁することができるとされ、例外的なケースではこの期間は60日に延長できることとされた。

　2003年の訪問時にも、数か月に及ぶ警察拘禁のケースは存在するが、減ってきており、未決拘禁を原則として拘置所で実施するという法律が2005年1月に実施されることとなっているとされた。

　そして、委員会は、この法律の下における例外的な措置が真に例外的な場合に限定されるよう強く勧告している（2004年6月17日付のCPTレポート）。

　これに対して、ハンガリー政府はできる限り速やかに拘置所の増設を急いでいると答えている（2004年6月17日付のハンガリー政府の回答書）。

　上記以外にも、国際人権法に関する権威ある文書において、司法官権の前に引致された後の被疑者・被告人が警察拘禁下におかれてはならない原則が確認されている。

〈アンドリュー・コイル『国際準則からみた刑務所管理ハンドブック』（財団法人矯正協会、2004年）〉

［警察と刑務所（prison）との組織的区分］

　　　機能の分化という観点からは、警察と刑務所の間には明確な組織的区分が設けられることが重要である。警察は通常犯罪の捜査及び犯罪者の検挙の責務を負っている。ひとたび人が拘禁され、あるいは逮捕されたならば、彼又は彼女は速やかに司法当局に送致され、その後は行刑当局の管理下に置かれるべきである。多くの国では警察は内務省の管轄であり、刑務所は法務省の管轄となっている。これは権限の分離を確実なものとし、同時に司法当局と刑務所制度の密接なつながりを強調するための方法のひとつである（11頁）。

［刑務所行政と警察行政との分離］

　　　刑務所行政を法務省の所管下に置くことは、司法プロセスと市民の拘禁が密接な関係にあることを強調することになる。これは、警察の業務を刑務所制度から分離することにもなる。捜査手続を未決勾留から切り離すことによって、被疑者が脅威の下に置かれることを防いでいる（12頁）。

［犯罪捜査と身体拘束の機関の明確な分離］

　　　犯罪の捜査にあたる機関は、通常は警察及び検察当局がこれにあたるが、裁判所の命令で被疑者・被告人を収容することをその責任としてい

る刑務所とは、明確にその機能が分けられるべきである。被疑者・被告人が拘禁されているという事実は、捜査当局にとっては役立つことであろうが、拘禁が捜査そのものの内容になってしまうことがあってはならない。つまり、捜査に協力させ、自白を促すために、非常に多くの制約を伴う拘禁を使ってはならないのである。捜査当局は、被収容者の処遇について刑務所当局に影響を及ぼすようなことがあってはならない（128頁）。

〈国際法律家委員会（ICJ）デリー宣言（1959年1月）〉
　「司法官憲に引致された後の被疑者・被告人の拘禁は警察に委ねてはならない」（平野龍一「国際法曹委員会のデリー宣言」ジュリスト176号〔1959年〕64頁参照）

〈国際刑法学会・ハンブルグ決議（1979年）〉
　「何人といえども、逮捕勾留された者は速やかに裁判官若しくはそれに代わる司法官憲のもとに引致され、かつ被疑事実を告げられる。裁判所出頭後においては被疑者の身柄は捜査官憲のもとに戻されてはならず、通常の刑務所職員のもとにおかなければならない」（五十嵐二葉＝庭山英雄『代用監獄制度と市民的自由』〔日本評論社、1981年〕211頁参照）

　以上から、国際的な最低基準はおよそ、次のようにまとめられる。
① 被疑者は速やかに（せめて、数日のうちに）裁判所に引致されなければならず、その後の身体が警察施設に戻されてはならない。
② 代用監獄の管理が裁判所の実効的な管理の下におかれず、捜査を担当する機関の影響の下におかれていることにより、被疑者の捜査を担当する機関と身体拘束に責任を負う機関は明確なかたちで分離されなければならない。
③ 被疑者が継続的に取調の対象とされるということにより、自白の強要がなされるなど、被疑者に対する人権侵害の危険性が高まるので、拷問と非人道的な取扱い、自己に不利益な供述を強要されることを禁止する。
　従って、逮捕後24時間ないし48時間以内に裁判官のもとに連れて行かれ、その後は警察留置場に戻されることがないというのが「国際的な最低基準」であるから、最終見解は、代用監獄の廃止そのものを勧告したことにほかならない。つまり、「被拘禁者を警察において拘禁できる最長期間」は現行の刑事訴訟法の認めている逮捕から勾留決定までの3日以内に「制限」しなけ

ればならないというのが勧告の趣旨であるといえよう。

(4) 捜査と拘禁の分離

最終見解は、捜査と勾留の分離について、「捜査と拘禁の機能が不十分にしか分離されておらず、そのために捜査官は被拘禁者の護送業務に従事することがあり、終了後には、それらの被拘禁者の捜査を担当し得ること」と懸念を表明し、「a) 留置担当官を捜査から排除し、また捜査担当官を被収容者の拘禁に関連する業務から排除し、捜査と拘禁（護送手続を含む）の機能の完全な分離を確実にするため、法律を改正」するよう勧告した。

(5) 拘禁の代替措置

委員会は、「起訴前の保釈制度が存在しないこと」を懸念し、「f) 公判前段階における拘禁の代替措置の採用について考慮」するよう勧告する。現在、法制審で、非拘禁化措置について検討されているが、その結果が注目される。

(6) 証拠開示

証拠の全面開示について、「弁護人は、警察保有記録のうち、すべての関連資料に対するアクセスが制限されており、とりわけ、検察官が、起訴時点においていかなる証拠を開示すべきか決定する権限を有していること」に懸念を表明し、「c) 防御の準備のため起訴後は警察記録中のあらゆる関連資料にアクセスできることを確実に」するよう勧告する。

(7) 第三者機関

委員会は、「警察留置場に収容された被拘禁者にとって利用可能な、独立かつ効果的な査察と不服申立ての仕組みが欠如していること」を懸念し、「d) 都道府県警察が、2007年6月に設立される予定の留置施設視察委員会の委員には、弁護士会の推薦する弁護士を組織的に含めることを確実にするなどの手段により、警察拘禁に対する外部査察の独立性を保障し、e) 警察留置場の被留置者からの不服申立てを審査するため、公安委員会から独立した効果的不服申立制度を確立」するよう勧告する。

刑事施設視察委員会では、全国すべての委員会で、弁護士会推薦の弁護士が委員に推薦されている。拷問禁止委員会では、それ故、刑事施設視察委員会の独立性が担保されているとの政府答弁があったが、留置施設視察委員会

では、弁護士会推薦の委員が拒否されたところもあった。来年度こそは、拷問禁止委員会の勧告を受けて、すべての委員会で弁護士会推薦の弁護士が選任されなければならない。

2　取調

(1)　取調と自白

　最終見解の主要な懸念事項及び勧告16項において、わざわざ、「取調に関する規則と自白」という項目を摘出したことも、注目される。国連機関が日本の捜査官による取調に対して、正面からメスを入れた画期的な勧告となっている。

　それは、取調における自白の強要をいかに防ぐかという問題意識に貫かれている。グロスマン委員の「取調のために拘禁され、様々に自白を強制されている。拷問等禁止条約順守の基準は、推定無罪を忘れてならないと言うこと。警察留置場の毎日、毎分が苦痛である」とのコメントが端的に示している。そこで委員会は、「無罪判決に対して、有罪判決の数が極端に多いことに照らし、刑事裁判における自白に基づいた有罪の数の多さに深刻な懸念」を表明し、「加えて、委員会は、国内法のもとで、条約第15条に違反して、条約に適合しない取調の結果なされた任意性のある自白が裁判所において許容されうることに懸念」を表明する。裁判所が安易に自白調書を証拠採用し、それが日本の異常な有罪率の背後にあると見ているのである。

(2)　司法的コントロール

　そこでまず取り上げられているのが、「未決拘禁に対する効果的な司法的統制の欠如」である。

　最終見解は、「代用監獄」の項目の中でも、「裁判所による勾留状の発付率の異常な高さにみられるように、警察留置場における未決拘禁に対する裁判所による効果的な司法的コントロール及び審査が欠如していること」を指摘し、裁判所が捜査側を実質的にコントロールできず、そのことが取調の行き過ぎを許している実態を正確に見抜いている。

　委員会は、取調そのものに法的規制をかけて、効果的な司法的コントロールを実現すべきだと考えているのである。

⑶　取調時間の規制

　何人かの委員が、愛媛県警の現職幹部のパソコンから流出した「被疑者取調要領」(秘密マニュアル)の存在に触れた。ベルミール委員は、「秘密マニュアルの中では、自白を得るまで出さないと言っている。被拘禁者が自白しなければ昼夜留め置く。そのようにして自白を得るまで留めて尋問を続ける。どれくらい時間がかかっても留め置く」と指摘した。

　これに対して警察庁は、「秘密マニュアル」は、ベテラン捜査官が、学校で教える、考え方、信条、意見などを記載したメモであり、自らの体験に基づき作成したもの」と回答した。これまで、「秘密マニュアル」の存在について警察庁は、監獄法改正法案についての国会答弁においても、「調査中」ということで、否定も肯定もしなかったが、ジュネーブの拷問禁止委員会の場で、警察官が作成したものであることを初めて明確に認めたのである。

　委員会は、「警察拘禁中の被拘禁者に対する適切な取調の実施を裏付ける手段がないこと、とりわけ取調持続時間に対する厳格な制限がな」いことを問題にし、「締約国は、取調時間について、違反した場合の適切な制裁を含む厳格な規則を速やかに採用すべきである。締約国は、条約第15条に完全に合致するよう、刑事訴訟法を改正すべきである」と勧告した。取調時間の規制にまで踏み込んだ刑事訴訟法の改正を求めるのは画期的である。

⑷　取調の可視化

　委員会は、「締約国は、警察拘禁ないし代用監獄における被拘禁者の取調が、全取調の電子的記録及びビデオ録画、取調中の弁護人へのアクセス及び弁護人の取調立会いといった方法により体系的に監視され、かつ、記録は刑事裁判において利用可能となることを確実にすべきである」と勧告する。

　取調の可視化については、各委員から日本政府に対して質問が相次ぎ、注目されたが、警察での最初から最後までの「全取調の」可視化こそが、自白の強要を防止する有効な手段であることを強調している。

3　代用監獄の廃止と取調の規制を実現するために

　拷問禁止委員会は、代用監獄と取調の規制にかかわる最終見解の15項、16項について、この勧告を受けて日本政府がどのように対応したか、1年後に報告を求めている。4年後の第2回日本政府報告書提出期限まで待つこ

となく、その前に特別に報告を求めるということは、拷問禁止委員会がそれほどこのテーマに関心をもち、かつ、緊急性があると判断していることを示している。2年後には裁判員制度が始まる。そこでは、審理時間に限度があり、代用監獄で自白の強要があったかどうか、延々と水掛け論を展開することはできない。取調の可視化は喫緊の課題である。

　2006年6月、参議院法務委員会は、監獄法改正にあたって、「裁判員制度の実施を控え……取調状況の可視化……とともに、代用刑事施設の在り方について…も…検討すること」との附帯決議を上げ、「裁判員制度の実施を控え」たこの時期に、「刑事手続全体との関連の中で」代用監獄問題が検討されなければならないとした（衆議院法務委員会附帯決議も同旨）。

　同年5月、日弁連定期総会は、前年に引続き、代用監獄廃止と未決拘禁制度の抜本的改革を目指す決議を採択し、2007年5月の日弁連定期総会は、取調の可視化を求める決議を採択した。

　2008年7月には、自由権規約委員会で日本政府報告書が審査される。そこでは、この拷問禁止委員会の勧告を受けて日本政府がどう対応したかが問われる。この機会に、代用監獄廃止に向けた流れを作り、取調規制、取調の可視化を含む刑事司法改革を一挙に前進させたい。

（小池振一郎／弁護士）

刑事拘禁

1　はじめに

　委員会は、最終見解6項、7項において、刑事被拘禁者の処遇については、刑務所改革とりわけ刑事施設視察委員会や不服検討、刑務官に対する人権教育の取り組みなどを高く評価した。これらの制度改革は、いずれも名古屋刑務所事件等をきっかけとした行刑改革会議の提言をもとに実現した改革である。

2　過剰収容

　委員会は過剰収容についての措置を採るべきであるとしている。わが国の刑務所の過剰拘禁は日増しに激化の度合いを強めている。日本における過剰拘禁の大きな特徴は、犯罪件数の激増などが見られないにもかかわらず、短期間のうちに状況が劇的に悪化したことである。このことは、換言すれば現在の過剰収容は警察における逮捕、検察による起訴・不起訴、裁判所による選択刑および刑期など、刑事政策上の関係機関の判断によって作られたものであるといえる。
　このような拷問禁止委員会の勧告に従って、勾留代替措置の導入、保釈制度の改革、量刑制度及び運用の見直し、仮釈放の積極的な運用、社会内処遇プログラムの導入などが検討されるべきである。すでに法制審議会において、過剰拘禁対策の一環として社会内処遇の導入等についての検討が進められているが、これらの改革を加速していく必要がある。

3　第二種手錠

　委員会は、多くの拷問的な使用事例が報告されている革手錠の廃止を歓迎する一方で、その代替措置として導入された「第二種手錠」が、懲罰的に、不適切に用いられている申立があることについても、懸念をもって留意するとされた。第二種手錠は手首だけを拘束する形式となっており、革手錠のよ

うに締め上げて苦痛を加えることはできないが、不適切なサイズの手錠を後ろ手に使うと非常に大きな苦痛を与えることがありうる。今後の運用に注意が必要である。

委員会は、「第二種手錠」について厳格な監視とこの新たな拘束具が懲罰として利用されることのないよう、措置を採るべきことを勧告した。第二種手錠の使用件数、その使用理由、これについての事実の申告および苦情の申立の件数などを慎重に監視し、濫用的に用いられている例がないかを見守る必要がある。

4　刑務所医療の改革について

(1) 残された最大の課題

行刑改革会議の提言と新被収容者処遇法の最大の限界は施設内医療制度の問題である。とりわけ大きな課題は所内医療が刑務所の保安体制に従属し、適切かつ迅速な治療が提供されず、受刑者の命に関わる事態が多発していることである。視察委員会の活動の経過の中でもこの問題はいっそう明らかになってきている[*1]。

行刑改革会議の提言では、「国は、基本的に、一般社会の医療水準と同程度の医療を提供する義務を負い」と明記した。東京高裁は、未決拘置中に東京拘置所の不適切な医療で病気になったとして提起された国家賠償を求めた訴訟の東京高裁判決（2006〔平成18〕年4月27日、判例集未搭載）は判決理由中で「当該患者がその責任で医療情報を収集することにつき制約を受けることによる不利益を考えると、拘禁施設の医師による加えようとしている医療行為についての説明は、一般の場合以上に客観的かつ適切なものであることが要請される」としている。医療の同等原則をさらに発展させたものとして注目される判決である。こうした法文上および判例上の前進は確実にあるものの、刑務所医療についてはなお、大きな問題が残されている[*2]。

(2) 医師の診察義務はあるか

原則として、受刑者から診察の申出のあった場合には、医師が診察することとすべきである。本人が医療を求めているのに、医師でない職員が仮病であると即断して医療を受けさせず、死亡に至ったケースが、2003（平成15）年6月13日付の法務省矯正局「死亡帳調査班による調査結果報告」に

も指摘されている。行刑改革会議による受刑者に対するアンケートでは「『診察を受けるまでに時間がかかった』とするものや『医師の診察を受けられなかった』とするものも全体の2割程度を占めており、被収容者の医療需要に十分応じられていない場合があることが認められる」(36頁)とされており、「被収容者が医師による診療を望んだ場合には、合理的な時間内にこれを提供する責任を負う」(36頁)とされていた。国会では、「受刑者から診療の申し出があった場合には、仮病であることが明らかな場合など例外的な場合を除き、適切な資格、知識を有する者がその受刑者の状況を把握し、必要であるときは医師による診療等の医療上の措置を講じなければならない」(衆議院本会議における南野知恵子法務大臣〔当時〕答弁)とされている。

この点は、訓令でも解決されていない。訓令では、医師の診察に先立って、看護師・准看護師に診察の緊急性等を判断させ、医師に報告するよう指導している[*3]。

(3) 最終見解は医師の診療提供義務を明確にした

拷問禁止委員会は、このような問題について明快な回答を示した。適切、独立かつ迅速な医療がすべての被拘禁者にあらゆる時に施されるようにすることを求めた。このような要請に答えるためには、診療の申し出のある時に診療を実施するべきことを、法令または通達上において明確に定めることが必要不可欠であることを明らかにしたものである。この点については、直ちに訓令を改め、合理的に可能な限り速やかに、医師による診療を提供することを義務づけるべきである。

(4) 医療設備と医療スタッフを厚生労働省のもとに

現状で医師の確保が難しい原因として、医療機器が旧式である、症例の種類が限定されるなどの問題点が指摘されているが、最大の問題点は、刑務所医療に携わる医師が医療の最前線から取り残されキャリアが切断されてしまうことに躊躇することにある。行刑改革会議の提言は民間病院との兼業を認める方向でこの矛盾を解決しようとしているが、このようなやり方では片手間に刑務所医療に関わる医師の増加を招き、一層刑務所医療の空洞化を招きかねない。

今回の名古屋刑務所事件のような悲惨な事件について、矯正医療従事者から何の告発の声もあがらなかったことを、もっと深刻に受け止めるべきでは

ないか。現在の刑務所では、医師は刑務所の職員であり、保安優先の刑務所内の体制の中では、刑務官による人権侵害があり、これを現認したとしても、これを訴えることはできなかったのである。

行刑改革会議が実施した医師に対するアンケート結果にも「購入する医薬品が高価であると言われる」「外部病院へ連れていく必要があるのかなどと言われることがある」「外部病院に入院させたところ、人員配置の問題のため、早めに戻すよう相談された」「外部医療を選択すると、処遇から戒護職員を出す必要があり、なるべく施設内で治療を行ってほしいと言われる」などの深刻な訴えがなされている（「アンケート結果」9頁）。

矯正医療が保安から独立し、また刑務所医療が医療従事者にとっても働きがいのある場としていくためには医療自体を厚生労働省に移管することが必要である。

行刑改革会議の提言では厚生労働省移管を実現した国の動向を見守るとされているが、今回の委員の視察結果によっても移管の成果は明らかである。行刑改革会議自身の報告において、移管の理由として、イギリスでは「医師が刑務所にだけ勤務していたのでは技術や能力が下がってしまう」「より広範な患者に接したり、研修・訓練ができないことは問題である」「高額でも最新の薬を購入して使用すべきか否かというようなことは、NHS（英国保健省〔National Health Service〕）の管轄下でコントロールした方がよい」といったことが説明されており、現実の利点として「若い医師を短期間派遣してもらうことができるようになったこと、必要な場合に高額な薬を用いるといった判断が適切に行えるようになったこと」等が報告されている[4]。

フランスについても、1994年の改革によって、刑務所医療の所管が厚生省に移管された。法務省の海外調査結果によっても、この改革によって「司法省が行ってきたことの問題点、改善点が明らかになった」「全体として被収容者の処遇の質が向上した」と説明されている。

⑸　厚生労働省移管を明確に指示した最終見解

委員会は、医療設備と医療スタッフを厚生労働省のもとにおくことを検討するべきとされた。今回の矯正医療改革の深刻な課題は、厚生労働省への移管によってこそ、解決することができるといえるだろう。このような委員会の見解に対して、政府の答弁は、「刑事施設における医療を厚生労働省へ移管することについては、行刑改革会議においても、その効果には種々の疑問

や問題点が考えられるとされたところであり、被収容者の日常生活全般を管理している刑事施設において、被収容者の健康管理や医療もその一環として、引き続き刑事施設の責任の下に提供することが適当であると考えているところである。法務省としては、もとより、刑事施設の医療の充実を図るためには、厚生労働省を始め関係機関の協力を得る必要があると考えており、これまでに、各刑事施設において、関係機関と医療に関する協議会を開催するなどして、関係機関からの協力を得ながら、医療体制の一層の充実が図られるよう努めているところである」というものである（本書第5部資料編所収の保坂議員の質問主意書に対する政府答弁より）。しかし、厚生労働省に移管することについて、行政上の困難があることは指摘されてきたが、実際的な問題点が指摘されたことはない。委員会の勧告は改革の方向性を明確に指し示したものである。刑事被収容者処遇法は施行後5年目に見直すこととされている（附則41条）。日弁連は、5年後の見直しの際に、厚生労働省移管を実現するべくに向けて真剣に検討を求めていきたい。

5　昼夜間独居制度の改革について

(1)　昼夜間独居制度と行刑改革

　最終見解18項は昼夜間独居処遇についての見解である。わが国の刑務所においては、懲罰としてではなく、処遇上独居に指定される例が数多く報告されている。

　2005年11月時点での調査では、10年以上にわたり隔離処遇を受け続けている受刑者は30名おり、その多くが無期懲役受刑者である。ある無期懲役受刑者は、50年11か月の受刑生活のうち、42年を独居で過ごしている。また、刑務所に入って以来、一回も隔離処遇を解かれたことがない者も2名いる。2005年11月1日時点で全国に1,452名いる無期懲役受刑者のうち8.61％にあたる125名が隔離処遇を受けていた。

　このような長期の孤独の強制は拘禁反応、統合失調症などにより精神的な健康を破壊してしまう可能性が高い。日弁連はこのような制度を廃止し、通常の集団処遇に適応しない者も少人数の集団処遇の対象とすることを求めてきた。このような処遇方法はオランダやイギリスなどヨーロッパ諸国においてすでに実施されている[*5]。

　行刑改革会議の提言は、最長期限は決めていないが、隔離を「必要最小限

の期間にとどめる」としていた（17頁）。提言を受けた2005年新法では、53条1項により、「他の被収容者と接触することにより刑事施設の規律及び秩序を害するおそれがあるとき」「他の被収容者から危害を加えられるおそれがあり、これを避けるために他に方法がないとき」という受刑者の隔離（昼夜間独居処遇）の要件が定められ、この処分に対する不服申立ても可能となった。

　隔離期間の制限を認めるかどうかが大きな攻防点であった。日弁連は少なくとも更新を繰り返した際の最長の期間も6か月程度に定め、この期間が経過したときは、少なくともいったんは集団処遇を試みることとすべきであることを主張した。これに対して、法務省は、隔離の期間制限については、隔離の必要性が継続する以上、隔離を継続することはやむを得ないものであり、法律上、その期間の上限を設けることはできないとした。新法は、隔離の期間については原則3か月、1か月ごとに更新できるものとした。「ただし、特に継続の必要がある場合には、刑事施設の長は、一月ごとにこれを更新することができる」とされており、継続には「特に」必要があることが要件とされており、この点からも長期の独居固定には一定の歯止めが掛けられている（同条2項）。

(2)　1年以上の独居拘禁を違法とする大阪弁護士会の人権救済勧告

　2007年3月30日付の大阪弁護士会の人権救済勧告は「自由権規約委員会の一般的意見にあるように、長期間にわたる独居拘禁は違法だとされる。この違法とされる長期間がどの程度のものかということが問題となるが、ラロッサ対ウルグアイ事件では、窓がなく24時間人工光という要素があるものが1年について違法とした。マレイス対マダガスカル事件では、3年の間に2回の短期の裁判所出頭をはさんだ反復された独居拘禁が違法とされた。また拷問禁止委員会はルクセンブルクの最長6か月、再犯者の場合には12か月に及ぶ独居拘禁をあまりに長すぎるとして批判した。マクフィリー対英国事件では、傍論ではあるが数ヶ月をこえる独居拘禁は違法だとしている。タマーヨ対ペルー事件では、事案の解明がなされる前に、独居拘禁が1年以上続いたことにより独居の解除が命令された。以上からすると、自由権規約や拷問等禁止条約の上記の規定のもとでは、おおむね1年を超える独居拘禁は違法とされるといえるのではないのか」との判断を示し、1年以上の独居拘禁を違法とする判断を示している。

(3) 新法下での隔離によらない昼夜間独居

　2005年新法施行後、隔離措置の対象とされる受刑者の数は、従来の厳正独居者の数から見るとかなり減少したが、この条文によらない新たなタイプの昼夜間独居拘禁が、広く行われていることが判明した。すなわち、受刑者を4つの制限区分に分類し、このうち第4種の者については、特に必要がある場合を除いて居室棟内で処遇するものとされた。運動と入浴は他の受刑者と一緒に実施される点と、1か月に1度以上（実際には1か月に1度だけ）、他の受刑者と接触する機会が与えられる点を除いて、隔離とまったく異ならない状態である。

　このような処遇の対象とされたものは、期間の制限と更新の手続きもなく、訓令に基づく視察や相談助言の対象ともされない。法的な不服申立も隔離の措置はしていないということで却下されている。一定期間ごとの医師の診察も実施されない。

(4) 最終見解

　最終見解は、独居拘禁が限定された期間の例外的な措置となるように現在の法制度を改正するべきとした。この勧告の意味するところは、懸念事項と併せて読めば、独居拘禁の期間に明確な制限を設けるべきであるとするものである。この点は、日弁連の受刑者処遇法制定時の強い要望であった。この点は今後の法制度の見直しの中で制度を改正するべきであり、大阪弁護士会の勧告は一つの基準を示したものといえる。

　委員会は、2005年に成立した受刑者処遇法が昼夜間独居処遇の使用を制限する規定を設けているにもかかわらず、長期にわたる昼夜間独居処遇が継続して用いられているとの訴えについて深い懸念を有するとした。これは制限区分4種を利用した隔離収容の代替措置が進められている実態を批判しているものと理解できる。

　また、委員会は、独居拘禁について、期間更新に制限がないこと、10年を超えて独居とされている被拘禁者が少なくないこと、昼夜間独居処遇が懲罰として使用されているとの訴えがあること、精神障害について不適切なスクリーニングしかなされていないこと、通常の処遇に戻すための効果的な手続きが不足していること、昼夜間独居処遇の必要性を決定する際の基準が欠如していることを指摘した。

これらの指摘は、わが国の独居拘禁処遇について、手続き的な整備を通じて抜本的な見直しを迫るものである。精神障害についてのスクリーニング、通常の処遇に戻すための効果的な手続き、昼夜間独居処遇の必要性を決定する際の基準という問題の立て方は誠に的確である。さらに、委員会は、長期にわたる昼夜間独居処遇を受けている全ての事例について、当該拘禁が条約に反すると考えられる場合には、これらの者を（この状態から）解放するという観点から、心理学的に、及び、精神医学的評価に基づいて、組織的な（systematically）調査を行うことを求めた。この勧告は、長期に及ぶ独居拘禁のすべての事例を個別的に専門的な心理学精神医学的観点から評価したうえで、個別的な処遇方針の中で、できる限り通常の処遇に戻していくことを求めているものといえる

　この最終見解は、現在実施されている処遇の問題点を正確に指摘し、その制度的な改革の方向性と運用を改善していくための手続的なツールの両方を提供してくれているものと評価できるであろう。

*1　行刑改革会議第3分科会において報告された、矯正医療問題対策プロジェクトチームが実施した行刑施設に勤務する医師を対象としたアンケートでは、現場の医師自身が、医療設備・機器について53.2%が、医薬品・医療用資材については52.3%が不満と答え、病気の早期発見や治療を行う上で問題を感じた経験については、41.2%が「しばしばある」、45.2%が「たまにある」と答えている。
*2　施設内医療の問題点については、「刑務所医療の抜本的改革と受刑者の死因調査制度の確立を求める日弁連の提言 2003 年」(http://www.nichibenren.or.jp/ja/opinion/report/2003_36.html) および福島至＝海渡雄一「刑事施設医療――悲劇から何を学ぶか」、赤池一将「刑事施設における医療――日仏における改革の比較を通して」(いずれも、菊田幸一＝海渡雄一編『刑務所改革』〔日本評論社、2007 年〕) を参照されたい。
*3　平成 18 年 5 月 23 日付「被収容者の保健衛生及び医療に関する訓令」9 条は、「1. 刑事施設の長は、被収容者が負傷し、又は疾病にかかっている旨の申出をした場合には、医師（歯科に係る傷病にあっては歯科医師とする。以下同じ。）がその申出の状況を直ちに把握できる場合を除き、看護師又は准看護師にその状況を把握させ、当該看護師又は准看護師に診察の緊急性等を判断させた上で医師へ報告させるものとする。2. 前項の報告がなされたときは、医師において診察の要否を判断するものとする。」と規定する。
*4　平成 15 年 11 月 17 日「行刑改革会議海外視察結果報告書」8～9 頁。
*5　「刑罰・処遇の在り方と被収容者の法的地位に関する日弁連の提言」(2003 年、http://www.nichibenren.or.jp/ja/opinion/report/2003_48.html)。

（海渡雄一）

死刑

1 日本における死刑の現状とその問題点

　日本の死刑制度は、世界的にもまれな密行主義政策のもとで運用されてきた。その象徴が、死刑執行の事前告知の欠如と、外部交通の極端な制限である。旧監獄法9条の規定により、本来、死刑確定者の処遇は、特段の規定なき限り、未決拘禁者に準じたものとされ、実際にかなり自由度の高い処遇がなされていた時代もあった。しかし、1963年に通達が出されたのを契機に、「心情の安定」を理由として、死刑確定者は社会から厳しく隔離され、さらには、施設内における死刑確定者相互の交流も断絶されて完全な隔離処遇が実施され、各種自由が厳しく制約されるに至った。

　すなわち、死刑確定者は、自らの死刑執行について、執行当日の朝、言い渡される。告知を受けて親族や弁護士に連絡をとることは認められない。親族らは、執行後に拘置所からの通知を受けるのみである。法務省は、事後に、執行人数を発表するが、執行された者の氏名や場所などの情報は一切明らかにされない。また、面会・文通といった外部交通の相手方は、死刑確定者本人の親族と、訴訟代理人や再審弁護人などの弁護士に限定され、親族であっても養親子関係で、かつ、拘置所当局が外部交通確保の目的でなされた養子縁組であると認定した場合には、認められない取扱いが通常であった。こうした処遇は、日弁連をはじめとする国内の人権団体はもちろんのこと、自由権規約委員会など国際社会からも非人道的なものとして厳しい批判に晒されてきた。

　他方、日本では近年、死刑判決の数が顕著に増加し、死刑確定者数も2007年には100名を超える事態となった。凶悪犯罪の増加がマスコミ報道で声高に言われるのとは裏腹に、統計上、殺人等の犯罪発生数に有意な増加がなく、むしろ背景には、未成年者に対する死刑判決など、死刑判決の基準が従前より緩和され重罰化する傾向が窺われた。その一方で、死刑判決を受けた人たちに対する手続保障の不十分さは改善されないままであった。例えば、上訴が必要的ではないために、下級審で死刑判決を受けた者が上訴せずに、あるいは自ら上訴を取り下げて死刑が確定する事案が跡を絶たず、また、

死刑判決の確定後は、再審請求手続に国選弁護人が利用できないのはおろか、弁護人との秘密交通すら認められない。加えて、死刑執行の事前告知の欠如は、死刑確定者が執行の法適合性を争う機会を完全に奪っている。こうした実情は、自由権規約14条3項はもとより、国連経済社会理事会の死刑に直面する者の権利の保護の保障に関する決議（1984年）、及び死刑に直面する者の権利の保護の保障の履行に関する決議（1989年）にも明確に違反するものである。

日弁連は、以上のような死刑確定者に対する処遇および手続保障という2つの面における大きな問題に対し、積極的に取り組んできた。死刑執行の危険が迫り、あるいは現実の執行がなされるたびに、要望書や会長声明を発するなどして死刑執行の停止を求め、また、2006年の刑事被収容者処遇法の立法化にあたっては、国際人権基準にかなった処遇への転換を目指して法務省・国会への働きかけを行った。これに対し、死刑執行を継続しようとする政府の姿勢は固く、自己の信念を貫き在任中に死刑の執行をしなかった杉浦正健法務大臣が退任した後は、後任の長勢甚遠法務大臣が11か月の間に3回、延べ10名の死刑執行を命令し、死刑執行の勢いも加速した。また、刑事被収容者処遇法では、外部交通に関しては実務を改善して、相手方の範囲を拡大する規定が設けられたものの、弁護人との秘密交通が保障されるには至らなかった。また、従来の隔離処遇については「処遇の原則に照らして有益と認められる場合を除き、相互に接触させてはならない」（36条2項）と明文で規定され、また、執行の告知については旧監獄法と同様に、なんら規定がおかれないという形になった。この新たな法律が実施に移される直前（施行は2007年6月1日）の時期に、今回の政府報告書審査が行われたのである。

不十分な内容で成立してしまったとはいえ、新法は附則によって2011年までの間に見直しが予定されており、近い将来の法改正を実現する必要がある。実務を改善する規定については、法の趣旨にのっとり適正に運用される必要がある。また、手続保障が改善されないまま加速度的に増加の一途をたどる死刑判決と死刑執行に対しては、外部の冷静な視点から国際人権基準に照らして問題点が指摘され、その異常さがまずもって明確にされる必要がある。

したがって、この時期における委員会の勧告は、日本の死刑制度にとって非常に大きな意義を有するものであり、政府報告書審査にあたっては、日弁連としても、重要項目のひとつとして死刑問題に取り組んだのである。

2 拷問禁止委員会審査における死刑問題

　死刑問題に対する委員会側の姿勢は非常に積極的であり、審査における委員の発言（とりわけマヴロマティス議長）にみられるように、わが国の死刑制度が条約に適合するものか否かについて、委員会が高い関心を抱いていることが窺われた。そして事実、委員会は、最終見解の19項及び20項において、日本の死刑制度の根幹に迫る画期的ともいうべき内容の勧告を示した。

(1)　委員会は、まず19項において、死刑確定者の処遇状況の全面的な改善を勧告した。
　その冒頭、「最近の立法が死刑確定者の面会及び通信の権利を拡大したことに注目しつつも、委員会は、死刑を言い渡された人々に関する国内法における多くの条項が、拷問あるいは虐待に相当し得るものであることに深い懸念を有する」とした点は特筆に値する。これは、刑事被収容者処遇法によって、死刑確定者の処遇が外部交通に関して一定程度緩和されたものの、依然として極めて人権制約的な内容を残している事実を正面から指摘したものであるが、委員会が、具体的な法条について拷問にあたりうるという判断を示すことは稀であり、死刑確定者処遇に関する関心の高さ、示された懸念の深刻さが読み取れる。
　続いて委員会は「とりわけ」として、具体的な処遇のなかでも、a）死刑確定判決の言渡し後、単独室での拘禁が原則とされ、確定から30年を超える事例もあること、b）不必要な秘密主義と死刑執行時期に関する恣意性、特に執行直前まで告知がなされないことによる精神的苦痛に関して、深刻な懸念を表明した。そのうえで、「死刑確定者の拘禁状態が国際的な最低基準に合致するものとなるよう、改善のためのあらゆる必要な手段をとるべきである」と勧告した。
　日本の死刑確定者処遇については、1998年の自由権規約委員会によっても、次のように、外部交通の制限および執行の事前告知がないことの非人道性が指摘され、その改善が勧告されていた（21項）。しかし今回の勧告では、外部交通や不意打ち執行にとどまらず、刑事被収容者処遇法が適切に運用されるものと仮定しても、なお、死刑確定者の処遇全般が国際人権基準に照らして極めて不十分であることを明確化した。勧告は、同法の今後の運用およ

び2011年に見込まれる見直し作業において、改善を後押しするものとして大きな意義を有するといえよう。

(2) 死刑確定者に対する法的保障措置

　委員会は、20項において、死刑確定者に対する法的保障措置が制約されていること、とりわけ以下の各点について深刻な懸念を表明した。すなわち、a) 再審請求中であっても、弁護人との秘密交通に関して制限が課せられ、かつ秘密交通の代替手段がなく、確定判決後は国選弁護人が利用できないこと、b) 死刑事件に関して必要的上訴制度がないこと、c) 再審手続ないし恩赦の申請が死刑の執行停止事由ではないこと、d) 精神障害の可能性のある死刑確定者を識別するための審査の仕組みが存在しないこと、e) 過去30年間において死刑が減刑された事例が存在しないこと、である。深刻な懸念の筆頭に、死刑確定者と弁護人との秘密交通および国選弁護制度の欠如が示されたことは、刑事被収容者処遇法による処遇の変更を目前にして、新法下での制度上の問題点の大きさを浮き彫りにしたものである。実際、勧告直後に施行された新法下の実務においては、同法121条但書に基づく、再審弁護人と死刑確定者との無立会面会が、全国的にまったくといってよいほど実現していない実態が次々と明らかになった。現在、日弁連では、法の適正な運用を実現すべく鋭意改善に取り組んでいるが、委員会によっても深刻な懸念が示されたという事態を受けて、法務省が実務の改善に真剣に臨むのか否かが、極めて注目される。

　以上のような深刻な懸念を示したうえで、委員会は、死刑の執行をすみやかに停止し、かつ、死刑を減刑するための措置を考慮し、恩赦措置の可能性を含む手続的な改革を行うべきこと、すべての死刑事件において上訴権は必要的とされるべきこと、さらに、死刑の実施が遅延した場合には死刑を減刑し得ることを確実に法律で規定すべきことを勧告し、「締約国は、確実に、すべての死刑確定者が、条約に規定された保護を与えられるようにすべきである」とした。

　そもそも、死刑確定者の法的保障措置に関して、国連の条約機関から具体的な懸念が示され、勧告がなされたのはこれが初めてのことである。のみならず、内容面においても、日本政府が審査の場面で堂々と「残虐でも非人道的でもなく品位を傷つけるものでもなく、厳格に運用されている」旨述べた日本の死刑制度が、法的保障措置という側面においてもいかに多くの問題を

はらんだものであるのかを、具体的に鋭く指摘している。

　なかでも、勧告の筆頭に、死刑執行のすみやかな停止が掲げられていることの意義は極めて大きい。日弁連はこれまで、日本の死刑制度が国際人権基準に照らして様々な問題点を有していることを踏まえ、死刑の執行を停止し、死刑制度の存廃を含めて広く国民的議論を行うことを提唱してきた。今回、委員会は、再審請求や恩赦が執行停止に対してなんら法的効果を持たず、かつ、刑事訴訟法上は執行停止事由とされる心神喪失(同法479条1項)ですら、精神障害を識別する審査の仕組みがないために、実際上は心神喪失か否かを確認することができない点を取り上げ、死刑執行のすみやかな停止を勧告した。こうした点はまさに、日弁連と同様の問題意識に立ったうえで、それらの問題点の深刻さゆえに、死刑執行の「すみやかな」停止を求めているものといえる。死刑執行停止法制定に向けた日弁連の取り組みを推進するうえでも、極めて大きな意義のある勧告である。

　さらに、減刑措置や必要的上訴制度といった、改善のために考慮すべき具体的な制度を示して勧告されている点も新しいが、特に減刑措置は、死刑判決の確定から長期間、いつ執行されるかわからないという不安定かつ非人道的状態におかれる特殊日本的状況を踏まえた、思い切った勧告である。

　最後に委員会は、「締約国は、確実に、すべての死刑確定者が、条約に規定された保護を与えられるようにすべきである」として、日本の死刑確定者は条約による保護を与えられていないという点を明確にした。この勧告の優れた点は、条約に照らして、何が日本の死刑制度の欠陥であるかを示すと同時に、その克服のためには喫緊にどのような改善策が必要なのか、という方向性を具体的に明示したことである。日本政府に対しては、施行されたばかりの刑事被収容者処遇法のみならず、刑訴法改正を視野に入れた取り組みへの課題が具体的に与えられた一方で、日本のNGOとりわけ日弁連としても、この勧告を生かしていく重い責任が生じたといえる。勧告と目前の現実との乖離が甚だしい現状において、地道かつ不断に、より一層の努力をしていく必要がある。

　　　　　　　　　　　　　　　　　　　　　　　　　　　（田鎖麻衣子）

入国管理・難民

1　入国管理

　外国人の入国・在留管理行政において身体拘束が行われることがあり、この拘束のあり方等について委員会は言及している。

⑴　委員会は、最終見解14項において、入国管理施設に関し、送還時の被送還者に対する拘束具の違法使用について懸念を表明した。

　送還時の被送還者に対する拘束具の違法使用について、日弁連は、委員会に提出したレポートにおいて、強制送還する段階において、被収容者処遇規則ではなく、「違反調査並びに令書執行規程」及び「護送要領」という、単なる内部規程を根拠として手錠を使用していること、また逃走や暴行をする素振りがないのに、逃走の危険が高まったなどとして手錠を使用した例があること、金属手錠をかけ、足を捕縄で縛るのみならず、腰から下は毛布と捕縄で巻き、口に棒の様なものを噛ませようとするなどの、上記内部規程にも認められていない拘束具が用いられた例があることを報告している。委員会の見解はこれら事例を踏まえたものと理解される。

⑵　委員会は、上陸防止施設及び入国管理局収容施設における被収容者等に対する多数の暴行の疑い、虐待、性的いやがらせ、適切な医療へのアクセス欠如といった処遇上の問題について懸念を表明した。

　日弁連は委員会に提出したレポートにおいて、2003年から2004年にかけて、強制送還をする段階において入国者収容所東日本入国管理センターで職員による暴行を受けたり、制圧行為によって傷害を負い、さらに同センターの医師による適切な措置がなされなかったとして、2005年12月27日に国家賠償請求訴訟が起こされていることや、2003年1月21日言渡しの大阪地方裁判所判決（判例集未登載）が入国者収容所西日本入国管理センターにおける入国警備官による暴行を認定したことなどを報告している。委員会の見解はこれを踏まえたものであろう。

(3) 委員会は、出入国管理及び難民認定法（以下、「入管法」という）61条の7第6項、被収容者処遇規則41条の2第1項の処遇に関する不服申立制度、同条の3第1項の異議申立制度に基づく申立てが認容された案件がこれまでに1件のみに過ぎないことに具体的に言及し、制度が機能していないとの認識を示して懸念を表明した。

　また、入国管理収容センターおよび上陸防止施設を独立して監視するメカニズムの欠如、特に被収容者が入国管理局職員による暴行容疑について申立てできる独立した機関の欠如に懸念を表明した。そして、入国管理収容施設における処遇に関する不服申立てを審査する独立した機関を遅滞なく設置すべき旨を勧告した。

　被収容者処遇規則41条の2第1項及び同規則41条の3第1項に、処遇に関する不服申立制度が設けられている。しかし、この制度は、あくまで入管行政を所管する法務省内部の手続にとどまるもので、独立性がない。同制度に基づく申立てが認容された案件が、同制度が実施された2001年からこれまでに1件のみに過ぎない事実は、委員会の質問に答えて日本政府代表団が明らかにしたものである。このような運用実態からしても、同制度は制度としては存在するが、全く機能していないと評価できる。

　日弁連は、入国管理収容施設の処遇をも対象とする、国連パリ原則（国内人権機関の地位に関する原則）にもとづく政府機関から独立した国内人権機関の設置を強く求めてきた [1]。委員会の見解の趣旨はこれと同旨のものであろう。

(4) 委員会は、同じく最終見解14項において、日本に対し、退去強制令書の発付を受けて送還を待つ状態の者が収容所に収容されている期間に上限を設けるべきこと、特に弱い立場にある人びとについてその必要が高いことを勧告している。

　退去強制令書に基づく身体拘束が、法令に明文上の期限がなく、実際1年を超えて継続される場合があることは、すでに1998年に自由権規約委員会による第4回日本政府報告審査の最終見解でも指摘されていたことであったが、その後なんらの改善がなく、今回の見解が「上限を設ける」べく勧告をしたことはさらに踏み込んだ見解を示したものといえよう。

(5) また退去強制令書発付以後の収容の必要条件に関連する情報を公開すべ

きであるとも勧告しており、これは不必要な身体拘束が行われているかどうかに関し委員会が関心を持っていることを示していると思われる。日本政府は、当該外国人について退去強制事由さえあれば逃亡の危険等の収容の必要性を審査することなく、収容することが可能であるという見解（全件収容主義）をとっている。その結果、3歳と1歳の幼児のいる在留資格がない難民認定申請者の両親が収容されるという極めて非人道的な取扱いがされたこともあり（2004年12月16日付東京新聞記事）、同様の例は跡を絶たない。委員会の上記勧告は、全件収容主義が今後の審査で問題とされる可能性を示唆していると思われる。

(6) 退去強制手続との関係では、委員会は、人身取引被害者の扱いについても最終見解24項で言及しており、被害者と認められたものへの支援措置が不十分であることによって、被害者が不法移民として扱われ、補償又は救済なく強制送還されていることに懸念を表明している [*2]。

(7) 外国人の拷問被害の関係では、被害者の賠償請求における相互主義についても委員会は言及している [*3]。

2　難民

　条約3条は、拷問を受ける実質的な危険のある国への送還を禁じる規定である。それなので、同条の履行状況は、難民条約上の難民の保護状況とも重なる部分が多く、しかも難民以外の場合についても同条の射程となる場合がある。それゆえ、委員会は、日本の庇護制度などにも言及をしている。国連人権条約に基づく委員会が日本の難民認定制度について見解を表明することはほぼ初めてといってよい。

(1) 委員会は、2005年に施行された改正入管法について、まず積極的評価を示しつつ、なお日本の国内法および運用において、一部の条項が条約3条に適合していないとの判断を示して懸念を表明した。
　委員会が積極的評価をした2005年施行の改正入管法の内容は、難民認定手続諸規定の改正による、難民審査参与員制度（難民の認定をしない処分に対する異議申立についての諮問委員制度）、仮滞在制度（難民申請中の者の

仮の地位付与）などである。

(2) 委員会は、入管法が、拷問を受ける危険がある国ぐにへの送還を明文をもって禁止せず、加えて、退去強制に関する再審査機関が条約3条の適用を制度的に調査しないことに特に懸念を表明した。

日本政府報告書は、条約3条の履行は入管法53条2項によって確保されるとの説明をしていたが、この種の実務を知る実務家にとって、同項がそのような機能を持たず、また条約3条該当性を制度的に調査・審査する機関がないことは周知のことであり、委員会は実態に即した判断を行っているといえる。

そして委員会は、日本に対し、移民の収容と送還に関連する全ての措置と運用は、条約3条に十分に適合するように保障するべきこと、特に、送還された場合、拷問の対象となる危険にさらされると信ずる十分な根拠がある国ぐにへの送還を明文をもって禁止するべきことを勧告した。

(3) また審査機関について、難民認定の該当性を再審査する独立した機関の欠如を指摘し、また、第三者的存在であるべき難民審査参与員を、法務大臣が任命する際の基準が公表されていないことにも懸念を表明し、条約3条違反の送還を明確に禁止し、難民該当性を再審査する独立した機関を設置すべきであることを勧告した。

現行法上、難民認定判断は、異議申立に対する審査を含め、法務大臣が行うこととなっている。審査機関が政府から独立していないことは、従来から日弁連[*4]やアムネスティ・インターナショナル日本が批判をしてきたところであった。2005年導入された難民審査参与員制度は、難民の認定をしない処分に対する異議申立の審査において、難民審査参与員に諮問をしてその意見を法務大臣が考慮するというものである。しかし難民審査参与員も独立機関ではない。参与員の人選は法務大臣が行い、審査手続については法務省入国管理局が決定をしており、独自の事務局もなく入国管理局職員が事務を扱っている。

委員会は、日本政府代表団に対して、難民審査参与員の選任基準について質問をしたが、日本政府代表団から具体的回答はなかった。

委員会は、独立した審査機関がなければ、条約3条に十分に適合するように保障されているとは言えないことを表明しているものと解される。

(4) 委員会は、法務省が難民認定申請者に対し、申立て[*5]の際の法的代理人（legal representatives）選任権を認めず、非正規滞在者に対する政府による法的援助が事実上は限定的であること、全ての庇護希望者の司法審査へのアクセス保障の不十分性と行政手続終了直後に送還を執行した疑い、難民申請却下後から送還までの庇護希望者の無期限拘束、特に無期限および長期の収容ケースの報告、仮滞在制度の厳正性および限定的な効果について懸念を表明した。そして、移民の収容と送還に関連する全ての措置と運用は、条約3条に十分に適合するように保障するべきであること、難民申請および送還手続きにおける適正手続（due process）を保障するべきであることを勧告した。

　非正規滞在者に対する政府による法的援助が事実上は限定的であることとは、日本の法律援助法が非正規滞在外国人を援助対象としていないことを指すと思われる。日本司法支援センター（通称「法テラス」）の設立などにより法律援助事業は拡充されつつあるが、法律援助法は難民申請者を含め非正規滞在外国人を本来の援助対象としておらず、弁護士会から同センターへの委託事業とすることではじめて、非正規滞在外国人をも対象とする法律援助が行われることとなっている。

　また、難民認定手続においては弁護士へのアクセスの保障制度がなく、代理人選任権が実質的に保障されていない。そればかりか法務省は難民認定手続の一次審査段階における代理人選任を拒んでいる。このように法的代理人の選任権を認めないことへの懸念を委員会は表明したものと解される。

　庇護希望者の司法審査へのアクセス保障の不十分性と行政手続終了直後に送還を執行した疑いとは、難民認定申請に対する行政上の不認定処分がなされても行政訴訟を提起して司法審査を受けることができるはずのところ、提訴準備をする暇も与えず強制送還を執行した事例を日弁連が報告したことを踏まえての言及である。

　入国管理局収容施設における過度に長期の身体拘束一般に関して、前述の通り委員会は懸念を表明し勧告をしているが、改めて難民申請却下後から送還までの庇護希望者の無期限拘束、特に無期限および長期の収容ケースの報告について言及している。これはCATネットワークによる具体的な事例報告として庇護希望者の長期無期限の拘束の事例が多数示され、難民申請者において頻発する問題であることが明らかであったこともあろうが、委員会は

庇護希望者に対する長期無期限の身体拘束を、事実上帰国を迫るものとして条約3条に沿わないと考えていると解釈する余地もあろう。

　仮滞在制度の厳正性および限定的な効果とは、2005年施行の改正入管法における仮滞在制度が、実は不許可の割合が高く、難民申請者の地位安定のためには限定的な効果しか及ぼしていないことを指すと思われる。同制度には「逃亡をすると疑うに足りる相当の理由があると判断したとき」「上陸後6か月を超えて難民申請をした場合」などには仮滞在許可をしないなどの不許可事由が多く定められており、特に最近「逃亡のおそれ」の要件を過度に広く適用している例が見られる。

　委員会は、庇護申請に対する独立した審査機関や適正手続保障、難民申請者の身体の自由の保障などがない状況自体が、条約3条が十分に保障されているとはいえないという立場に立っているものと解される。

⑸　なお、最終見解ではなく審査中の発言であるが、審査過程でNGOから提供された、日本における難民の認定をしない処分の理由付記の1例（2005年のもの）に対し、議長が関心を示し、庇護申請却下を合理化するに十分な理由となっておらず、個人通報制度の対象であれば救済される可能性があったことを示唆する発言をしている（本書84及び130頁参照）。

　拷問等禁止条約の個人通報制度は、庇護希望者の案件を多数扱っており、委員会は実際に各国の庇護申請審査事案における適正手続保障や、審査が十分になされているかどうかなどのチェックに携わっている。上記発言はこの経験に基づくものであろう。

*1　日弁連「人権擁護法案に対する理事会決議」（2002年、http://www.nichibenren.or.jp/ja/opinion/report/2002_4.html）。
*2　本書第4部「ジェンダーに基づく暴力」参照。
*3　本書第4部「不服申立、人権教育、賠償等」参照。
*4　日弁連「新しい難民認定手続に関する意見書」（http://www.nichibenren.or.jp/ja/opinion/report/061017.html）など。
*5　原文の「appeal」を、外務省訳は「異議申立て」と翻訳しているが、庇護希望者の「申立て」の意味であろうと解されるので、この立場を前提として説明した。

（大橋毅／弁護士）

ジェンダーに基づく暴力

1 はじめに

　拷問禁止委員会の最終見解は、「慰安婦」問題、人身売買、警察による暴力、米軍基地周辺の性暴力など、日本におけるさまざまな形態のジェンダー暴力・性暴力について、具体的に問題指摘と勧告を行った。一方、日本政府報告書のどこを見ても「ジェンダー」や「女性に対する暴力」という言葉は出てこない。「拷問」や女性の人権に関する国際社会と日本政府の認識ギャップは、ここに明らかである。

　オルタナティブレポートで取り上げた個々の問題については本書第5部資料編を参照いただき、本章では、日本におけるジェンダー暴力を拷問等禁止条約の枠組みにおいて捉えることの意味に絞って論じることにしたい。

2 ジェンダー視点による「拷問」定義の拡大

　拷問被害者は従来、公的領域において活発な存在である男性として描かれることが多かった。しかしこの伝統的な認識には、公的領域は男性の世界であり、女性は私的領域に属するものというジェンダーバイアスがひそんでいる。実際には、女性は公的領域における暴力を、男性とは異なるかたちで経験してきた。例えば、性暴力が武力紛争の手段として、しばしば意図的・組織的に遂行されていることは、近年広く認識されるようになっている。また軍事独裁体制下での男性に対する拷問は記録されても、その家族の女性を標的とする暴力は語られないことが多い。女性が公的領域において対等な行為者として認識されていないことが、女性の経験を周辺化し、処罰や補償がなされにくい状況を生んできた。

　他方、ドメスティック・バイオレンス（DV）やセクシュアル・ハラスメント、レイプといった私的領域で起きる女性に対する暴力は、公権力の埒外にあり、「拷問」にはあたらないと見なされてきた。しかし、女性に対する差別に基づき、相手を罰したり脅迫・支配することを目的として、重い苦痛を故意に与えるというDVの性格は、まさに条約1条に定義する「拷問」そのもので

ある。その本質は、拷問者と被拷問者の間の権力差にもとづいて、被害者のアイデンティティを破壊し恐怖に基づく支配を貫徹することにあるからである。実際、国連「女性に対する暴力撤廃宣言」は、女性に対する暴力を「男性の女性に対する支配であり、女性を男性の従属的な地位に強いる重要な社会的機構の一つである」としている。また国連人権委員会「女性に対する暴力」第一期特別報告者ラディカ・クマラスワミは「DV は拷問である」との認識を示しており[*1]、北米における研究においては、政治囚に対する拷問の手法と DV 加害者の手法の類似性が指摘されている[*2]。こうしたジェンダー視点に立つ人権概念から見れば、拷問を公的領域における暴力に限定する理由はない。むしろ、女性に対する暴力を「私的問題」として介入しない国家の不作為こそが、拷問に対する国家の「同意または黙認」として問題になるのである。

　要約すれば、公権力の作用を限定的に捉える従来の「拷問」定義自体が、公権力へのアクセスから女性を排除してきたジェンダーバイアスの所産であったといえる。ジェンダー視点から人権および拷問の概念を見直すことによって、積極的あるいは消極的に「拷問」に関わる国家の責任こそが問題となるのである。

3　司法制度とジェンダー

　上記のように国家の責任を重視する観点から、日本の司法制度がこれらの「拷問」について、条約の基準に適うやりかたで定義し、加害者の訴追・処罰、被害者への適切な救済を行っているかが検討されねばならない。最終見解の懸念および勧告に沿って重要な問題を確認しよう。

　第 1 に、戦時性奴隷制（「慰安婦」）問題について、最終見解は、日本政府による事実の否認、加害者不処罰、被害者救済措置の欠如を明らかな条約違反にあたると指摘した。さらに、被害者による訴訟が除斥時効を理由として却下されていることに懸念を示し、重大な人権侵害の捜査、起訴、処罰が妨げられることのないよう、条約上の義務に従って、時効の適用を見直すよう勧告している（12 項）。

　第 2 に、刑法上の強かん罪の定義については、男性に対するレイプや、生殖器結合以外の形態のレイプ[*3]など、その他の形態の性暴力を除外する限定的なものであることに懸念が表明された（24 項）。

第3に、最終見解は、こども及び女性の権利に焦点をあてた法執行官に対する人権教育・訓練の必要性について勧告する（21項）。性暴力裁判においては「被害者の同意」が鍵を握るが、ジェンダー視点の乏しい日本の司法の現状では、それは「被害者の抵抗の程度」にリンクして考えられている。性暴力被害の現実に鑑み、当事者間の力関係の中で被害者が真実、同意できたかどうかを、既に欧米で用いられている客観的な状況から判断できるような手法が取られなければならない。

　第4に、レイプを含む性暴力・ジェンダー暴力の加害者に対する処罰は一般的に軽い。これは、女性が家長の財産であった家父長制の考え方を反映していると考えられる。今だに夫婦間レイプが強かん罪の構成要件として明記されていないことの根拠でもある。むやみな厳罰化は避けるべきだが、性的自由の侵害という重大な人権侵害は、法的に正当に評価されねばならない。

　第5に、被害者に対する補償の不十分さは、より深刻な問題である。多くのケースにおいて、暴力被害者が長期的に蒙る精神的・身体的・経済的損害は、十分に評価されているとは言い難く、むしろ、加害者と被害者の間にすでに存在するジェンダー格差がそのまま反映され再強化されることさえある。つまり裁判官がジェンダー視点を持たないために、何が被害なのかを把握できなかったり、たとえそれを法的に「被害」と認定したとしても、その程度や、加害責任についての判断が、実際に被害者が経験する被害からかけ離れ、かえって更なる苦痛を被害者に負わせる現状がある。

　そして第6に、最終見解は、DVやジェンダーに基づく暴力の根絶のための防止措置の導入や、被害者に対する安全な住居、シェルター、心理社会的支援へのアクセスを提供することを推奨している（24項）。暴力被害者の安全を確保し、その権利回復を図るために、こうしたより積極的な施策が必要である。

4　差別撤廃とエンパワーメントへ向けて

　拷問等禁止条約の枠組みを採用することの主眼は、暴力に対する司法システムと国の積極的施策の強化にあるが、上述したように、女性に対する暴力は、性および人種や国籍等による差別および社会的経済的不平等を背景にしており、司法システムの改善は暴力廃絶の必要条件ではあっても十分条件ではない。その意味で、最終見解が、性およびジェンダーに基づく暴力の根本

原因である差別をなくすための教育を行うよう勧告していることに注目したい。さらに、女性差別撤廃委員会や国連女性会議等においてくり返し確認されているように、特に弱い立場にある女性たちの政治的経済的エンパワーメントを促進し、実質的な平等を実現するための積極的措置が不可欠である。

　日本の状況を見ると、2000年の男女共同参画基本法施行以来、女性に対する暴力に関する法制度に関してはある程度の進展が評価できるが、実質的に不平等を是正するための措置がともなっておらず、弱者切捨ての新自由主義構造改革が進むなかで、政治的経済的なジェンダー格差はむしろ拡大する傾向にすらある。暴力を生み出す複合的な差別と社会構造への理解を深め、ジェンダー暴力廃絶の努力と女性のエンパワーメントへの努力との統合を推し進める必要がある。具体的には、間接差別を含む差別の禁止、女性が多数を占める非正規雇用労働者の権利保障、男女が平等に賃労働と家族責任を果たしうる支援の拡充等による経済的エンパワーメント、また、移住女性、マイノリティ女性、セクシュアルマイノリティらの権利保障とエンパワーメントに向けて、特別な努力が必要である。

*1　E/CN.4/1996/43
*2　ジュディス・ハーマン『心的外傷と回復』（みすず書房、1999年）114頁以下。
*3　たとえば、アメリカ・カリフォルニア州は、挿入行為も性器結合に限定せず、当事者の性別、婚姻関係の有無を問わず、レイプとする。イギリスの2003年性暴力法は、ペニスの膣、肛門、口への挿入行為をレイプとし、ペニス以外の物を挿入する行為を「挿入による暴力」とする。

　　　　　　　　　　　　　　（本山央子＝柳本祐加子／いずれもアジア女性資料センター）

精神医療施設

1　はじめに——CAT ネットワークに参加して

　1986 年に国連人権委員会の場で、当時、日本の精神保健法の改正に取り組んでいた「東京精神医療人権センター」(以下、センター) の弁護士メンバーが、NGO のメンバーとしてロビーイングした。国連 NGO の後押しもあって、その場において、厚生省の課長から「法改正」言葉を引出すという "成果" を得たことが、今日の多くの NGO によるロビーイング活動の始まりだった。
　今回、CAT（拷問等禁止条約）は日常の精神病院の実践と密接に結びつくものなので、刑事施設や入管施設などの拘禁者の人権を保障する活動をおこなっていることを共通項として結成された CAT ネットワークに、センターも参加させてもらった。

2　日本の精神医療の特色と政府の政策

　精神医療制度はその国の歴史や文化と密接な関係がある。その特異な変遷は、現在も日本の精神病院のベッド数の 90％近くが私立民間病院であることに現れている。国は精神医療を民間病院に委託し続けてきた。1950 年代後半から現在まで、精神病院は、少ないスタッフ数で多くの患者を収容し続けることで利益を生み、結果として長期入院者を製造してきた。それは、「一人退院させたら、一人入院させろ」という激が飛ぶ病院現場を生み出した。先進国では唯一未だ施設収容主義で、世界一の精神科ベッド数 35 万床を有し、入院者は 32 万人余。入院患者が主な収入源とされる医療制度では、病床を閉鎖し、患者を地域へ移行させることは困難な構造となっている。
　一方、患者を拘禁することもある精神医療は、欧米諸国では入院決定には司法ないし独立審査機関がかかわり、県立・州立病院などの公的機関が主として収容を担ってきた。また、1955 年の向精神薬の登場をきっかけに、退院は促進され、脱施設化は世界的潮流となった。欧米先進諸国は、国の政策として病院を縮小し、地域医療へと予算をシフトさせていった。
　しかし、日本は同時期に、工業先進国の道を歩み始め、精神科病床数は対

照的に急激に上昇カーブを描いた。現在でも、予算は未だ入院施設医療に厚く、地域の保健福祉サービスには薄く、退院先の住居や生活サポートなどの地域資源はまだ貧しい。さらに、精神科医療に対する国家的差別が存在する。医療法のなかで一般科より低いスタッフ配置が認められている。医師は他科の3分の1、看護師は3分の2でよいとしている。他の診療科と比べ診療報酬もずっと安い。とはいえ、日本の医療全体も、欧米先進国に比べスタッフ数が少ないことが特徴といえる。

3　条約とセンターが主張してきたこと

　条約1条に関しては、拷問の定義に精神的拷問を含むことの意義が大きい。また、私立の精神病院が多いため、そこに働く精神保健指定医は、精神保健福祉法に規定する人権問題にかかわる業務を遂行するとき（例えば、強制入院〔拘禁命令〕や行動制限の判断をする権限について）は、「みなし公務員」と規定して、この条約でいう「その他の公的資格で行動する者」に該当する。しかし、それは、私立病院のヒエラルキーと専門家としての地位を日本政府は考慮していないようである。

　条約10条に関して、そもそも日本では、精神保健指定医として登録されるためには、一定の医療的経験を積む医学的研修カリキュラムしか義務付けられていない。人権教育や拷問禁止等の教育は、登録後の指定医研修カリキュラムも含めて、どのくらいの時間を割いているのか、まったく不明である。

　条約11条に関しては、1987年の精神保健法から、現在まで非常にゆっくりだが、日本の精神医療は改善の方向性をとっていることは評価する。

　しかし、以下の点はなお問題である。まず、精神保健福祉の2形態の非自発的入院は、2005年度は、全入院形態のうち35.5%を占めている。その内訳は、精神保健法29条の措置入院は1%弱だが、34.5%を占める医療保護入院は保護者（家族）の同意による入院という規定であり、いずれも精神保健指定医による診断が条件である。医療保護入院に際して、指定医の診断結果は家族が入院に同意する際に、大きな判断要素となる。この時の指定医の役割が、私人という立場で曖昧な状態になっている。2005年7月から、「心神喪失等の状態で重大な他害行為を行った者の医療及び観察等に関する法律」（医療観察法）が施行された。現在のところ鑑定入院中の処遇についての規定がない。暴力の監視や人権保障の観点から、精神保健福祉法や医療

観察法の下にある患者の処遇実態を監視するメカニズムや独立機関も全く存在しない。

　条約13条の被拘禁者がとり得る措置に関する規定については、1987年の精神保健法の中で、患者の不服申し立て機関として精神医療審査会が初めて設立された。しかし、2004年度における例では、入院者の0.6%しか退院請求をせず、その申し立てが認められたものは6.4%であって（これも他の入院形態への移行）、患者の不服申し立て機関としての実効性がほとんどないと思われる。また、上級審査機関が存在しないので、審査結果に対する異議申し立てはできない。さらに、精神医療審査会の委員の過半数は精神科医で、そのほとんどは私立病院の院長などが就任している。この委員達は、私立病院の医者として患者を退院させたくないという思いと、審査委員という立場で患者の人権を護る任務には葛藤があるだろうから、この制度には根本的な欠陥があるのではないか。国際基準に則った、行政から独立した第三者機関設置への法改正が必要である。

　条約16条に関して、「拷問」を「他の残虐な、非人道的な又は品位を傷つける取り扱い……」と読み替えて適用できるので、現状では、公立・私立を問わず多くの精神病院の入院中の処遇や入院環境自体が「非人道的で品位を傷つける」ものに該当する。1987年の精神保健法以降、通信・面会を保障する患者の人権概念が生まれ、外部とのアクセスがある程度保障されてきたことは評価する。しかし、以下の点はなお問題である。

① 　長期入院者は高齢化してきても、プライバシーの全くない狭い多床病室で入院生活を強制されている。人手がないという理由で外気に当たるなどの日中活動がほとんどない病院が多い 。

② 　救急・急性期入院治療では一律に隔離・身体拘束を伴う向精神薬点滴投与方法が広く適用され、回復した患者にトラウマを与えている

③ 　日本の精神病院における治療は薬物療法がほとんどで、処方も多量多剤として悪名が高い。また、最近はECT（電気痙攣療法）が復活して、患者に恐怖と苦痛を与えている。

④ 　思春期の精神科医療が未整備。成人との混合収容になっている。また、大都市以外の地方においては、思春期精神医療の専門家や専門病院／病棟がほとんど存在しない。

4 拷問禁止委員会最終見解の意義

　今回の委員会の最終見解では、精神医療に関して1項目だけ言及されていた。すなわち、25項において「委員会は、私立の精神病院で働く精神科指定医が精神的疾患を持つ個人に対し拘禁命令を出していること、及び拘禁命令、私立精神病院の管理・経営そして患者からの拷問もしくは虐待行為に関する不服への不十分な司法的コントロールに懸念を表明する」と述べられている。また、「締約国は公立及び私立精神病院における拘禁手続について、実効的かつ徹底した司法コントロールを確保するために必要なあらゆる措置を採るべきである」と述べている。

　日本の精神医療制度は、国際的に見て先進国の中でも特異なものである。患者の拘禁・隔離などに司法の判断は全くなく、精神科医のみの判断によっている。民事収容において、司法が関与しない制度を持つ国はイギリスと日本だけであるが、イギリスの不服審査機関（MHRT：Mental Health Review Tribunal〔精神保健審査法廷〕）は、法律関係者が必ず議長になり審査をリードする。日本でも、勧告に耳を傾けて国際基準に則った制度を目指して行くべきではないか。

（小林信子／東京精神医療人権センター）

拷問の定義・時効

1　拷問の定義——最終見解10項に関して

　条約1条にいう拷問の定義は、基本的に、①「身体的または精神的な重い苦痛を故意に与えること」、②一定の目的や動機が存在すること、③「公務員その他の公的資格で行動する者」が何らかの形で関与していること、から構成される。委員会は、どの国の勧告においても、これら拷問のすべての構成要素を国内刑法に導入すること（あるいは、拷問罪を新設すること）を求めており、その点では10項は委員会の典型的な勧告の1つである（日本政府の報告書は、主要関連法令とみなされる特別公務員暴行陵虐罪、特別公務員職権濫用等致死傷罪のほか種々の犯罪により対応可能と説明していた）。しかし、本勧告は以下の点でより具体的な指摘を含んでいる。

　まず、条約の定義にいう「精神的拷問」が刑法195条の特別公務員暴行陵虐罪、刑法196条の特別公務員職権濫用等致死傷罪において明確に定義されていないこと、また脅迫など精神的拷問に関連する行為に対する刑罰が不十分であることに懸念を表明している。精神的拷問は心理的拷問とも呼ばれ、肉体的拷問とは区別できない場合もあるが、脅かし、睡眠剥奪、長期間の隔離、頭巾の強制など、昨今グアンタナモ基地など「対テロ戦争」の遂行において確認されているような尋問方法がそれに当たるだろう。肉体的損傷は残さないものの、トラウマなど心理的症状はもちろん、心臓疾患など身体的症状をも長期にわたってもたらすとされる。特別公務員暴行陵虐罪では、「陵辱もしくは加虐」がこれをカバーすると解されるが、運用上は性的な行為が陵虐とされることが多いといわれる。

　また、いわゆる脅迫はカバーされず、法定刑が軽い脅迫罪にとどまる。条約は、拷問に対して「その重大性を考慮した適当な刑罰」を科するよう求めているから（4条2項）、精神的拷問について脅迫罪を適用するだけでは条約と合致しないことになろう。委員会の指摘を受け、脅迫を含む形で精神的拷問を明示的に特別公務員暴行陵虐罪において規定する必要があろう。

　しかし、衆議院における質問主意書に対する2007年6月15日の政府答弁書（内閣衆質166第368号）では、「拷問に当たる行為については、身体

的なものであるか精神的なものであるかを問わず、脅迫罪、暴行罪及び特別公務員暴行陵虐罪を含め、刑法等の法律の規定により処罰されることとなるので、御指摘のような改正を行う必要性はないものと考えている」という以前と変わらぬ態度であり、勧告を一顧だにしないという態度である。

次に、拷問行為の主体に関して、国内法が条約にいう「公務員その他の公的資格で行動する者」やその扇動・同意・黙認の下に行動する者をすべてカバーしていないことに懸念を表明し、特に自衛隊員、入管職員を例示している。報告審査の際、日本政府は条約にいう公務員＝公権力を行使する者と解釈し、自衛官や入管職員もこれに当たると説明していたが、自衛官や入管職員に特別公務員暴行陵虐罪が適用されるかどうかは必ずしも明確ではなかった。

この点前述の政府答弁書では、特別公務員暴行陵虐罪の主体に関し、「一般論としては、……自衛隊員及び入国管理局職員がこれらに該当する場合には、同罪が成立することがあるものと考えられる」と述べている（ただし、これらの者が同罪で「起訴され又は判決を受けた事例は承知していない」という）。勧告がなければこうした政府の公式見解が表明される機会はなかったであろうから、これは勧告のひとつの効果といえる。

ただ、自衛隊の海外での活動に特別公務員暴行陵虐罪は適用されないことは説明されていない（刑法4条の公務員の国外犯の対象から195条1項は外されている）。なお、今回の報告審査においても確認されなかった点として、精神保健福祉法にもとづく措置入院・医療保護入院（非自発的入院）に関わる病院（私立病院を含む）の医師・看護師に刑法195条2項が適用されるのかという問題が残っている。

また、特別公務員暴行凌虐罪の適用は日本の公務員に限られており、外国の公務員には適用されないと解される。だとすれば、条約5条2項の普遍主義にもとづく訴追・処罰は、暴行罪等の処罰にとどまるかもしれず、4条2項にいう重大な犯罪として処罰することができない可能性がある。条約上の義務を果たすためには、法の不備があるといえる。しかし、今回の審査ではこの点は指摘されなかった。

2　時効——最終見解 12 項に関して

　委員会は、拷問や虐待にも時効が適用されることに懸念を表明し、特に慰安婦問題に関する提訴が消滅時効を理由に棄却されたことを遺憾とした。そして、条約上の義務に合致するよう時効規定を見直し、拷問等が時効なく捜査・訴追・処罰されることを勧告した。

　刑務所拘禁中の革手錠の違法な使用を認めながら、時効を理由に損害賠償を否定した事例がある（イラン人受刑者 B 氏を原告とする革手錠国家賠償請求事件についての 2005 年 6 月 1 日東京高裁判決、判例集未搭載）。この勧告は、このような事例においても拷問について時効にかかることなく法的な責任が追及できることを確保するため、刑法と国家賠償法などを改正すべきであるという趣旨である。

　条約には時効に関する規定はないが、刑事上の時効に関しては、条約 4 条、また賠償請求権の時効に関しては 14 条が関連すると考えられる。いずれも、委員会は国際法における拷問禁止の絶対性あるいは強行規範性から時効の不適用を引き出しているように見える。

　拷問禁止の強行規範性を認めた先駆的判決である 1998 年 12 月の旧ユーゴ国際刑事裁判所のフルンジャ判決でも、かかる強行規範性の効果の 1 つとして、拷問には時効が適用されないことを挙げている（The Prosecutor v. Auto Furundzija, Case no. IT-95-17/1-T, para.157）。また、2005 年 12 月に 16 年の起草作業を経て国連総会で採択された「国際人権法および国際人道法の重大な侵害の被害者の、救済と賠償を受ける権利に関する基本原則とガイドライン」の 6 条は、国際法上の犯罪を構成する侵害行為には時効が適用されないことを定めている。かかる拷問禁止の国際法上の性格をふまえて、そして慰安婦問題や刑事拘禁施設内の拷問などを念頭に置き、委員会はこうした勧告に及んだと考えられる。同様の勧告は、2003 年のトルコ（UN Doc. CAT/C/CR/30/5, para.7(c)）、2004 年のチリ（UN Doc. CAT/C/CR/32/5, para.7(f)）など、拷問犯罪について不処罰の状況が見られる国に対してもなされている。

　前述の政府の答弁書では、「拷問等に当たる一定の行為を刑事上の公訴時効制度の適用対象から除外すべきか否かについては、公訴時効制度の制度趣旨等を考慮し、慎重に検討すべき」「国家賠償法に基づく損害賠償請求権の消滅時効等については、……合理的な規定であると考えており、御指摘のよ

うな時効の廃止ないし援用禁止といった措置を採る必要はない」というものであり、基本的に勧告に対して拒否の姿勢を示している。刑事上の公訴時効制度について「慎重に検討」としている点が具体的にどのような含みがあるのか、明確ではないが注目されるところである。

(今井直)

第4部 拷問禁止委員会は何を求めているのか

不服申立・人権教育・賠償等

1 迅速かつ公平な調査、不服申立ての権利について

　委員会は、20-2項において、警察留置場における実効的な不服申立制度が不足していること、刑事施設視察委員会に、拷問等に関する調査について充分な権限が不足していること、法務省の職員が事務局を務めていることによって、刑事施設の被収容者の不服審査に関する調査検討会の独立性が不十分であること、また、被収容者及び職員にインタビューできず、またあらゆる関連文書に直接アクセスできないことから直接的に事案を調査する権限が限られていること、不服申立てをする権利に法的制限があること、また不服申立てをしようとする際に弁護士による援助を受けることが不可能であること、不服申立てを行ったことによって、また、賠償請求にかかわる時効によって却下された訴訟を行ったことによる不利益的影響を受けたとの報告があることなどに懸念を表明している。

　委員会は、警察留置場または刑事拘禁施設の双方における被収容者からの拷問等の申立てすべてについて、迅速、公正で、かつ実効的な調査を行う独立メカニズムを設置すべきであるとしている。日弁連は、政府の提案した人権擁護法案に反対し、国連パリ原則にもとづく政府機関から独立した国内人権機関の設置を強く求めてきた[*1]。見解は改めてこのような機関の設立を求めたものである。

　委員会は、被収容者が不服申立ての権利を充分に行使できるように確保するために、拷問等行為についての時効の撤廃、不服申立てをするための法的援助の利用の確保、証人に対する脅迫からの保護措置の設置、及び賠償請求の権利を制限するあらゆる規定の見直しなどを含む、あらゆる必要な措置をとるべきであるとしている。刑務所内の暴行事件などで証人として証言しようとする受刑者を遠隔地の施設に移送してしまうようなやり方は広範に行われているが、この見解はこのようなやり方を禁止しているものといえる。

　刑事施設視察委員会に拷問や虐待事件についての調査の権限が不足しているとの指摘は、このような調査のための権限が法に明定されていないことを指している。実際には視察委員会は施設内の文書の閲覧、特定の被収容者や

刑務官との立ち会いのない面接なども行うことが認められている。この点は、今後の視察委員会の活動を通じて、実体的な面と制度的な面の双方から改善していく必要があろう。

不服検討会については事務局スタッフが法務省によって提供されていることが独立性を不十分なものとしていることが指摘されている。委員会の委員の人選に当たっては、独立性の確保に配慮した人選が現実に行われていると評価できる。また、意見の扱いについても、ほとんどの意見は尊重されている。検討会の会議は非公開だが、議事概要が法務省ホームページで公表されている（それによると、2007年6月7日までの130回（実質9回）の会議で204,135件の審査を行い〔ただし再調査のため重複の件数がある〕、うち117件が再調査、1件は申立てに理由があり採択されるべきとの意見が出されている）[*2]。

部外スタッフの採用の点は日弁連がかねてから指摘し、弁護士を事務局スタッフに登用するべきであるとしていた[*3]。法務省はこのような制度的な改善に前向きに取り組むべきである。

2　人権教育について

委員会は、最終見解21項において、条約に違反する尋問手続を記した取調官のための研修マニュアルが存在するとの報告に注目する。さらに、委員会は、人権教育、特に女性及び子どもの特別な人権についての教育が、組織的には、刑事拘禁施設の職員に対して提供されているだけで、警察留置場の職員、取調官、裁判官及び入管収容施設の保安担当職員に対する教育カリキュラムには十分に含まれていないことに懸念を表するとした。

そして、委員会は捜査官に対する人権教育のカリキュラムを公表するべきとした。これは、本審査において愛媛県警の警察官が作成した取調要領が実際に警察官の研修に使われていたものであることを政府が認めたことと関連しているが、捜査官に対する人権教育の内容を明確にするため、そのカリキュラム、教材を明らかにすることが重大な課題として浮上してきた。

委員会は、刑務官に対する人権教育については、最終見解7項において、高く評価したが、これは法務省が日弁連などの要望[*4]に基づいて、刑事被収容者処遇法に人権研修を法定し（13条3項）、積極的な人権研修を実施していることが認められたものである。刑務官に対する人権研修をさらに座学

だけでなく、参加型の経験を深めるような形の人権教育に充実しなければならない。

また、委員会はすべての法執行官と裁判官、入管警備官に対して、彼らの仕事が人権に及ぼす影響、とりわけ拷問と子ども・女性の権利に着目した定期的な研修を行うべきであると勧告している。このような人権教育を組織的、系統的に実施する体制を確立するべきである。

3 賠償及びリハビリテーションについて

委員会は、最終見解22項において、人権侵害の被害者が救済及び十分な賠償を得るにあたって直面している困難があるとの報告に懸念を表している。委員会は、また、時効や移民に対する相互主義の原則など賠償の権利に対する制限についても懸念を表する。委員会は、拷問又は虐待の被害者が求め、また得ることができた賠償に関する情報が不足していることについて遺憾を有するとしている。

拷問被害者に対する賠償は刑事施設や入管施設において肉体的被害を負ったようなケースであっても非常に不十分である。この種の国家賠償事件の多くは公平に審理されているといえない。裁判所は刑務官の実力行使の違法性を認めることに、非常に消極的である。

今回の刑務所改革は、2002年の名古屋刑務所事件がきっかけとされるが、この事件で殺害され、重傷を負った被害者と遺族が提起した国家賠償訴訟において、国は刑事裁判での一審有罪判決が下された後においても、事実の認否すらせず、謝罪も賠償も進んでしようとしていない。国の進める犯罪被害者の権利擁護政策は、自らが加害者である場合を完全に欠落させていると言わざるを得ないのである。

国家賠償訴訟法6条の規定する相互保証主義は、被害者が外国人である場合、本国の法制において日本人の被害について国家賠償責任が認められている場合でなければ法的責任がないとしている。しかし、この規定については憲法17条が「何人も」国家賠償を求めることができるとしていることとも整合しない。自由権規約の2条と26条は国民的出身（国籍）による差別なく、平等かつ効果的な保護をすべての者に対して保障しているが相互保証主義はこのような規約にも反する疑いがある。相互保証主義は速やかに改正されるべきである。

委員会は、拷問又は虐待のすべての被害者が、賠償及びリハビリテーションを含む救済の権利を十分に行使することができるよう確保するために、あらゆる必要な措置をとるべきであるとしている。この見解は、拷問に対する賠償請求権についての時効の廃止ないし援用禁止、国家賠償法6条の定める相互主義の撤廃などを求めているものと理解される。

*1　日弁連「人権擁護法案に対する理事会決議」(2002年、http://www.nichibenren.or.jp/ja/opinion/report/2002_4.html)。

*2　http://www.moj.go.jp/KANBOU/SHINSA/　ここには、採択意見については詳細な理由も掲載されているほか、どのようなケースに対して再調査の意見が出されたのか、また、再調査や処理案不相当の結論にいたらないが、実務の改善に向けて述べられた意見についても要旨が掲載されており、かなり意欲的に活動している状況を窺い知ることができる。不服申立て制度が健全に機能している事実を示すことが、現場の処遇の改善につながるものであり、さらなる活動が期待される。

　不服検討会は事実上かつ暫定的な機関とされているため、提言に法的拘束力はないが、法務省は「当然、当省といたしましては、その御提言を最大限尊重して処理させていただきたいと考えているところでございます」としている（第1回不服検討会における事務局担当の野々上尚・大臣官房秘書課長の発言）。

*3　日弁連「『刑事施設の被収容者の不服審査に関する調査検討会』の開催に関する要望書」(2006年、http://www.nichibenren.or.jp/ja/opinion/report/2006_1.html)。日弁連「刑事収容施設及び被収容者等の処遇に関する法律による不服申立て及び『刑事施設の被収容者の不服審査に関する調査検討会』の改善に関する要望書」(2007年、http://www.nichibenren.or.jp/ja/opinion/report/070711.html)。

*4　「刑務所職員と刑務所新設に関する日弁連の提言」(2003年、http://www.nichibenren.or.jp/ja/opinion/report/2003_50.html)。

(海渡雄一)

第5部
資料編

資料編　①日弁連の動き

I　日弁連オルタナティブ・レポート概要と質問事項

　オルタナティブレポートは、第1部から第7部までで構成されている。その内容は、「第1部　はじめに」、「第2部　刑事施設における拘禁」、「第3部　警察留置場」、「第4部　死刑制度」、「第5部　外国人の人権」、「第6部　子どもの人権」、「第7部　人権教育」となっている。また、質問事項は、2007年3月に日弁連が拷問禁止委員会に提出したものである。

1　オルタナティブ・レポート
刑事施設における拘禁に関して
　　行政改革会議の提言にもとづく法務省矯正局の行刑制度改革についての積極的な姿勢を歓迎し、このような姿勢をより発展させることを求める。
刑事施設視察委員会の新設に関して
1. 刑事施設視察委員会の委員は、接見禁止中の未決被拘禁者を含めてすべての被拘禁者と、立会なしに自由に面接することができるものとしなければならない。
2. 刑事施設視察委員会の委員には、真に「刑事施設の運営の改善向上に熱意を有する」者が選任されるようにしなければならない。
3. 刑事施設視察委員会の意見について、法務当局は実行可能な限り最大限尊重しなければならない。

不服申立制度に関して
1. 不服審査について刑務所の運営から独立した「刑事施設の被収容者の不服審査に関する調査検討会」が設置されたことを歓迎し、この委員会に法的な独立を保障し、調査を担当するスタッフなどの事務局機能を付与することを求める。
2. 政府から真に独立した人権委員会制度を含み、人権侵害のおそれのあるようなメディア規制条項を含まない人権擁護法案の制定を求める。
3. 不服申立てにおける弁護士代理を認めるべきである。
4. 不服申立てにおける30日という厳しい期間制限を見直すべきである。

拘束具と保護室に関して（第16条関係）
1. 多くの人権侵害事件を引き起こした革手錠が廃止されたことを歓迎し、これに代わるものとして導入された第二種手錠や金属手錠が新たな人権侵害を引き起こさないよう、適切に使用されることを求める。
2. 保護室収容の期限の上限を定めると共に、医師が定期的に実情を視察し、診察した上で保護室収容を認めることを要件とすることを求める。

処遇上の独居拘禁に関して

1. 受刑者の処遇区分を用いて、隔離収容の要件のない受刑者を隔離収容する脱法的実務慣行を改めることを求める。
2. 非常に長期にわたり独居拘禁にされている受刑者らに対して、専門的な精神医学的、心理学的なアプローチを行い、独居拘禁状態から通常の処遇体制への移行を行うべきである。

保健・衛生・医療に関して
1. 医師、医療職員の不足から来る刑務所医療の不十分な体制を抜本的に見直し、刑務所の保安体制から独立した、適切な時期に適切な医療が確実に実施される医療体制を早期に確立することを求める。
2. 閉居罰中に1週間に1回しか運動入浴を認めない実務運用を改め、運動入浴の回数を増やすべきである。
3. 受刑者に通常の髪型の自由を認めることを求める。

過剰収容に関して
　全ての建設的な処遇の基盤を破壊する過剰収容の状態を解消するために、薬物犯罪者に対する拘禁刑以外のプログラムの導入、宣告刑の見直し、仮釈放制度の拡充、社会内処遇制度の抜本的な導入など、あらゆる司法・行政上の措置を講ずることを求める。

女性被収容者に関して
1. 女性を収容する区画を、男性刑務官が単独で巡回すること、及び、夜間は複数であっても男性刑務官が巡回することを法規で禁止すること。
2. 女性刑務官の数を抜本的に増員すること。

いわゆる代用監獄に関して
1. 1998年国際人権（自由権）規約委員会の代用監獄に関する勧告の完全実施を日本政府に求める。
2. 2006年に成立した未決拘禁法の国会における附帯決議に従い、日本政府に対し取調べを含む捜査の在り方に加え、代用刑事施設の在り方についても、刑事手続全体との関連の中で、検討を行うよう求める。

尋問に係る規則等に関して
　取調べの過程の透明性を確保するため、取調べのすべての過程について、録画・録音を実施し、これを刑事裁判において利用可能とするシステムを早急に導入することを求める。

留置場における監督指導に関して
　2007年から活動を開始する留置施設視察委員会について、弁護士会の推薦する弁護士をその委員に選任することを求める。

（拷問の申立て）被拘禁者の採り得る措置
　公安委員会に対する再審査申請の審理に当たっては、公安委員会とは別の、公安委員会から独立した第三者機関を設置して、これを当たらせるべきである。

第15条関係
　違法な取調に基づいて採取された自白については取調べの違法性そのものを理由と

して自白の証拠能力を否定する制度を確立するべきである。

第16条関係（取調べの可視化に関して）
1. 警察官が被疑者の身体を管理し、一つの事件について23日間、再逮捕・再勾留を繰り返せばさらに長期間にわたって、その身体を警察署内に拘束することができ、早朝から深夜にわたる取調べを可能とする代用監獄システムは、それ自体が自白強要の圧力を生み出し、拷問ないし非人道的な取扱いの機会を著しく増大するものであり、速やかに廃止されなければならない。
2. 警察における被疑者の身体拘束の時間は、24時間ないし48時間以内に制約されるべきである。
3. 捜査官による取調べのすべての過程は録画もしくは録音され、裁判において録音・録画の利用が可能でなければならない。
4. 拘置所においては廃止された防声具の警察留置場における使用は速やかに禁止されなければならない。
5. やむを得ず警察留置場に被疑者を長期間拘束するのであれば、医療行為を必要とする事故に備えた十分な医療体制を整えなければならない。

第16条関係（死刑制度に関して）
1. 死刑の執行に当たって、死刑確定者に事前に告知を行わないことは、明らかに非人道的であり、事前に告知しなければならない。
2. 死刑確定者の面会及び通信の範囲を改善する法律が制定されたことを歓迎し、これが適切に運用され、面会と通信が適切な範囲で許可されることを求める。
3. 死刑確定者の独居処遇を見直し、その人間性を維持するため、他の被拘禁者との接触を認める処遇に改めることを求める。
4. 死刑確定者と再審請求弁護人たる弁護士との間における立会のない面会、検閲のない通信を明確な形で保障することを求める。

死刑の著しい増加に関して
1. 犯罪状況が特に悪化している実情がないのに、少年に対する死刑判決を含め、死刑の言い渡される件数が著しく増加していることに、深刻な懸念を表明する。
2. 死刑判決についての必要的上訴制度を設けるべきである。
3. 無期懲役刑判決について、死刑を求める検察官控訴、上告を禁止すべきである。
4. 心神喪失状態にある者に対する死刑執行の禁止を確実にする制度を設けるべきである。

外国人の人権——入管関連の身体拘束制度（上陸段階における問題点に関して）
　上陸手続き中の外国人に対して行われている、法に基づかない身体拘束と、非人道的な又は品位を傷つける扱いを、改めるべきである。

収容施設における問題点に関して
　入管収容施設職員による過剰な暴力を防ぐ措置が講じられるべきである。
　入管管理局は、収容の必要性についての審査することなく、非正規滞在外国人を全て収容をする扱いを改めるべきである。

処遇に関する不服申立制度について（第11条）

入管収容施設の処遇に関する不服申立について、独立した審査機関をおくべきである。

相互主義に関して（第13条・14条）
国の損害賠償責任についての相互主義を撤廃するべきである。
拷問被害者に対する十分なリハビリステーションの保障が制度化されるべきである。

戒具使用に関して
強制送還執行の際の、法に基づかない戒具使用を撤廃するべきである。
強制送還執行の際の、法に基づかない、毛布で簀巻きにし、口に棒様のものを噛ませる行為などを禁じる措置を講じるべきである。

退去強制手続におけるテロ関連嫌疑者に対する手続の法的枠組み——あいまいかつ過度に広汎な基準
テロ関連嫌疑者を退去強制の対象とする現行規定は、曖昧かつ過度に広範な要件を定めるものであるからこれを改め、明確な基準によるべきである。

認定手続に関して
退去強制の対象と認定する過程に適正手続を保障し、また認定について裁判を受ける権利を保障するべきである。

拷問等禁止条約第3条の履行確保制度
入管法に、拷問等禁止条約第3条の履行確保のための明文を置くべきである。

難民認定手続における拷問等禁止条約第3条の保障
難民申請者に対し、審査機関は、拷問等禁止条約第3条の適用の有無を審査し、適用があるときは在留許可をするべきである。

審査機関の非独立性
拷問等禁止条約第3条の適用の判断を含む難民認定手続は、入国管理、治安対策や外交政策を所管する省庁から独立した機関が行うべきである。

不服申立審査機関
1. 難民認定手続の不服申立制度を実効性あるものとして機能させるために、独立し、かつ専門性の高い不服申立審査機関を設置するべきである。
2. 現行制度のもとでも、諮問機関の独立性、専門性を高めるべきである。

UNHCRの見解の尊重の欠如
難民認定手続において、UNHCRの見解を尊重するべきである。

難民認定手続における手続保障
難民認定手続において、十分な手続保障がなされるよう改善するべきである。

難民認定手続における出身国情報
難民認定機関は、出身国情報を公正に調査する責任を負うべきである。

認定の基準
難民認定手続においては、UNHCRが示す判断基準を尊重するべきである。

難民認定等に携わる公務員の研修、研修資料の実際
難民認定に関わる公務員に対する研修は、UNHCRの関与のもとに立案された継続

的な計画に基づき、充実されるべきであり、内容において、難民認定の公正さ、政治的独立を徹底するべきである。
研修資料
　拷問の被害を受けた難民認定申請者について、適切な措置を保障する制度を設けるべきである。
　難民認定等手続における申請者の秘密の保護を公務員に義務づけるべきである。
難民認定申請者の法的地位
　難民認定申請者（訴訟中の者も含む）について、安定的な地位を付与するべきであり、例外は最小限とするべきである。また申請中の生活保障をするか就労を許可するべきである。
拷問犯罪容疑者の引渡し（第8条関係）
　拷問犯罪容疑者の引渡義務及び手続について法律の明文で定めるべきである。
子どもの人権
1. 1998年及び2004年のCRC（子どもの権利委員会）の日本政府レポートに対する最終見解に従い、子どもの権利条約、少年司法に関する国連諸準則の理念と規定に従った法制を整える。2000年少年法改正を見直し、原則逆送、14、15歳の少年の逆送、検察官の審判関与、監護措置期間の制限の延長などの規定をそれ以前の規定に戻す。現在進められている触法少年・ぐ犯少年の取調べを強化し、施設収容を進める法改正を撤回する。
2. 児童福祉施設における体罰を、法律で禁止する。
3. 公務員並びに公的資格で行動するもののうち、子どもと接触する立場にある者、特に裁判官、検察官、警察官、少年鑑別所・少年院・刑事施設職員、教職員、児童福祉施設の職員などに対し、本条約及び子どもの権利に関する条約の理念と規定、並びに子どもの特性に関して、計画的・体系的な教育及び研修を継続して実施する。
4. 補導・取調べ・裁判・身柄収容の過程、学校、児童福祉施設において、拷問及び他の残虐な、非人道的又は品位を傷つける取扱い又は刑罰が発生した場合に、これを把握し報告するデータ集計システムを確立する。
5. 子どもに対して、拷問及び他の残虐な、非人道的又は品位を傷つける取扱い又は刑罰が発生した場合に、迅速で配慮の行き届いた方法で、子どもからの苦情・不服を取り扱い、かつ権利救済が提供できる明確に規定された権限を有する子どものためのオンブズマン制度を確立する。

人権教育
1. 刑務所における人権教育が法律で義務づけられ、実際に広範に実施されることとなったことを歓迎し、このような実務を安定させ、さらに創意工夫をこらした人権教育が実施されるようになることを求める。
2. その他の法執行官、とりわけ警察官に対する人権教育が十分に実施されておらず、強制的な取調べによって自白を強要するような取調方法が教授されている実態にあることを深く憂慮する。政府の決断によって警察官などに対して、十

分な人権教育が実施される人的、物的な体制を確保しなければならない。
3. 国連人権高等弁務官事務所が発行した裁判官に対する人権教育マニュアルを利用した裁判官に対する系統的な人権教育を実施することを求める。

(英文報告書を 2007 年 4 月 3 日に提出)

2　質問事項（List of issues）

刑事施設における拘禁
1. 刑事施設における医師、医療職員の数。年間の自費診療の数。自費診療に健康保険が適用されない理由。医療部門の所管を法務省から厚生労働省に移管しない理由。
2. 女性を収容する区画における男性刑務官の巡回体制。女性刑務官の数。
3. 保護室収容の期限に上限を設けない理由。保護室に収容された者に対する医師の視察、診察の例。
4. 隔離収容の年間件数の推移。閉居罰中の運動入浴回数。受刑者の処遇区分を用いた実質上の隔離収容の数。長期にわたり独居拘禁にされている受刑者らに対する、専門的な精神医学的、心理学的なアプローチ。
5. 1998 年国際人権（自由権）規約委員会で「圧迫による自白が引き出せる可能性を排除するため」「取調べが厳格に監視され、また電気的な方法により記録されることを強く勧告する」とされながら、検察では取調べの録画・録音が重大事件の一部しか導入されない理由。
6. 薬物犯罪者に対する拘禁刑以外のプログラムの導入。宣告刑の見直し、仮釈放制度の拡充、起訴前保釈制度の導入、社会内処遇制度の抜本的な導入などの過剰拘禁対策。
7. 刑事施設視察委員会の委員の選任方法。
8. 「刑事施設の被収容者の不服審査に関する調査検討会」の検討結果。その検討会に事実に関する調査を行う専従の事務局スタッフ（弁護士を含む）を設置しない理由。1998 年国際人権（自由権）規約委員会の勧告にもかかわらず、政府から真に独立した人権救済機関を設置しない理由。その人権委員会の人権調査委員に外国人を就任させるかが問題となる理由。
9. 行刑改革会議の提言にもとづく行刑制度改革についての今後の展望。

警察留置場（代用監獄）
1. 警察官が被疑者の身体を 24 時間管理し、一つの事件について 23 日間、再逮捕・再勾留を繰り返せばさらに長期間にわたって、その身体を警察署内に拘束し、早朝から深夜にわたる取調べを連日連夜行うことを可能とする代用監獄システムが拷問＝「身体的なものであるか精神的なものであるかを問わず人に重い苦痛を与える行為」「残虐な、非人道的な又は品位を傷つける取扱い」に当たらないという理由。
2. 捜査を担当しない部門に属する留置担当官が捜査にあたった例。捜査を担当する部門に属する捜査官が留置業務に従事した例。捜査官が留置場内に立入る例。

3. 留置部門から捜査部門に取調べの打切りを要請した年間の数。その打切り要請に対してとられた措置。
4. 1993年、98年国際人権（自由権）規約委員会の代用監獄廃止勧告にもかかわらず、代用監獄を廃止しない理由。
5. 取調べの方法として、暴行、脅迫、拷問、利益誘導などを用いた例。取調室で被疑者に食事やタバコの便宜を図った例。わいせつ行為など、特別公務員暴行陵虐罪で警察官が逮捕された例。
6. 1998年国際人権（自由権）規約委員会で「圧迫による自白が引き出せる可能性を排除するため」「取調べが厳格に監視され、また電気的な方法により記録されることを強く勧告する」とされながら、検察では取調べの録画・録音を一部導入したが、警察では一切導入しない理由。
7. 公安委員会の警察に対するチェック機能の強化策。留置施設の被収容者の不服審査に関して、公安委員会に対する再審査の前に公安委員会から独立した第三者機関を設置しない理由。
8. 留置施設視察委員会の委員の選任方法。
9. 2006年に成立した未決拘禁法の国会における附帯決議に従い、取調べを含む捜査の在り方に加え、代用刑事施設の在り方についても、刑事手続全体との関連の中で、検討する見通し。
10. 警察官に対する人権教育、国際人権教育の内容。国連人権高等弁務官事務所の発行した裁判官に対する人権教育マニュアルの活用実態。「人権教育のための国連10年」行動計画の中で作成された国連監修による「法執行官に対するトレーニング」の活用実態。

死刑制度
1. 死刑の執行に当たって、死刑確定者に事前に告知を行わない理由。
2. 死刑確定者の独居処遇の理由。
3. 死刑確定者の面会及び通信の実態。死刑確定者と再審請求代理人たる弁護士との間における面会、通信の保障の展望。
4. 心神喪失状態にある者に対する死刑執行の禁止を確実にする制度。
5. 過去10年間の死刑判決の数の推移。犯罪状況が特に悪化している実情がないのに、少年に対する死刑判決を含め、死刑の言い渡される件数が著しく増加している理由。
6. 死刑判決についての必要的上訴制度の検討。
7. 無期懲役刑判決に対して死刑を求める検察官控訴、上告を禁止しない理由。
8. 1998年国際人権（自由権）規約委員会の勧告にもかかわらず、「死刑の廃止に向けた措置」を講じない理由。

外国人の人権
1. 上陸を拒否された外国人が、「上陸防止施設」と呼ばれる成田空港及び関西国際空港内にある国の施設や近隣の民間ホテルなどに退去までの間留め置かれることの法的根拠、その間の処遇について定めた規範があるか。

電話連絡や面会等の外部交通について、制約することがあるか。
　　　上陸防止施設内部は、窓や、運動をする場所があるか。
2. 日本の制度では、退去強制事由さえあれば、未成年者の外国人も身体拘束することが可能なのか。その場合、逃亡の危険等の収容の必要性を審査することなく収容することが可能なのか。その場合の収容施設は成人と別か。施設内で成人と同じ房に置かれることがあるか。
3. 入国者収容施設の処遇に関する不服申立制度によって不服申立や異議が認められたケースはあるか。
4. 2006年の難民認定数、人道上の在留許可の数、各々の国籍を明らかにされたい。
5. 政府報告書では、条約第3条の履行は、退去強制手続の送還先の指定（入管法第53条）によって保障されていると説明しているが、過去5年間の、送還先の指定処分の件数およびそのうち条約3条に該当すると判断されて出身国以外を送還先に指定した件数を明らかにされたい。
6. 法務省は、出身国情報の収集・評価について、アムネスティ・インターナショナルなどの国際人権NGOとの連携を持っているか。
7. 難民認定手続の異議申立てを棄却する決定の通知と同時に送還の執行をしたケースがあるか。難民の認定をしない処分や退去強制令書を対象とする訴訟中に強制送還されたケースがあるか。どのような場合にそのような措置をとるのか。
8. 現在、アフガニスタン、イラク、レバノン、レバノン、スリランカ、スーダン、コートジボアール、ソマリア、リベリア、トーゴ、コソボを出身国とする庇護希望者について、送還先の指定、在留の許可に関し、どのような方針を持っているか。

子どもの人権
1. 2000年以降の毎年の、20歳未満の子どもについての年齢別の、被疑者として取り調べの対象とした人員数の推移。
2. 2000年以降の毎年の、20歳未満の子どもについての年齢別の、逮捕した人員・勾留した人員の推移と、その収容した施設別（警察の代用監獄・拘置施設・少年鑑別所・その他）の人員数の推移。
3. 2000年以降の毎年の、20歳未満の子どもに対し、取調べや身柄拘束の機会に、条約が禁止する拷問などの行為を行った職員の人員数の推移。
4. 2000年以降の毎年の、3の拷問などを行なった職員について、行われた処分された人員数（非処分を含む）とその内訳（行政処分・刑事処分・非処分別）の人員数の推移。
5. 4で非処分とされた職員について、非処分に留められた理由。
6. 2000年以降の毎年の、非行・問題行動を原因として、児童相談所が一時保護をおこなった年齢別の人員数の推移。
7. 2000年以降の毎年の、学校・児童福祉施設で行なわれた体罰事件の数の推移。
8. 2000年以降の毎年の、7で体罰を行った職員に対して行われた処分された人

員数（非処分を含む）とその内訳（行政処分・刑事処分・非処分別）の人員数の推移。
9. 8で非処分とされた職員について、非処分に留められた理由。

人権教育
1. 刑務官に対する人権教育については、刑事被収容者処遇法で定められたと聞いているが、警察官に対する人権教育は法に定められているか。
2. 警察官や入管警備官に対する人権教育は、実践的な方法で、確実に実施されているか。愛媛県の県警察の警察官に対する取調要領において、強制的な自白を求める取調方法が規定されているが、これは自由権規約や拷問等禁止条約に違反するものではないか。

(2007年3月)

II　国連拷問禁止委員会の最終見解発表にあたっての会長声明

　拷問禁止委員会は、2007年5月18日付、拷問等禁止条約の実施状況に関する第1回日本政府報告書に対して、同年5月9日、10日に行われた審査を踏まえ、最終見解を発表した。同委員会は、拷問等禁止条約の批准国における実効的実施状況を監視する目的のもと、同条約に基づき設置された国際機関であり、わが国は、同条約の批准国として、委員会から勧告された点につき改善に向けて努力する義務を負う立場にある。

　同委員会は、出入国管理及び難民認定法の一部改正、並びに、受刑者処遇法とその改正である刑事被収容者処遇法の施行・成立、とりわけ、刑事施設視察委員会、刑事施設の被収容者の不服審査に関する調査検討会、本年6月に設置が予定されている留置施設視察委員会など、透明性を高め暴力事件の再発防止に資する新たな制度を挙げ、法務省矯正局による矯正職員に対する人権教育の取り組みとともに、積極的に評価することができるものとした。

　他方で同委員会は、日本政府に対して、次の諸点について厳しい見解を示している。なかでも同委員会がもっとも強く懸念を示し、重要な改革を求めているのは、代用監獄と、そこで行われる取調べの問題についてである。

　まず代用監獄について、委員会は、未決拘禁を国際的な最低基準に適うものとするための効果的手段を即時に講ずるべきこと、とりわけ、未決拘禁における警察留置場の使用を制限すべく刑事被収容者処遇法の改正を求めている。そして、優先事項として、a) 法を改正し捜査と拘禁を完全に分離すること、b) 国際基準に適合するよう警察拘禁期間の上限を設定すること、c) 逮捕直後からの弁護権、弁護人の取調べ立会いや起訴後の警察保有記録へのアクセスを確保し、かつ十分な医療を保障すること、d) 留置施設視察委員会には、弁護士会の推薦する弁護士を任命することにより、警察拘禁に対する外部監査機関の独立性を保障すること、e) 被留置者からの不服申立てを審査するため、公安委員会から独立した効果的制度を構築すること、f) 公判前段階における拘禁の代替手段につき検討すること、g) 防声具の使用を廃止すること、を挙げている。

　また取調べと自白の問題について同委員会は、a) 政府が、警察拘禁中のすべての取調べが録画等や弁護人の取調べ立会いによって監視されるべきこと、b) 録画等の記録は刑事裁判において確実に利用可能とし、c) かつ、取調べ時間につき、違反への制裁を含む厳格な規制を即時に行うことを求め、d) 条約に適合しない違法な取調べの結果得られたものであっても任意性があれば自白を証拠として許容している日本の刑事訴訟法と裁判の実情に懸念を表明し、拷問で得られた証拠排除を求める条約15条に適合するよう刑事訴訟法の改正を求めている。

　自白強要によるえん罪を防止するため、代用監獄制度とそのもとにおける取調手続、さらには自白に関する法制を抜本的に改革することが、いまや喫緊の課題となったといえる。

さらに同委員会は、刑事被拘禁者の処遇については、a) 適切かつ独立した、速やかな医療の提供、b) 刑務所医療の厚生労働省への移管の検討、c) すべての長期にわたる独居拘禁のケースについて心理学的・精神医学的評価に基づく組織的な検討を行うべきことなどを勧告している。

　難民認定制度と入管収容施設における処遇については、委員会は、a) 条約3条（拷問の行われている国への送還を禁ずるいわゆるノンルフールマン・ルール）に適合させるため、拷問を受けると信ずるに足りる理由がある国には送還してはならない旨を明文化すること、b) 難民認定についての独立の審査機関を設立すること、c) 入管収容施設内の処遇に関する不服を審査する独立機関を速やかに設置すること、d) 拘禁期間に上限を設けることなどを勧告している。

　死刑制度と死刑確定者の処遇については、同委員会は、a) 独居拘禁の原則と処刑の日時について事前の告知がないことなどに深刻な懸念を表明し、国際最低基準にのっとった改善を行うよう求めている。b) また、死刑執行の即時停止と減刑、恩赦を含む手続的改善を検討すべきこと、c) 必要的な上訴制度を設けるべきこと、d) 執行までに時間を要している場合に減刑の可能性を確保する法制度を作るべきことなどを勧告している。

　さらに、委員会は、a) 特別公務員暴行陵虐罪が条約に定められた精神的な拷問のすべてを明確に包含していないことに懸念を表明し、b) 拷問と虐待についての時効期間を見直して条約上の義務を果たすべきこと、c) すべての被拘禁者の訴えを速やかに、公平に、かつ効果的に調査する権限を持った独立の国内人権機関を設立すべきであるとし、d) また捜査官に対する人権教育のカリキュラムを公表し、すべての法執行官と裁判官、入国警備官に対して、彼らの仕事が人権に及ぼす影響、とりわけ拷問と子ども・女性の権利に着目した定期的な研修を行うべきであると勧告している。

　当連合会は、今回の拷問禁止委員会の審査とその最終見解において、委員会が指摘したこれらの事項を日本政府は重く受け止め、誠意をもってその解決に向けて全力を挙げて努力すること、とりわけ優先順位が高いとされた代用監獄問題を含む未決拘禁の問題、取調べの可視化の問題及びノンルフールマン・ルールの遵守等については直ちに所要の対応措置を講ずることを強く求めるものである。

　同時に、当連合会は委員会が指摘した事項について、自ら国内でその実現のために政府との対話を継続し、これらの課題の解決のために努力する所存であることを表明するものである。

2007年（平成19年）5月22日
日本弁護士連合会
会長　平山正剛

III 最終見解に対する日弁連ニュースリリース

国連・拷問禁止委員会：日本弁護士連合会が「日本の代用監獄制度は、委員会の勧告に従って速やかに見直されなければならない」と声明

（ジュネーブ／東京、2007年5月22日）日本弁護士連合会は、月曜日に公表された国連・拷問禁止委員会の最終見解を歓迎する。同見解は、日本政府に対して「最小限の国際基準に合致するよう刑事公判前の拘禁について速やかに効果的な措置を講ずるべきである。」「優先事項として、同国政府は、取調べ機能と拘禁機能の完全な分離を確保するよう法改正を行うべき」であり、「最小限の国際基準に合致するよう警察拘禁期間の上限を設定すべきである」などと勧告している。さらに、同委員会は、警察拘禁中の取調べの録画や弁護人の立会いによる可視化、違法な自白の証拠排除、独居拘禁の期間限定と刑務所医療など処遇の見直し、拷問を受ける国への強制送還禁止の明文化、難民認定についての独立の審査機関の設立、死刑確定者に対する国際最低基準にのっとった取扱いなどを勧告する。日本弁護士連合会は、日本政府に速やかに最終見解の勧告に従うよう求める。

　拷問禁止委員会の日本に対する最終見解は、日本政府からの第一回報告書に対する5月9日・10日の審査会合を受けて、公表された。拷問等禁止委員会とは「拷問及び他の残虐な、非人道的な又は品位を傷つける取扱い又は刑罰に関する条約」の実施を監視するために設置された専門家から成る条約機関である。日本は、同条約に1999年に批准した。

　審査会合のために、同委員会に対して日本弁護士連合会は日弁連報告書を提出し、その中で、代用監獄の問題にとどまらず、難民認定、入管収容施設での処遇、死刑制度、刑事拘禁施設での処遇などの問題を指摘し、日本政府に対して適切な措置をとるよう求めていた。同報告書はさらに、日本が個人通報制度を受諾し、かつ、拘禁施設の現地査察の制度を定める同条約の選択議定書を批准することも求めていた。

　審査会合において、同委員会の専門家委員から、繰り返し疑問が提起され懸念が表明されたのは、代用監獄の下での警察拘禁の間、被拘禁者を脆弱な立場に置いた状況の下での取調べが可能となり、このために被拘禁者に心理的な圧力を強めて自白を導く結果となるだろう、という点である。この結果、委員会の最終見解では、「当委員会は、代用監獄制度の広範かつ組織的な利用について深刻に懸念する。逮捕された者が裁判所の前に出頭した以後も、起訴に至るまで長期間拘禁されるため、拘禁及び取調べに関する不十分な手続保障と相まって、彼らの権利侵害の可能性が高まり、無罪推定の原則、黙秘権、被疑者の防御権などの事実上の無視につながりうることになっている」と指摘されることとなった。日本弁護士連合会は、この見解を支持するものである。

　「委員会がもっとも強く懸念を示し、重大な改革を求めているのは、代用監獄と、そこで行われる取調べの問題についてである。」日本弁護士連合会会長・平山正剛は、5月22日に公表された会長声明の中で述べている。「自白強要によるえん罪を防止するため、代用監獄制度とそのもとにおける取調手続、さらには自白に関する法制を抜

本的に改革することが、いまや喫緊の課題となったといえる。」さらに、日本弁護士連合会は、今後の取組みの重要性を強調し、委員会の勧告が実現するよう継続的に努力していく意思を表明するものである。

(英語版)

UN Torture Committee: Japan's Substitute Prison system must be reconsidered immediately following the Committee's recommendations, says Japan Federation of Bar Associations

(Geneva/Tokyo, May 22, 2007) The Japan Federation of Bar Associations (JFBA) welcomed the Concluding Observations of the United Nations Committee Against Torture (CAT) issued on Monday. The Concluding Observations state that Japan "should take immediate and effective measures to bring pre-trail detention in conformity with international minimum standards." "As a matter (of) priority, the State Party should amend its legislation to ensure complete separation between the functions of investigation and detention" and "limit the maximum time detainees could be held in police custody to bring it in line with international minimum standards." Furthermore, the Committee recommends the systematic monitoring by mechanisms such as electronic and video recording of all interrogations, access and presence of the defense counsel during interrogation, exclusion of illegal confessions, reconsideration of the treatment of detainee such as medical assistance in penal institutions and time limit for solitary confinement, express prohibition of deportation to countries where deported individuals could be subjected to torture, the establishment of an independent authority to review asylum applications, and the improvement of conditions of detention of persons on death row in line with international minimum standards. JFBA called upon the Japanese government to follow the recommendations immediately.

The Concluding Observations of the CAT for Japan were issued after the review session through May 9-10 of the first report from the Japanese government. The CAT was established as a treaty body consisting of experts to monitor the implementation of the Convention against Torture and Other Cruel, Inhuman or Degrading Treatment or Punishment, which the Japan ratified in 1999.

For the session, the JFBA has submitted the alternative report to the Committee to point out not only the problem of Daiyo Kangoku (substitute prison) system, but also the problems of refugee recognition, treatment in immigration detention facilities, death penalty, treatment in penal facilities, and to seek appropriate measures to be taken by the Japanese government. The alternative report also called for Japan's acceptance of the individual complaints procedure and ratification of the Optional Protocol to the Convention creating the mechanism of the in-country inspections of places of detention.

During the session for consideration, questions were raised and concerns were expressed repeatedly by expert members of the Committee that during a police detention under Daiyo Kangoku system, interrogations were possible under circumstances that made the detainees vulnerable, and which built up psychological pressure on detainees that could lead to confessions. That resulted in the Concluding Observations stating that the Committee is "deeply concerned with the prevalent and systematic use of the Daiyo Kangoku, substitute prison system, for the prolonged detention of arrested persons even after they appear before a court, and up to indictment, which, coupled with insufficient procedural guarantees for the detention and interrogation of detainees, increases the possibilities of abuse of their rights, and may lead to a de facto non-respect of the principles of presumption of innocence, right to silence and right of defense," which are supported by the JFBA.

"The Committee expressed the strongest concern over, and called for the serious reform of, Daiyo Kangoku and interrogations conducted there" said Seigo Hirayama, the President of the JFBA in the released comment issued on May 22. "In order to prevent false accusations due to coerced confessions, fundamental reform of Daiyo Kangoku system, interrogation procedures under the system, and the relevant laws on confessions has now become an urgent task to be tackled." The JFBA also emphasized the importance of the follow-up and expressed its commitment to make efforts for the realization of the recommendations of the CAT.

資料編　②他のNGOの動き

I　CATネットワーク

1　オルタナティブ・レポートの概要

　私たちCATネットワークは、日本国内で刑務所や入管収容施設、精神病院などで自由を奪われた人達の人権を守る活動をしているNGOの連合です。今回国連・拷問禁止委員会へ提出したNGOレポートは、拷問禁止・防止に関する私たちの関心や、日本政府報告書に関する追加情報をまとめた報告書です。

　NGOレポートの詳細や拷問禁止委員会の最終所見に対するCATネットワークの意見は、下記ウェブサイトをご参照ください。

　http://www.jca.apc.org/cpr/

1　刑務所
(1)　看護師資格を有する刑務官による診察や投薬、警備の都合により、外部病院の診療を不許可とするケースがある。これらの問題解決のためには、刑事施設内の医療を法務省から厚生労働省に移管するべきである。
(2)　長期の昼夜間独居拘禁は、被収容者の心身に重大な悪影響を及ぼしている。40年以上も昼夜間独居拘禁処遇の者の状況は非常に深刻であり、期間の上限を設けるべきである。
(3)　名古屋刑務所事件以降、内部調査や行刑改革会議で施設内部の情報が明らかとなったことは歓迎するが、依然として法務省が情報をコントロールできる状況にあり、独立した外部査察機関が必要である。

2　入管収容施設
(1)　人権侵害に対する内部調査能力はなく、裁判でも救済は困難である。収容を停止する権限を持った外部機関による監視と、人権侵害が生じた場合の通報システムが必要である。
(2)　収容要件を明確化し、収容に適さない病人、妊婦、未成年者、高齢者、難民申請者、在留申請中および裁判係争中などの者の収容の禁止を明確にするべきである。また、難民手続きを入国管理システムから独立させるべきである。
(3)　現状では、収容令書に伴う収容期間は上限が定められているが、退去強制令書による収容には上限が定められていない。退去強制令書による収容にも上限を設けるべきである。

3　精神医療施設
(1)　2005年現在、入院している精神障害者は33万人以上で、日本の精神科病床数は世界一である。また、一般病院の平均入院期間が19.8日であるのに対して、精神病

院の平均入院期間は327.2日と長期間である。世界的には病床数は減少しており、日本においても非施設化の努力をするべきである。
(2) 法による民事強制入院は、行政処分であり、司法の関与はない。不服申し立て機関も行政から独立していず、多くを占める私立病院の利害があり、患者の権利は護られていない。

4 難民保護
(1) 難民認定申請の異議申立却下の後、裁判を提起することが可能である半年間を待たずして、自発的帰還以外の送還を行わないよう確保する手段がない。裁判提訴期間の6ヶ月以前の帰還については、その自主性を判断するために国際機関等の関与を確保するべきである。
(2) 2005年の入管法改正により、難民認定申請の情報を出身国政府を含む外国政府と共有することが明文化された。これにより、申請者の個人情報や申請の事実が出身国政府に共有され、申請者が迫害される可能性が高まった。
(3) 庇護希望者は、司法手続きにおいて在留資格も与えられず、就労も許可されないことがある。公的な生活保障も一切なく、生存すら否定されかねない状況にある。裁判中においても、最低限の生活が保障され、かつ就労が認められるべきである。

(2007年4月)

2 拷問禁止委員会の最終見解に関する意見

国連・拷問禁止委員会は2007年5月9日、10日に第1回日本政府報告書の審査を行い、5月21日に最終見解を公表しました。
CATネットワークの拷問禁止委員会の最終見解に関する意見は次の通りです。
本最終見解において、指摘された代用監獄と警察の取調の問題については、既に日弁連が5月22日に詳細な会長声明を発表していますので、私たちのレポートにおいても、これらの問題は取り上げていましたが、以下の意見ではこの問題は省略させて頂きました。

1 一般事項
10項 拷問の定義
○条約1条にいう拷問の定義の国内刑法への導入（あるいは拷問罪の導入）の必要性は、どの国に対する勧告でもなされているが、本勧告は以下のように、より具体的である。
○条約の定義にいう「精神的拷問」が特別公務員暴行陵虐罪や脅迫罪等において、明確に規定されていないことに懸念を表明している。
○国内法が条約にいう公務員等やその扇動・同意・黙認の下に行動する者をすべてカバーしていないことに懸念を表明し、自衛隊員、入管職員を例示している。（報告審査の際、日本政府は条約にいう公務員＝公権力を行使する者と解釈しており、刑務官、自衛官、入管職員がこれに当たると説明したが、自衛官や入管職員に特別公務員暴行陵虐罪が適用されるかどうかは不明であり、今後この点の明確化をもとめていく必要が

あろう。)

11項 条約の国内適用
○条約の直接適用とくにその具体的裁判事例に関する情報がなかったことを遺憾とし、かかる点に関する情報提供を求めている。条約は直接適用されるべきと委員会が考えていることに注目する必要がある。
○勧告は戦時における条約の適用可能性についての確認を求めている。条約は2条2項に規定するようにいかなる状況下でも効力停止は許されないのであり、この点に関連した要請といえる。

12項 時効
○拷問や虐待行為にも時効が適用されることに懸念を表明し、時効規定を見直し、拷問等が時効なく捜査・訴追・処罰されることを求めている。条約には時効に関する規定はないが、委員会は拷問等の禁止の絶対性ゆえに時効の不適用を引き出しているように見える。(もっとも、委員会が主として念頭に置いているのは刑法上の時効であると思われるが、勧告の中で言及された慰安婦訴訟で争点となったのは民法上の除斥期間・時効である。)

20-2項 迅速かつ公平な調査と不服申立の権利
○拷問と虐待についての時効を定める法令の撤廃など賠償の権利を制限するあらゆる規定の見直しを求めている。
　すべての被拘禁者の訴えを速やかに、公平に、かつ効果的に調査する権限を持った独立の国内人権機関を設立すべきであるとしている。
○6項において、刑事施設視察委員会と不服申立に関する調査検討会の成立は委員会から歓迎されたが、刑事施設視察委員会に拷問や虐待事件についての調査の権限が不足していること、不服検討会については事務局スタッフが法務省によって提供されていることが独立性を不十分なものとしていることが指摘された。
○不服申立の効果について検証するための統計データの提供など関連する詳細な統計データの提出を求めている。

21項 人権教育と研修
　捜査官に対する人権教育のカリキュラムを公表するべきとした。これは、愛媛県警の取調要領が実際に警察官の研修に使われていたものであることを政府が認めたことと関連している。
　刑務官に対する人権教育については7項において、高く評価されたが、すべての法執行官と裁判官、入管警備官に対して、彼らの仕事が人権に及ぼす影響、とりわけ拷問と子ども・女性の権利に着目した定期的な研修を行うべきであると勧告している。

2 刑務所

17項 刑事拘禁施設の拘禁状態
○過剰収容についての措置を採るべきであるとしている。この勧告に従って、量刑の見直し、仮釈放の積極的な運用、社会内処遇プログラムの導入などが検討されるべきである。
○「第二種手錠」について、革手錠の廃止を歓迎する一方で、「第二種手錠」が、懲罰で、

不適切に用いられている申立があることについても、懸念をもって留意するとされ、厳格な監視とこの新たな拘束具が懲罰として利用されることのないよう、措置を採るべきことが勧告された。
○適切、独立かつ迅速な医療がすべての被拘禁者にあらゆる時に施されるようにすることが求められた。
○医療設備と医療スタッフを厚生労働省のもとにおくことを検討するべきとされた。これは、監獄人権センターが強く政府に求めてきた点について、明確な勧告が示されたこととなる。

18項 昼夜間独居拘禁の使用
○昼夜間独居処遇について、これが限定された期間の例外的な措置となるように現在の法制度を改正するべきとした。この勧告の意味するところは、懸念事項a）と併せて読めば、独居拘禁の期間に明確な制限を設けるべきであるということである。
○2005年に成立した受刑者処遇法が昼夜間独居処遇の使用を制限する規定を設けているにもかかわらず、長期にわたる昼夜間独居処遇が継続して用いられているとの訴えについて深い懸念を有するとした。これは制限区分4種を利用した隔離収容代替措置が進められているとの我々の指摘に対応したものである。また、独居拘禁について、期間更新に制限がないこと、10年を超えて独居とされている被拘禁者が少なくないこと、昼夜間独居処遇が懲罰として使用されているとの訴えがあること、精神障害について不適切なスクリーニングしかなされていないこと、通常の処遇に戻すための効果的な手続きが不足していること、昼夜間独居処遇の必要性を決定する際の基準が欠如していることを指摘した。これらの指摘は、我が国の独居拘禁処遇問題の包括的かつ体系的な問題点の指摘である。

　長期にわたる昼夜間独居処遇を受けている全ての事例について、当該拘禁が条約に反すると考えられる場合には、これらの者を（この状態から）解放するという観点から、心理学的に、及び、精神医学な評価に基づいて、組織的な（systematically）調査を行うことを求めた。この勧告は、長期に及ぶ独居拘禁のすべての事例を個別的に専門的な心理学精神医学的観点から評価したうえで、できる限り通常の処遇に戻していくことを求めているものといえる。
　これらの勧告は、監獄人権センターが、長期に及ぶ独居拘禁を減らし、最終的には廃止していくという年来の要求に真正面から答えたものと評価することができる。

3　死刑
19、20項　死刑
　死刑制度と死刑確定者の処遇については、独居拘禁の原則とこれが時には30年以上も継続していること、処刑の日時について事前の告知がないこと、処刑の日時についての秘密性と恣意性に深刻な懸念が表明された。
　事前告知の欠如は98年の自由権規約委員会によっても勧告がなされているが、今回の立法（本年6月1日施行の刑事被収容者処遇法）によっても原則とされた独居処遇について懸念が表明された意義は大きい。
　死刑確定者の処遇については、国際最低基準にのっとった改善を行うよう求めてい

る。

　さらに、刑事訴訟から死刑執行に至るまでの手続きに関し、具体的な懸念と勧告がなされた点は極めて重要である。

　すなわち、再審請求や恩赦請求が死刑執行を停止させる効果がないこと、(刑事訴訟法上、執行阻害事由となりうる) 精神障害に罹患している死刑囚を特定するための審査のメカニズムが欠如していることに懸念を表明している。

　さらに、必要的な上訴制度、すなわち死刑判決については被告人の意思に関わりなく上級審が審査をするべき制度を設けるべきことが勧告された。被告人が上訴を取り下げ、十分な司法審査がないままでの死刑判決確定が増加している日本の実情を的確に把握した勧告である。

　また、死刑執行の即時停止と減刑、恩赦を含む手続的改善を検討すべきことが勧告された。また、執行までに時間を要している場合に減刑の可能性を確保する法制度を作るべきことなどを勧告している。

　これらは、死刑判決数のみならずその執行数も増加をみせている日本の死刑堅持政策に対し、真っ向から、その転換を求めた勧告であるといえ、きわめて画期的なものである。

4　難民と入管収容

14項　入管収容施設および難民保護

　拷問の対象となる危険にさらされると信ずる十分な根拠がある国々への送還を明確に禁止するように勧告された。条約第3条に該当するかどうかの調査責任、及びその保証について、日本政府にあることが明確にされた点で意義が大きい。

　難民認定申請者に対し、異議申立ての際の法的代理人を選任させず、非正規滞在者に対する政府による法的援助が限定的であること、すべての庇護希望者の司法審査へのアクセス保障が不十分であること、行政手続終了直後に強制送還を執行した疑いなど、具体的な懸念事項を指摘している。

　2006年入管法改正の際に導入された仮滞在制度について、その効果が限定的なものであることを指摘している。

○難民該当性を再審査する独立した機関を設置し、適正手続きを保障するべきであることが勧告されたこともあわせ、日本の難民認定制度の問題点の重要な改善を迫る勧告になっている。

○送還を待つ間の収容期間に上限を設置し、書面による送還命令発付以後の収容の必要性に関連する情報を公開すべきであるとしている。この勧告については、被収容者への虐待や健康被害を生み出している現行のシステム、すなわち「収容令書発付後の無期限・長期収容を可能にしている現行の日本のシステム」に、変更を迫る内容になっており、意義が大きい。

○入管収容施設を監視する独立機関の設置については、1998年11月6日にすでに、国連の自由権規約委員会からもすでに指摘されてきたことである。今回の日本審査で再度指摘されたことにより、提案されている独立した監視機関の設置について、日本政府は真剣に検討しなければならない。

○難民・入管問題を指摘している 14 項は、優先的な情報提供事項とされており、委員会がこの問題を重視していることが伺われる。

5　精神医療施設
25 項 精神障害を持つ個人

○日本の精神医療の特異さを説明し切れなかったことは残念である。
○精神科指定医、特にその大部分を占める私立精神病院で働く精神科指定医の権限に言及した意味は大変大きく、日本の制度の根幹に影響を及ぼす広がりをもつものである。
○私立精神病院の管理運営に司法的コントロールを及ぼすべきと言う意見も画期的である。先進国で唯一、脱施設化が出来ない日本の精神医療メカニズムに変化が生まれる可能性がある。
○精神医療における拘禁命令や患者の不服申し立てに司法のコントロールを排除してきた今までの歴史に対し、委員会の見解は明確に司法の介入を提言している
○データからも機能していないことが証明されている精神医療審査会は、行政の一部である。他の拘禁施設と連動して、独立した第三者機関の創設が必要である。

(2007 年 5 月 25 日)

＊ CAT ネットワーク構成団体

●監獄人権センター
　監獄人権センターは刑事拘禁施設の人権状況を国際水準に合致するよう改善することを目的として、1995 年に、弁護士や、研究者、人権問題に関心のある市民によって設立された、非政府、非営利団体である。

●入管問題調査会
　入管問題調査会は 1994 年に市民、弁護士、研究者によって設立された、非政府、非営利、また特定の宗教によらない団体である。日本から強制送還された人たちなどからの聞き取りをし、証言を集める活動をしている。

●東京精神医療人権センター
　東京精神医療人権センターは、1986 年に設立され、東京都の精神医療サービス利用者のために、裁判や行政への申し立てなどの「法的アドボカシー」をおこなっている権利擁護団体である。

II　アジア女性資料センター

1　オルタナティブ・レポートの概要

女性に対する暴力

　女性に対する暴力は、日本の政治・経済・社会制度に組み込まれた性差別と不平等に根ざしている。警察や司法におけるジェンダーバイアスは、それを容認してきた。

　憲法は性差別を禁じているが、民法には婚姻年齢や再婚禁止期間、婚外子に対する差別等、多くの差別条項が残っている。また男女共同参画基本法等にも関わらず、格差是正の効果はほとんど上がっていない。その要因として、女性差別を処罰し、あるいは実質的な平等を確保するための有効な制度を欠いていること、また男女平等に公然と反対する保守反動勢力の台頭が指摘できる。

　複合差別に直面するマイノリティ女性の状況はさらに深刻である。不安定な在留資格、教育、雇用、医療、社会保障へのアクセスにおける差別が、暴力にさらされやすい状況を生み出しているが、彼女たちは、ジェンダー政策においても見過ごされやすい。

性にもとづく暴力に関する法律

　レイプ、DV、セクシュアルハラスメント等の法律に共通する問題として、被害者中心の定義になっていないこと、刑罰が軽すぎること、被害者支援の不十分さが指摘できる。たとえば刑法の強かん罪には、夫婦間レイプや男性に対するレイプ等が含まれていないうえ、刑罰は強盗罪より軽い。また裁判では加害者と被害者の権力関係が十分に考慮されず、被害者の側が必死に抵抗したことを証明しなくてはならないことが多い。

セックスワーカーへの暴力・搾取／人身売買

　インターネットや携帯の普及は暴力や搾取の新たな条件を生み出しているが、摘発の恐怖や社会的偏見のため告発をためらうセックスワーカーは多い。労働ビザのない移住セックスワーカーは特に搾取や暴力の対象となっている。

　施行後2年になる人身取引対策の主要な問題のひとつは被害者認定基準の不明確さである。これは、人身売買の被害者が不法滞在の犯罪者として扱われ、補償や救済も受けられないまま強制送還されている可能性を意味している。被害者保護についても、完全な権利回復と安全を保障するシステムがなく、国際協力も不十分である。

警察による暴力

　厳格な法執行メカニズムや外部監視のメカニズムがないため、被疑者や拘禁中の女性に対し警官が権力を利用して暴力をふるう事件がたびたび起きている。性暴力事件の屈辱的な捜査がもたらす二次被害も深刻な問題だ。

ドメスティックバイオレンス（DV）

　加害者処罰や被害者への支援はなお不十分である。補償の欠如、労働経験の不足、労働市場の女性差別に加え、社会福祉の削減によって、子どもを持つ被害者の多くが

経済的困難に直面している。日本人男性と結婚・同居した多くの外国人女性が性および民族差別にもとづくDVを経験しているが、在留資格を失うことを恐れて通報には消極的である。
米軍による暴力
　沖縄など米軍基地周辺で米軍人による性暴力が続いてきたが、司法のジェンダーバイアスや刑罰の軽さに加え、米兵に有利な日米地位協定のため、加害者訴追・処罰はいっそう困難である。さらに非番の米兵による犯罪は日米両政府から国家の責任外の問題とみなされている。
旧日本軍性奴隷制
　いわゆる「慰安婦」制度は、国家関与の下で起きた拷問としてのレイプの典型的な事例である。日本政府は事実調査、責任者の訴追、適切な補償および救済、国民に対する教育などの義務を怠っており、司法も国際人権法にもとづく適切な救済を行っていない。現内閣は、右派勢力の「慰安婦」攻撃に対して反撃するどころか容認している。こうした政府の態度はサバイバーを再び傷つけるだけでなく、女性差別言説を再生産し、女性の人権より国家利益を優先させる国や司法の態度を助長している。

＊このレポートは、アジア女性資料センターがOMCT（World Organization Agaisnt Torture）の支援の下に、戦争と女性への暴力日本ネットワーク（VAWW-Net Japan）、人身売買禁止ネットワーク（JNATIP）、カラカサン、SWASH（Sex Work and Sexual Health）、Warriors Japan、全国シェルターネット、反差別国際運動日本委員会から情報提供を受けてまとめた。

(2007年4月)

2　拷問禁止委員会の最終見解に関する意見

ジェンダー暴力に関する第38回国連拷問禁止委員会勧告を歓迎し日本政府に全面的かつ速やかな勧告受け入れを求める

　先日閉会した第38回国連拷問禁止委員会は、2007年5月9日〜10日に行われた、日本における拷問その他の非人道的取り扱いに関する日本政府の第一回報告の審査に関する最終見解を5月22日に公表しました。
　最終見解は、代用監獄や死刑等の問題とならんで、旧日本軍性奴隷制（いわゆる「慰安婦」）、人身売買、警察による暴力、米軍基地周辺の性暴力などの女性に対する暴力の横行が、日本が1999年に批准した拷問等禁止条約の義務のいくつかに反すると明確に指摘しました。委員会は日本政府に対し、ジェンダーに基づく暴力を防止し、これら暴力の根本にある差別をなくすような教育を行うよう勧告しています。
　今回の委員会勧告は、政府の中からも「慰安婦」の強制性を否定したり、「産む機械」など女性の人権を軽視する発言が続いている現状に対し、強く警鐘を鳴らすものとい

えます。

　アジア女性資料センターは、政府報告には女性の人権の視点がまったく欠けていたにも関わらず、日本におけるジェンダー暴力および性暴力について、委員会が特別の関心を払われたことを歓迎します。そして、日本政府が委員会勧告を真摯に受け止め、速やかに是正措置を講じるよう、国内女性グループ、市民団体、および国際人権団体とともに、強く求めます。

　特に、「ジェンダー暴力および人身売買」に関連する勧告に対する回答を1年以内に行うようにという委員会の要請（パラ30）について、期限どおりに、誠実かつ詳細な報告を行うよう求めます。

旧日本軍性奴隷制（いわゆる「慰安婦」）

　委員会は、旧日本軍性奴隷制被害者に対する適切な救済の欠如を指摘したばかりでなく、「締約国が公式に事実を否認し続け、真実を隠匿あるいは公開せず、虐待の刑事上の責任者を訴追せず、適切なリハビリテーションを提供しないことによって、被害者およびサバイバーに対し苦痛と心の痛手を負わせ続けている」と指摘しました。そしてこれは、拷問およびその他の非人道的扱いを防ぐという政府の義務違反であると指摘しています。委員会は、性暴力およびジェンダー暴力の根本にある差別をなくすための教育と、被害者のリハビリテーション *1、加害者の不処罰を防ぐ手段を講じるよう勧告しました。（パラ23）

　また委員会は、拷問その他の非人道的行為が時効の対象とされていることに懸念を表明し、特に「慰安婦」被害者の訴訟が除斥時効を理由として却下されていることを遺憾としました。委員会は、拷問等禁止条約の義務にしたがって既存の法を見直し、拷問に当たる行為については時効なく、加害者の調査、訴追、処罰を行うよう勧告しています。（パラ12）

人身売買

　委員会は、人身売買はいまだに重大な問題であり、被害者保護の不十分さのため、被害者が不法移民として、必要な救済措置を受けないまま送還されていると指摘しました。委員会は、エンターテイナービザの悪用を防ぐため規制を強化し、十分な資源を配分し、関連刑法を厳格に施行するなど、人身売買の防止対策を強化するよう勧告しています。（パラ24）

基地周辺の性暴力

　委員会は、基地周辺における外国軍人による女性・少女に対する暴力について、防止や被害者救済のための適切な手段が欠けていると指摘し、外国軍人による性暴力被害者をはじめ、すべての被害者に法廷で救済を求める権利を保障するよう勧告しました。（パラ24）

被拘禁者への性暴力、強姦の定義

　委員会は、拘禁中の女性・子どもに対する警察官・刑務官等による性暴力について懸念を表明しました *2。また、刑法強姦罪の「強姦」の定義に、性交以外の形態の性暴力や、男性に対するレイプが含まれていないという問題も指摘しています。委員会は、女性の権利や被害者のニーズについて、法執行官や裁判官の訓練を行い、また警

察に専門部署を設置して、安全なシェルターや心理的ケアなど、被害者によりよい保護とケアを提供するよう勧告しました。(パラ 24)

人権教育・トレーニング

　委員会は、法執行官の訓練に使われているすべての教材を公表することとともに、法執行官や裁判官に、特に女性や子どもの人権に配慮した人権教育を行うことを求めました。また、特に「慰安婦」問題について、「教育（条約第 10 条）と被害者の救済（第 14 条）は、それ自体、締約国のさらなる義務違反を防ぐ手段である」と述べ、「性暴力およびジェンダー暴力の根本にある差別をなくすような教育」を行うよう勧告しました。

*1　これは単なる健康の回復だけではなく、社会復帰、職業訓練などを含む概念。ケースによっては、PTSD のケアや治療を含む心理的サービス、法的サービス、生活水準の保障や職業訓練といった社会的サービスを含む高度な援助である。
*2　「性暴力およびジェンダー暴力」は、女性・少女に対する暴力だけでなく、男性・少年に対する性暴力や、性的指向を理由とする暴力も含まれる。

(2007 年 5 月 22 日)

III 国際人権活動日本委員会、日本国民救援会、治安維持法犠牲者国家賠償要求同盟、再審・えん罪事件全国連絡会

1 オルタナティブ・レポートの概要

1 期待された批准と報告書
「拷問等禁止条約」を日本政府が批准したのは1999年6月29日で、139番目（現在の批准国は144カ国）とはいえ歓迎すべきことである。

2 日本政府の報告書提出遅延傾向の改善を
第1回日本政府報告書は、実に5年遅れで2005年12月に提出された。自由権規約第5回政府報告書も、2006年12月に提出されたが、4年遅れである。2006年6月に期限を迎えた「社会権規約」の政府報告は、これから手をつけるという有様である。報告書提出に対する日本政府の姿勢は、実に不誠実であり怠慢である。人権理事国になった日本政府が、こうした実態を反省し、報告書の遅延傾向を改善することを強く求める。

3 「法の廃墟」
政府報告書は、全文84頁中条文引用がおよそ45頁であり「本文39頁の半分以上は、引用された条文の趣旨説明の単なる繰り返しにすぎない」「そこに法律の条文が存在することに意味を見出すだけの歪んだ法律実証主義である。法の理念や価値が脱色されているため、寒々とした法の廃墟で残骸を寄せ集めているに過ぎない」（前田朗・東京造形大学教授）

4 日本の現実——「踏み絵」が残っている
富山県「氷見えん罪事件」、鹿児島県「公職選挙法違反」事件など、えん罪事件が明るみになり、鹿児島の事件では、床に置かれた紙に肉親の言葉なるものを書き、それを何回も足で踏ませ自白を迫るという、「踏み字」事件もあった。封建時代の「踏み絵」という取調べを想起させる。

警察の取調べを、「録音や録画で可視化せよ」という声があがっている。しかし、警察庁長官は「考えていない」と述べている。

5 「拷問」の定義について
報告書は拷問の定義を明確にしていない。条約では、拷問とは「身体的であるか精神的であるかを問わず、人に重い苦痛を故意に与える、残虐で、非人道的で、品位を傷つける行為である」と定義し、国内法にも明記する必要があるとしている。日本のえん罪事件では、特に精神的拷問が数多く行われてきた。

6 個人通報制度・選択議定書未批准について

政府は「司法権の独立」を理由に、拷問禁止条約の第22条による個人通報制度の受諾宣言を行っていない。同条約の選択議定書も批准していない。個人通報制度である自由権規約選択議定書も批准を拒否している。選択議定書・個人通報制度の批准をこれ以上引き伸ばすことは許されない。

7 救済制度——再審制度について

日本政府は「わが国の司法制度は効率的であり、人権侵害に対する救済制度として十分に機能している」「再審の請求をすることができる」としている。しかし、日本の再審制度は重く扉が閉ざされ、救済制度の役割を果たしていない。大崎事件、名張事件、布川事件、横浜事件など再審開始決定が出されても、検察が抗告したため覆されたり、争いが続いている。

8 日本政府・司法は過去の拷問の反省もしていない

安倍現首相も、アメリカの下院で審議中の「従軍慰安婦」決議をめぐり、「慰安婦」が強制連行された証拠はない、という発言をしている。
この日本政府の「歴史観」は、戦前・戦時中の拷問に対しても未だに反省し、謝罪していない姿勢となって表われている。

治安維持法国賠同盟は毎年、治安維持法犠牲者への国家賠償法の制定を求める40万筆近い署名を集め、国会請願を行っているが、日本政府は謝罪及び賠償をいまだに行わず、黙殺している。

現代日本における人権侵害に対する救済制度の不十分さは、横浜事件再審裁判請求の経過に端的にあらわれている。学説の上でも、世間常識においても、えん罪であることが明白であるのに、20年もの歳月を費やしても、なおまだそのえん罪取消しが実現しないというのは、日本における人権救済の制度としての再審が、きわめて不備な制度であることを示している。

9 映画「それでもボクはやってない」——「人権後進国」日本

周防正行監督の映画「それでもボクはやってない」は、警察、検察、裁判所がどのようにえん罪をでっち上げていくかを、非常にリアルに描いている。
「日本は経済大国であっても、人権は後進国」という現実を如実に示す映画である。

10 国民救援会のレポート

(1) 被拘禁者の処遇について

死刑確定者の処遇については、ほとんど改善されていない。政府は、死刑囚の処遇、とくに外部交通の規制について、「心情の安定」、つまり死刑執行をやりやすくすることを第一義的に考え、人間の尊厳を保障する人道的処遇を行っていない。

(2) 被疑者の取調べ

被疑者が重大事件でない場合(痴漢や住居侵入など)でも、否認すると捜査当局は「証

拠隠滅」「証人威迫」などを理由に身柄を長期間（最大 23 日間）拘束する。裁判所の
チェックはほとんど機能していないのが現状である。
　——証拠開示について——
　検察官は無罪の証拠を隠し、その結果えん罪を生んでいる。同時に、ほとんどの裁
判官が検察官に対し、証拠を開示するよう命令するなどの積極的な訴訟指揮をとろう
としていない。
(3)　請願・申立ての権利
　名古屋刑務所暴行事件で明らかなように、刑務所内での被拘禁者への暴行は、処遇
への不満を申し立てようとしたことに対しての報復として行われたものであった。
(4)　「自白」の証拠能力
　政府が、自白をとるための妨げになるとして取調べの可視化制度の導入を拒否して
いることから、捜査機関も自白をとることを最も重視するという悪循環が生まれてい
る。
(5)　その他　(b)いわゆる代用監獄
　被疑者段階での勾留場所は通常、警察の留置場（代用監獄）とされ、依然として、
被疑者は 24 時間警察の監視下におかれ、深夜でも取調べが行われ、自白を迫られる
状態にある。そのなかで、嘘の「自白」を強要されるということが、えん罪事件での
共通した点である。

（2007 年 3 月）

2　拷問禁止委員会審査及び最終所見に対する意見（新聞投稿）

冤罪根絶　拷問禁止委の勧告に従え

吉田好一（国際人権活動日本委員会代表委員）

　「拷問等禁止条約」（以下「条約」）の正式名称は、「拷問及び他の残虐な、非人道的
な又は品位を傷つける取扱い又は刑罰に関する条約」で、日本政府がこの条約に加
入したのは 1999 年である。2000 年に第 1 回報告書を出さねばならなかったのだが、
5 年遅れて 2005 年 12 月に提出した。
　拷問禁止委員会（10 人で構成）による政府報告書審査が今年 5 月 9 日～ 10 日にジュ
ネーブの国連人権高等弁務官事務所で行われた。審査の傍聴に、日弁連などの NGO
と一緒に私も参加した。日本政府は外務、法務、警察、防衛などの省庁から 20 数人
の代表を派遣した。
　私たち NGO は事前に政府報告に対するリポートを提出、条約 1 条が「『拷問』とは、
身体的なものであるか精神的なものであるかを問わず、人に重い苦痛を与える行為」
と規定しており、日本では「精神的拷問が多く存在している」と指摘した。
　7 日夜、周防正行監督の映画「それでもボクはやってない」をジュネーブ市内の
NGO センターで上映した。映画をみた拷問禁止委員は「こうした現実があるとした
ら信じられない。クレイジーだ」と感想を語った。NGO と委員とのミーティング（8

日）では、布川事件で仮釈放中の再審請求人杉山卓男さん、同じく桜井昌司さんの妻恵子さんが自白による「冤罪」の実態を訴えた。

　審査初日に、外務省の木村徹也人権人道課長が政府の代表報告を行った。内容は政府報告書をなぞり、「日本では憲法、刑事訴訟法などで拷問は禁止されており、拷問は存在しない」というものであった。委員から多岐にわたる質問があり、マブロマティス議長は「『美しい法律』がどう実施されているかが問題なのである」と発言した。

　5月18日付で、拷問禁止委員会の「結論と勧告」が公表された。全体として、日本の人権状況に強い懸念を示し、改善を求める勧告だ。一部を紹介する。

　①「拷問」の定義　「精神的拷問」は刑法に明確に定義されていない。条約1条の拷問の定義を国内法に取り入れること。

　②時効　拷問や虐待に匹敵する行為が時効の対象になっていることに懸念。特に第二次大戦中の性奴隷（「従軍慰安婦」）の犠牲者の訴えが、時効を理由に却下されていることは遺憾である。拷問や虐待に関する行為は時効に関係なく、取り調べ、訴追、処罰を行うこと。

　③代用監獄　被拘束者の権利への侵害の危険性を増加させ、事実上推定無罪や、黙秘権、防御権などの原則を無視している。23日間の未決拘禁期間は長すぎる。取り調べの全過程の録音録画、弁護人の立ち会い、尋問時間の厳格な時間制限が必要。

　④個人通報制度　条約22条の個人通報制度を日本政府は受諾していない。受諾宣言を行うよう勧告している。日本政府は、すでに105ヵ国が批准している自由権規約の選択議定書も「司法の独立が侵される」という理由で批准を拒否している。

　選択議定書、代用監獄、「従軍慰安婦」などの諸問題は、これまでも国連人権諸機関から何度も勧告されてきた。日本政府は自らが加入した国際規約（条約）を遵守し、勧告を尊重するつもりがあるのだろうか。

　鹿児島県志布志市の選挙違反事件、富山冤罪事件が大きな問題になっている。日本政府には、冤罪を根絶するためにも拷問禁止委員会の勧告を真摯に受け止め、実施することを望む。

　　　　　　　　　朝日新聞「私の視点」（2007年8月9日付朝刊に掲載）より

資料編　③報道

共同通信配信記事より

2007年4月21日付配信
フォーカス：拷問等禁止条約の政府報告を弁護士らが批判

　「拷問及び他の残虐な、非人道的な又は品位を傷つける取り扱い又は刑罰に関する条約」に基づき、日本政府が初めて国連に提出した報告書が弁護士や人権活動家らに批判されている。

　政府報告書は、公務員が拷問や残虐な刑罰を加えることは犯罪行為として厳格に禁止されていると記載、5月中旬にはジュネーブで国連による審査を受けることになっている。一方、日本弁護士連合会や人権擁護団体はこの審査を前に取りまとめた独自レポートで、日本の状況について説明。政府は一般論を述べているだけで実態を十分に報告していない、と主張している。

　例えば、「代用監獄」について政府報告書は「いわゆる代用監獄制度においては、捜査を担当しない部門に属する留置担当官が、関係する法令等に基づき、勾留された被疑者等の処遇を人権に配慮して行っているところであり、不必要な精神的、肉体的苦痛を内容とする人道上残酷と認められる取扱い又は刑罰は行われていない」とし「このようないわゆる代用監獄制度が適正に運用されている限り、『残虐な、非人道的な又は品位を傷つける取扱い又は刑罰』が行われているとして、本条約上の問題が生じるものではないと考える」と説明している。

　これに対し日弁連はレポートで「代用監獄は、自白強要システムとして働き、本質的に虚偽の自白を生み、虚偽の自白を維持させる作用をする」と指摘。さらに「警察署内でいくら捜査係と留置係を分離したとしても、本質は変わらず、自白強要とえん罪の温床となるのである」との見解を述べている。

　被疑者は1件の事件につき、最長23日間代用監獄に拘束され、再逮捕、再勾留が重なればさらに長期間にわたり警察署内に拘束されることになる。「1日の取調べ時間も、場合により10時間を超え、深夜に及ぶこともある。このような取調べそれ自体が、被疑者に多大な精神的苦痛を与える拷問と言える」と日弁連は述べている。

　代用監獄制度がもたらした実害例として日弁連は、1980年代にあった4件の死刑再審無罪判決を挙げている。それぞれ、最高裁判所でいったん死刑判決が確定した事件について、再審無罪判決が出されたものだ。「これらは、いずれも1950年代に発生した事件である。しかし、代用監獄が自白強要の場であり、えん罪の温床であることは、今も変わっていない」としている。

「監獄人権センター」など3つのNGOも共同で国連に提出したレポートで、代用監獄の廃止とともに、取調べの過程を全てビデオ録画し透明性を確保するよう提言。「警察署での取調べ過程を録画、録音して記録するシステムがないため、自白が任意になされたものではないと弁護人が証明するには被告本人及び捜査官を尋問するしかない」と述べた。

拷問等禁止条約は1984年に国連総会で採択され、日本は1999年6月に加入している。日本の第1回報告書の提出期限は2000年7月だったが、実際に出されたのは2005年12月になってからだった。日弁連は「このことは、拷問等禁止の課題について、条約に基づく国際的な視野からの審査を忌避しようとする政府の姿勢を示すものである」と批判している。

日弁連やNGOのレポートはまた、長期にわたる独居拘禁にも懸念を表している。

日弁連によると、2005年11月現在、10年以上にわたり隔離処遇を受けている受刑者は30人おり、そのうち、無期懲役刑に服しているある受刑者は50年11ヶ月の受刑生活のうち42年を独居で過ごしている。

全国に1,452人いる無期刑囚のうち、8.61%に当たる125人が隔離処遇を受けており、日弁連は「こうした長期にわたる隔離処遇は非人道的処遇であり、受刑者の心身に極めて深刻な害悪をもたらすことは明らかである」と指摘している。

2005年に成立した受刑者処遇法は、隔離処遇は原則として3ヶ月以内と規定しているが、日弁連は「更新回数に制限がない。したがって、極端に長期にわたる隔離は、現在も続いている」と述べている。

このように、独居拘禁は受刑者に深刻な影響を与えることから、NGOも共同レポートで「30年から40年にもわたる隔離処遇は、もはや有効な刑罰とはいえない」と主張。「10年以上も続くような隔離処遇は、少なくとも非人道的な取扱いと考えられる」としている。

一方、死刑制度について政府報告書は「刑法に定められている罰であり、本条約第1条にいう『合法的な制裁』に該当し、本条約にいう拷問に当たるものではない」とし、絞首刑という処刑方法についても「他の方法に比して人道上残酷な方法とは考えられず、『残虐な、非人道的な又は品位を傷つける』刑罰に該当するものではない」と説明。さらに、犯行時に18歳未満の被告人には死刑は適用されないとも述べている。

ところが日弁連は、政府のこうした説明は不適切なものだと指摘。その例として、2001年には、犯行時19歳1ヶ月の少年に対する死刑が確定したことや、犯行時18歳の少年に対する無期懲役判決が2006年に最高裁によって破棄、差し戻しとなり、死刑判決に変更される可能性が高まっていることをあげている。

2006年に処刑された4人の死刑囚のうち、2人は70代の老人で、その1人、75歳の死刑囚は身体疾患のため立ち上がることも歩くこともできなかった、と親族に宛てた手紙に書き残している。

「このような高齢者に対する死刑の執行は非人道的な刑罰にあたる可能性が高いと考えられるが、日本の死刑制度においては、死刑執行の具体的状況すら知ることができない」と日弁連は指摘、日本の死刑密行主義を批判した。

政府報告書について、日弁連報告の編纂に当たった田鎖麻衣子弁護士は「政府は日本の実態をありのままに報告することに消極的だ」とし「政府報告書が（条約の）要請に応えているとは思えない」と話している。
　日弁連はまた、難民認定制度と入管収容施設の改善の必要性を強調。さらに、少年に刑事責任を課し、施設収容を進める法改正の撤廃を求めている。

（原文は英語。執筆・翻訳ともに平野恵嗣）

2007年5月25日付け配信
フォーカス：拷問禁止委勧告を弁護士、人権NGOが歓迎

　国連・拷問禁止委員会が、代用監獄や死刑制度、戦時性暴力など日本の主要な人権問題に深い憂慮を示したことを、日本弁護士連合会や人権擁護団体が評価している。
　拷問等禁止条約に基づき日本政府が提出した初めての報告書を審査したジュネーブの同委員会は5月初旬、代用監獄や死刑制度の見直しや性暴力問題への取り組みを日本政府に求めた。
　日本は1999年に条約に加入。日弁連の平山正剛会長は「わが国は、同条約の批准国として、委員会から勧告された点につき改善に向けて努力する義務を負う立場にある」と会長声明で述べている。
　被疑者を警察の拘置施設に勾留する代用監獄制度について、同委員会は、被拘禁者の権利を踏みにじりかねないものであり「推定無罪の原則や黙秘権などの事実上の侵害につながる」と指摘している。
　こうした認識にたち、同委員会は日本政府に、「公判前の警察の拘置施設利用を制限するため」刑事被収容者処遇法の改正を求めた。
　被疑者は1件の事件につき、最長23日間代用監獄に拘束され、時には1日10時間以上も、弁護人との接触も制限された状態で捜査官の取り調べを受ける。
　委員会の日本政府報告審査に日弁連の派遣団の一員として出席した弁護士によると、ある委員は、代用監獄に拘束されると被疑者は自白を迫られているような心理状態に追い込まれ、推定無罪の原則は無視されている、と語ったという。
　日弁連は、代用監獄は「自白強要システムとして働き、本質的に虚偽の自白を生み、虚偽の自白を維持させる作用をする」として、その廃止を求めている。
　「委員会が明白、かつ具体的に代用監獄の弊害を指摘したのは極めて画期的なことだ」と日弁連派遣団の1人、海渡雄一弁護士は話している。「委員会はそのための立法措置の必要性にまで踏み込んでおり、それは政府だけでなく、私たち法律家にも大きな宿題となった」
　委員会はまた、死刑囚が原則として隔離処遇され、それが30年以上に及ぶケースもあるというのは、拷問か、非人道的取扱いに当たるとしている。
　死刑囚が執行を通告されるのはわずか数時間前で、委員会は「処刑時期に関する不必要な秘密主義、恣意性」や「処刑日時が明らかにされないことが死刑囚やその家族

に強いる恒常的な精神的負担」も拷問に当たると指摘。日本政府に対し、速やかな執行の一時停止を求めた。

　日弁連の派遣団によると、ある委員は審査中に、日本の絞首刑を時代錯誤と非難したという。

　アムネスティ・インターナショナル日本の寺中誠事務局長は、警察の拘置施設での取り調べ過程をビデオ録画などの方法で検証する制度を導入し、弁護士の接見や取り調べへの同席を保証するよう委員会が日本に求めたことは注目に値すると述べた。

　「委員会は代用監獄に対し、明確に『ノー』を突き付けたのであり、日本の司法制度そのものの見直しを求めたのだ」と寺中事務局長は話した。「日本の死刑制度は、こうした十分とはいえない司法制度の下で維持されているのだということを、私たちは認識しなければならない」

　一方、同委員会は「性暴力の被害者、特に第2次大戦中の日本軍の性奴隷制度の被害者に対する不十分な補償」に不満を表明した。性奴隷制の被害者は日本では「従軍慰安婦」とも呼ばれている。

　日本政府に対する勧告で委員会は、戦時性暴力の被害者たちは「政府関係者の事実否定や情報開示に対する不適切な態度、(性暴力の)責任者を処罰せぬままに放置していること、さらに、被害者への十分な救済、補償をしていないことなどのため、今日に至るまで苦しみ続けている」と述べている。

　同委員会はまた、観光ビザの不正利用などによる国境を越えての人身売買が行われており、その被害者は不法移民と見なされ、補償や救済のないまま国外退去処分を受けていると指摘。日本政府に対し、状況の改善を求めている。

　アジア女性資料センターの本山央子氏は、勧告が、性暴力に取り組むための教育やその被害者に対する救済措置の必要性を強調していることに注目。「委員会は、公人による性奴隷制の強要の否定が、被害者に対する不十分な救済と相まって、彼らをさらに苦しめ続けている、と明確に裁定した」と述べた。

　同委員会はさらに、難民認定過程や入管施設での処遇の改善を求めたほか、私立、公立の精神医療施設での患者拘束について、効果的で包括的な法的規制のために必要な措置を講ずるよう日本政府に促した。

　委員会は、代用監獄を含む勧告のいくつかの点についての報告を1年以内に提出するよう、日本政府に求めている。

（原文は英語。執筆・翻訳ともに平野恵嗣）

資料編　④最終見解に対する政府の見解

拷問等禁止委員会最終見解のうち、刑事司法・刑事拘禁と入管手続などに関する質問主意書および同質問に対する答弁書

提出者：保坂展人社民党衆議院議員
質問主意書：2007（平成19）年6月7日提出、質問第368号
答弁書：2007年（平成19）年6月15日受領、答弁第368号

※以下、原本の質問と答弁を比較対照できるよう編集したが、内容は原文のとおりである。

質　問	答　弁
一　はじめに 　国連拷問等禁止委員会は、二〇〇七年五月二十一日、拷問等禁止条約の実施状況に関する第一回日本政府報告書に対して、同年五月九日、十日に行われた審査を踏まえ、最終見解を発表した。 　政府は条約締約国として、この条約を遵守する義務を負っているが、同条約に基づき設置された条約実施機関である国連拷問等禁止委員会から勧告された点につき真摯に受け止め、勧告された点について改善に向けて努力する義務があると考えるがどうか。 二　代用監獄について 　委員会がもっとも強く懸念を示し、重要な改革を求めているのは、代用監獄と、そこで行われる取調べの問題についてである。 　まず代用監獄制度について、委員会は最終見解十五項において、被逮捕者が裁判所に引致された後ですら、起訴に至るまで、長期間勾留するために、代用監獄が広くかつ組織的に利用されていることに深刻な懸念を有する。これは、被拘禁者の勾留及び取調べに対する手続的保障が不十分であることとあいまって、被拘禁者の権利に対する侵害の危険性を高めるものであり、事実上、無罪推定の原則、黙秘権及び防御権を尊重しないこととなり得るものであると指摘した。そして、特に、委員会は以下の点について深刻な懸念を有するとしている。 ①　捜査期間中、起訴にいたるまで、とりわけ捜査の中でも取調べの局面において、拘置所に代えて警察の施設に拘禁されている者の数が異常に多いこと	一について 　拷問及び他の残虐な、非人道的な又は品位を傷つける取扱い又は刑罰に関する条約（平成十一年条約第六号。以下「拷問等禁止条約」という。）第十七条1の規定に基づいて設置された拷問の禁止に関する委員会（以下「委員会」という。）に政府が提出した第一回政府報告の検討を踏まえて委員会が二千七年五月十六日及び同月十八日の会合で採択したいわゆる最終見解（以下「最終見解」という。）については、法的拘束力を有するものではないが、その内容等を十分に検討した上、政府として適切に対処していく必要があると考えている。

② 捜査と拘禁の機能が不十分にしか分離されておらず、そのために捜査官は被拘禁者の護送業務に従事することがあり、終了後には、それらの被拘禁者の捜査を担当し得ること
③ 警察留置場は長期間の勾留のための使用には適しておらず、警察で拘禁された者に対する適切かつ迅速な医療が欠如していること
④ 警察留置場における未決拘禁期間が、一件につき起訴までに二十三日間にも及ぶこと
⑤ 裁判所による勾留状の発付率の異常な高さにみられるように、警察留置場における未決拘禁に対する裁判所による効果的な司法的コントロール及び審査が欠如していること
⑥ 起訴前の保釈制度が存在しないこと
⑦ 被疑罪名と関係なく、すべての被疑者に対する起訴前の国選弁護制度が存在せず、現状では重大事件に限られていること
⑧ 未決拘禁中の被拘禁者の弁護人へのアクセスが制限され、とりわけ、検察官が被疑者と弁護人との接見について特定の日時を指定する恣意的権限をもち、取調べ中における弁護人の不在をもたらしていること
⑨ 弁護人は、警察保有記録のうち、すべての関連資料に対するアクセスが制限されており、とりわけ、検察官が、起訴時点においていかなる証拠を開示すべきか決定する権限を有していること
⑩ 警察留置場に収容された被拘禁者にとって利用可能な、独立かつ効果的な査察と不服申立ての仕組みが欠如していること
⑪ 刑事施設では廃止されたのと対照的に、警察拘禁施設において、防声具が使用されていること

　その上で、委員会は、未決拘禁を国際的な最低基準に適うものとするための効果的手段を即時に講ずるべきこと、とりわけ、未決拘禁における警察留置場の使用を制限すべく、刑事収容施設及び被収容者等の処遇に関する法律（以下、刑事被収容者処遇法という。）の改正を求めている。
　よって質問する。
（一）　委員会は、法を改正し捜査と拘禁を完全に分離すること、国際基準に適合するよう警察拘禁期間の上限を設定することを求めている。この勧告は、警察留置場を代用刑事施設として用いることを認めた刑事被収容者処遇法を改正して、勾留決定後の警察拘禁は認めないこととすべきこと、捜査官が被拘禁者の護送業務に従事することを禁止するため、刑事被収容者処遇法第十六条三項の捜査と拘禁の分離規定の見直しを求めているのではないか。

二の（一）について
　我が国の刑事司法制度の下では、限られた身柄拘束の期間の中で、被疑者の取調べその他の捜査を円滑かつ効率的に実施しつつ、被疑者とその家族、弁護人等との接見の便にも資するためには、全国にきめ細かく設置されている留置施設に被疑者を勾留することが現実的であり、代用刑事施設制度は、このような観点からみて、現に重要な役割を果たしていると考えてきたところである。刑事収容施設及び被収容者等の処遇に関する法律（平成十七年法律第五十号。以下「刑事収容施設法」という。）においては、代用刑事施設制度を代替収容制度とした上、留置施設に係る留置業務に従事する警察官は、その留置施設に留置されている被留置者に係る犯

(二) 委員会は、警察拘禁中の適切な医療への速やかなアクセスを確実にすると同時に、法的援助が逮捕時点からすべての被拘禁者に利用可能なものとされ、弁護人が取調べに立ち会い、防御の準備のため起訴後は警察記録中のあらゆる関連資料にアクセスできることを確実にすることを求めている。それぞれの課題について今後どのように対応するのか。

(三) 都道府県警察が、二〇〇七年六月に設立される予定の留置施設視察委員会の委員には、弁護士会の推薦する弁護士を組織的に含めることを確実にするなどの手段により、警察拘禁に対する外部査察の独立性を保障することを求めている。多くの県警において弁護士会の推薦する弁護士を委員に選任したものと承知しているが、少なからぬ県警において弁護士会の推薦する弁護士を委員に選任していない実情にあるものと承知している。各県警のうち、弁護士会の推薦する弁護士を委員に選任したところと、そうでないところの県名を明示して明らかにされたい。また、来年度以降、すべての県警において弁護士会の推薦する弁護士が委員に選任されるようにすべきであると考えるがどうか。

罪の捜査に従事することを禁じる旨を明文で規定し、一般の方を委員とする留置施設視察委員会の設置を規定するなどの制度的改善を加えており、現段階で刑事収容施設法を改正することは考えていない。代替収容制度については、今後、取調べを含む捜査の在り方や刑事手続全体を検討する中で検討すべきものと考えている。

二の(二)について

留置施設においては、被留置者に対し、おおむね月に二回、留置業務管理者の嘱託する医師が健康診断を行い、また、被留置者が負傷し、又は疾病にかかっている場合は、公費により速やかに医師等の診療を受けさせるなどしているところであり、引き続き、被留置者が適切な医療を迅速に受けることができるようにしてまいりたいと考えている。

刑事訴訟法(昭和二十三年法律第百三十一号)は、すべての被疑者に弁護人選任権を保障しているところであり、これに加え、すべての被疑者を対象に国選弁護制度を拡大することについては、いわゆる司法過疎地域の状況や公的資金の導入に伴う国民の負担等を考慮して、慎重に検討すべきものと考えている。

現在の刑事訴訟の実務上、適正な取調べによって得られた被疑者の供述が事案の真相を解明する上で極めて重要な役割を果たしていることにかんがみると、取調べに際して弁護人の立会いを認めることについては、限られた被疑者の身柄拘束期間の中で迅速に捜査を遂げて実体的真実を追求する必要があること等を考慮しつつ、広く刑事訴訟制度全体の枠組みの中で慎重に検討すべきものであると考えている。

いわゆる検察官手持ち証拠のすべてを弁護人に開示することについては、関係者の名誉・プライバシーの侵害、罪証隠滅、証人威迫等の弊害が生じる場合があり、さらに、国民一般からの捜査への協力を得ることが困難になるおそれがあるので、相当ではないと考えている。

二の(三)について

平成十九年六月八日現在、留置施設視察委員会の委員を任命している都道府県公安委員会(道警察本部の所在地を包括する方面以外の方面にあっては、方面公安委員会。以下「公安委員会」という。)のうち、弁護士会が推薦した弁護士を留置施設視察委員会の委員に任命しているものは、岩手県公安委員会、宮城県公安委員会、秋田県公安委員会、東京都公安委員会、茨城県公安委員会、群馬県公安委員会、埼玉県公安委員会、神奈川県公安委員会、山梨県公安委員会、長野県公安委員会、静岡県公安委員会、岐阜県公安委員会、愛知県公安委員会、三重県公安委員会、京都府公安委員会、兵庫県公安委員会、奈良県公安委員会、鳥取県公安委員会、島根県公安委員会、徳島県公安委員会、香川県公安委員会、愛媛県公安委員会、佐賀県公安委員会、長崎県公安委員会、宮崎県公安委員会、

（四）　委員会は、警察留置場の被留置者からの不服申立てを審査するため、公安委員会から独立した効果的な不服申立制度を確立することを求めている。このような制度的な改正を検討するべきではないか。

（五）　委員会は、公判前段階における拘禁の代替措置の採用について考慮するよう求めている。この問題は現在法制審議会で審議中であると承知しているが、政府としてこのような制度の導入を前向きに検討するべきであると考えるがどうか。

（六）　委員会は、警察留置場における防声具の使用を廃止するべきことを求めている。警察留置場における防声具は保護室の整備を待って廃止していく方針と承知しているが、全国的な保護室の整備計画を加速させ、早期の廃止計画を明らかにするべきであると考えるがどうか。
（七）　代用監獄問題を指摘している十五項は、委員会に対する一年以内の優先的な情報提供事項とされている。期限までに前向きの対応が図られるよう、政府としての対応体制を確立するべきであると考えるがどうか。

三　取調べと自白について
　委員会は、十六項において、とりわけ、未決拘禁に対する効果的な司法的統制の欠如と、無罪判決に対して、有罪判決の数が非常に極端に多いことに照らし、刑事裁判における自白に基づいた有罪の数の多さに深刻な懸念を表明している。委員会は、警察拘禁中の被拘禁者に対する適切な取調べの実施を裏付ける手段がないこと、とりわけ取調べ持続時間に対する厳格な制限がなく、すべての取調べにおいて弁護人の立会いが必要的にされていないことに懸念を表明している。加えて、委員会は、国内法のもとで、条約第十五条に違反して、条約に適合しない取調べの結果なされた任意性のない自白が裁判所

鹿児島県公安委員会及び沖縄県公安委員会であり、右に述べた以外のものは、北海道公安委員会、函館方面公安委員会、旭川方面公安委員会、釧路方面公安委員会、北見方面公安委員会、栃木県公安委員会、千葉県公安委員会、滋賀県公安委員会、大阪府公安委員会、和歌山県公安委員会、山口県公安委員会及び高知県公安委員会であると承知している。
　また、留置施設視察委員会の委員については、各公安委員会において、人格識見が高く、かつ、留置施設の運営の改善向上に熱意を有する者のうちから適当と認められる者を任命する必要があると考えている。
二の（四）について
　公安委員会は、都道府県警察の民主的運営を保障するため、住民の良識を代表する合議制の機関として置かれ、第三者的な立場から、都道府県警察を管理するものであり、公安委員会によって、刑事収容施設法に基づく不服申立てに対する審査等は、適切に行われると考えている。
二の（五）について
　現在、法制審議会において、被収容人員の適正化を図るとともに、犯罪者の再犯防止及び社会復帰を促進するという観点から、刑事施設に収容しないで行う処遇等の在り方等について審議がなされ、その中で、保釈の在り方についても検討がなされているところであり、政府としては、今後の議論の推移を見守ってまいりたいと考えている。
二の（六）について
　警察庁においては、都道府県警察に対し、保護室を積極的に整備するよう指導しているところであり、都道府県警察においては、厳しい財政状況の下、保護室の整備に努めているものと承知している。
二の（七）について
　委員会の審査に当たっては、必要な情報を提供し、誠意をもって説明したところであり、委員会から最終見解の第十五項で指摘された事項については、関係省庁においてその内容等を十分に検討し、適切に対処してまいりたい。

において許容されうることに懸念を有するとしている。
　よって、質問する。
（一）　委員会は、警察拘禁ないし代用監獄における被拘禁者の取調べが、全取調べの電子的記録及びビデオ録画、取調べ中の弁護人へのアクセス及び弁護人の取調べ立会いといった方法により体系的に監視され、かつ、記録は刑事裁判において利用可能となることを確実にすべきであるとしている。
　全取調べの電子的記録及びビデオ録画を求める声は日増しに高まっている。政府は警察、検察による取調べのすべてについて電子的記録及びビデオ録画を行うことを決断するべきだと考えるがどうか。

（二）　委員会は、取調べ時間について、違反した場合の適切な制裁を含む厳格な規則を速やかに採用すべきであるとしている。このような規則訂正を速やかに実施するべきであると考えるがどうか。

（三）　委員会は、条約第十五条に完全に合致するよう、刑事訴訟法を改正すべきであるとしている。これは、刑事訴訟法第三百十九条、第三百二十二条を改正し、任意性のない自白・不利益供述の証拠能力及び、捜査・取調べの経過に違法性があった場合に採取された自白の証拠能力を否定することを求めているものと理解される。このような改正を急ぐべきであると考えるがどうか。

（四）　取調べ・自白問題を指摘している十六項は、委員会に対する一年以内の優先的な情報提供事項とされている。期限までに前向きな対応が図られるよう、政府としての対応体制を確立するべきであると考えるがどうか。

四　死刑制度と死刑確定者の処遇について
　死刑制度と死刑確定者の処遇については、委員会は、十九、二十項において、最近の立法が死刑確定者の面会及び通信の権利を拡大したことに注目しつつも、委員会は、死刑を言い渡された人々に関する国内法における多くの条項が、拷問あるいは虐待に相当し得るものであることに深い懸念を有するとし、また、委員会は、死刑確定者の法的保障措置の享受に対して課された制限、とりわけ以下の点に関して深刻な懸念を有するとしている。
　よって、以下のとおり質問する。
（一）　委員会は、死刑制度と死刑確定者の処遇については、独居拘禁の原則とこれが時には三十年以上も継続していること、処刑の日時について事前の告知がないこと、処刑の日時につ

三の（一）について
　現在の刑事訴訟の実務上、適正な取調べによって得られた被疑者の供述が事案の真相を解明する上で極めて重要な役割を果たしていることにかんがみると、取調べの全過程について録音・録画を義務付けることについては、被疑者と取調官との信頼関係を築くことが困難になるとともに、被疑者に供述をためらわせる要因となり、その結果、真相を十分解明し得なくなるおそれがあるほか、取調べ中における組織犯罪に関する情報収集や関係者の名誉・プライバシーの保護に支障を生ずるおそれがあるなどの問題があるので、慎重な検討が必要であると考えている。

三の（二）について
　取調べ時間について法的規制を設けることについては、捜査の流動性や事件の多種多様性にかんがみると、その現実的妥当性には疑問がある上、現在でも、被疑者に過度の負担を掛けることがないよう十分配慮されており、このような法的な規制を設ける必要性はないと考えている。

三の（三）について
　刑事訴訟法上、強制、拷問又は脅迫による自白、不当に長く抑留又は拘禁された後の自白その他任意にされたものでない疑いのある自白は証拠とすることができないこととされており、御指摘のような改正を行う必要はないものと考えている。

三の（四）について
　委員会の審査に当たっては、必要な情報を提供し、誠意をもって説明したところであり、委員会から最終見解の第十六項で指摘された事項については、関係省庁においてその内容等を十分に検討し、適切に対処してまいりたい。

四の（一）について
　刑事施設においては、死刑確定者の身柄を確保するとともに、その者が心情の安定を得られるように留意する必要がある。このため、刑事

いての秘密性と恣意性に深刻な懸念を表明し、死刑確定者の処遇については、国際最低基準にのっとった改善を行うよう求めている。

死刑確定者の処遇について、独居拘禁の原則を見直し、刑事被収容者処遇法第三十六条は改正すべきではないか。また処刑の日時を相当期間前に事前告知すべきであると考えるがどうか。

（二）　委員会は、再審請求や恩赦請求が死刑執行を停止させる効果がないこと、刑事訴訟法上、執行阻害事由となりうる精神障害に罹患している死刑囚を特定するための審査のメカニズムが欠如していることに懸念を表明している。このような点について刑事訴訟法第四百四十二条、第四百四十八条、第四百七十九条の改正を含む制度的な改善策を検討するべきであると考えるがどうか。

（三）　委員会は、必要的な上訴制度、すなわち死刑判決については被告人の意思に関わりなく上級審が審査をするべき制度を設けるべきことを勧告している。被告人が上訴を取り下げ、十分な司法審査がないままでの死刑判決確定が増加している日本の実情を的確に把握したうえでの勧告であると考える。

このような刑事訴訟法の改正も検討するべきであると考えるがどうか。また、過去十年間において、最高裁判所ないしは高等裁判所による決定ないし判決を経ないまま確定した死刑判決数の推移を、確定した審級別に示されたい。

（四）　委員会は、死刑執行の即時停止と減刑、恩赦を含む手続的改善を検討するべきことを勧告している。また、委員会は執行までに時間を要している場合に減刑の可能性を確保する法制度

収容施設法第三十六条は、死刑確定者の処遇は、原則として、昼夜、単独室において行う旨を定めるとともに、死刑確定者が心情の安定を得るため有益と認められる場合には、他の被収容者との接触を許すことも可能である旨を定めているのであり、これを改正する必要はないと考えている。

また、執行の日時を死刑確定者に対し相当期間前に事前に告知する取扱いは、当該死刑確定者の心情の安定を害することが懸念されるとともに、かえって過大な苦痛を与えることにもなりかねないと考えられること等により、適当でないと考えている。

四の（二）について

裁判所は、犯罪事実の認定についてはもとより、被告人に有利な情状についても、慎重な審理を尽くした上で死刑判決を言い渡しているものと承知しており、最終的に確定した裁判について速やかにその実現を図ることは、死刑の執行の任に当たる法務大臣の重要な職責であると考えている。仮に再審の請求や恩赦の出願を死刑執行の停止事由とした場合には、死刑確定者が再審の請求や恩赦の出願を繰り返す限り、死刑の執行をなし得ず、刑事裁判を実現することは不可能になり、相当ではないと考えられる。

刑事訴訟法上、死刑の言渡しを受けた者が心神喪失の状態にあるときは、法務大臣の命令によって執行を停止するものとされているところ、死刑の言渡しを受けた者が心神喪失の状態にあるかどうかについては、適切に判断がなされており、御指摘のような改正を行う必要はないものと考えている。

四の（三）について

刑事訴訟手続においては、三審制の下で有罪の認定、刑の量定等について上訴が広範に認められ、また、死刑事件では必ず付される弁護人にも上訴権が付与されており、現に、死刑判決がなされた多数の事件で上訴がなされている状況にあること等にかんがみれば、御指摘のような制度を設ける必要はないものと考えている。

また、平成九年から平成十八年までの十年間に確定した死刑判決中、高等裁判所の判決又は決定を経ていないものの数は、平成九年零件、平成十年一件、平成十一年零件、平成十二年二件、平成十三年一件、平成十四年零件、平成十五年から平成十七年まで各一件、平成十八年二件であり、高等裁判所の判決又は決定を経たが、最高裁判所の判決又は決定を経ていないものの数は、平成九年から平成十一年まで零件、平成十二年一件、平成十三年零件、平成十四年から平成十六年まで各一件、平成十七年零件、平成十八年一件である。

四の（四）について

裁判所は、犯罪事実の認定についてはもとより、被告人に有利な情状についても、慎重な審理を尽くした上で死刑判決を言い渡しているも

を作るべきことを勧告している。
　この見解は、死刑判決数のみならずその執行数も増加をみせている日本の死刑堅持政策に対し、真っ向から、その転換を求めた勧告であるといえるが、このような見解をうけて、立法措置等による死刑執行の停止、恩赦制度の実効化を含めた減刑のための制度の改革を含めた制度改正を検討するべきであると考えるがどうか。
（五）　委員会は、弁護人と秘密接見をすることが不可能である点を含めて、弁護人との秘密交通に関して死刑確定者に課せられた制限、秘密交通の代替手段の欠如、及び確定判決後の国選弁護人へのアクセスの欠如につき深刻な懸念を示している。
　刑事被収容者処遇法第百二十一条に基づいて、再審請求事件の弁護人等と死刑確定者の面会の立会い又は録音・録画が実施された実例はあるのか、立会い等を行わなかった事例と合わせて件数を明らかにされたい。また立会い等を行った事例があれば、どのような理由に基づくものか。また、同法第百二十一条及び第百四十四条は、再審請求事件の弁護人又は弁護人となろうとする者との秘密交通を保障すべく改正すべきではないか。

　五　刑事被拘禁者の処遇について
　委員会は、六項、七項、十七項、十八項において、刑事被拘禁者の処遇については、刑務所改革とりわけ刑事施設視察委員会や不服検討会、刑務官に対する人権教育の取り組みなどを高く評価されているが、他方で適切かつ独立した、速やかな医療の提供、刑務所医療の厚生労働省への移管の検討、長期にわたる独居拘禁の期間の限定を法律に定めること、すべての長期独居のケースについて心理学的・精神医学的評価に基づく組織的な検討を行うべきことなどを勧告している。刑務所改革の努力を深化させ、委員会によってなされたこのような勧告に答えた検討を真摯に行うべきと考えられる。
　よって、以下のとおり質問する。
（一）　委員会は、過剰収容についての措置を採るべきであるとしている。この勧告に従って、量刑制度及び運用の見直し、仮釈放の積極的な運用、社会内処遇プログラムの導入などが検討されるべきであると考えるがどうか。

（二）　委員会は、いわゆる「第二種手錠」について、革手錠の廃止を歓迎する一方で、「第二種手錠」が、懲罰で、不適切に用いられている申立があることについても、懸念をもって留意するとされ、厳格な監視とこの新たな拘束具が

のと承知しており、最終的に確定した裁判について速やかにその実現を図ることが重要であると考えており、御指摘のような制度改正は相当でないと考えている。

四の（五）について
　再審請求事件の弁護人等と死刑確定者との面会に職員の立会いを付した実例があることは承知しているが、その件数は承知していない。承知している実例において立会いを付したのは、刑事収容施設法第百二十一条の規定に基づくものである。
　また、御指摘の刑事収容施設法第百二十一条等は必要な規定であり、改正すべきものとは考えていない。

五の（一）について
　刑事施設における過剰収容状況の解消のため、これまで、収容棟の増築工事等により、収容能力の拡大に努めてきたところである。
　また、現在、法制審議会において、被収容人員の適正化を図るとともに、犯罪者の再犯防止及び社会復帰を促進するという観点から、刑事施設に収容しないで行う処遇等の在り方等について審議がなされているところであり、政府としては、今後の議論の推移を見守ってまいりたいと考えている。

五の（二）について
　御指摘の第二種手錠が導入された平成十五年十月一日から平成十八年十二月三十一日までの間、全国の刑事施設における第二種手錠の使用事由別の件数は、平成十五年は、暴行のお

懲罰として利用されることのないよう、措置を採るべきことを勧告した。第二種手錠の使用件数、その使用理由、これについての事実の申告および苦情の申立の件数、これに対する判断の内容を明らかにされたい。

（三）　委員会は、適切、独立かつ迅速な医療がすべての被拘禁者にあらゆる時に施されるようにすることを求めた。このような要請に答えるために、診療の申し出のある時に診療を実施するべきことを、法令または通達上において明確に定めるべきではないか。

（四）　委員会は、医療設備と医療スタッフを厚生労働省のもとにおくことを検討するべきとされた。この点は、行刑改革会議の提言においても、今後の検討課題とされたところである。現在までの検討状況を明らかにされたい。

（五）　委員会は、昼夜間独居処遇について、これが限定された期間の例外的な措置となるように現在の法制度を改正するべきとした。この勧

それ十件、自殺のおそれ二十一件、平成十六年は、暴行のおそれ六十件、自殺のおそれ九十一件、平成十七年は、暴行のおそれ百二十五件、自殺のおそれ百五十三件、平成十八年のうち平成十八年法律第五十八号による改正前の刑事施設及び受刑者の処遇等に関する法律（同年五月二十四日施行）の施行前は、暴行のおそれ五十六件、自殺のおそれ七十七件、同年のうち同法施行後は、自身を傷つけるおそれ百十二件、他人に危害を加えるおそれ五十九件、刑事施設の設備、器具その他の物を損壊するおそれ八件である。

　第二種手錠に係る事実の申告及び苦情の申出の件数に係るお尋ねについては、統計がなく、把握していない。

五の（三）について

　刑事収容施設法第六十二条第一項においては、刑事施設の長は、被収容者が負傷し、若しくは疾病にかかっているなどの場合には、速やかに、刑事施設の職員である医師等（医師又は歯科医師をいう。以下同じ。）による診療を行い、その他必要な医療上の措置を執るものとする旨を定め、また、被収容者の保健衛生及び医療に関する訓令（平成十八年法務省矯医訓第三千二百九十三号）第十条においては、刑事施設の長は、被収容者が負傷し、又は疾病にかかっている旨の申出をした場合には、医師等がその申出の状況を直ちに把握できる場合を除き、看護師又は准看護師にその状況を把握させ、当該看護師又は准看護師に診察の緊急性等を判断させた上で医師等へ報告させること、さらに、同報告を受けた医師等において診察の要否を判断することをそれぞれ定め、被収容者に対する適時適切な医療に努めているところである。

五の（四）について

　被収容者の健康を保持し、また、被収容者が疾病にかかった場合に適切な医療措置を講じることは、国の重要な責務であると認識している。

　刑事施設における医療を厚生労働省へ移管することについては、行刑改革会議においても、その効果には種々の疑問や問題点が考えられるとされたところであり、被収容者の日常生活全般を管理している刑事施設において、被収容者の健康管理や医療もその一環として、引き続き刑事施設の責任の下に提供することが適当であると考えているところである。

　法務省としては、もとより、刑事施設の医療の充実を図るためには、厚生労働省を始め関係機関の協力を得る必要があると考えており、これまでに、各刑事施設において、関係機関と医療に関する協議会を開催するなどして、関係機関からの協力を得ながら、医療体制の一層の充実が図られるよう努めているところである。

五の（五）から（七）までについて

　受刑者を昼夜の単独室処遇（以下「昼夜単独室処遇」という。）に付する決定及びその期間

告の意味するところは、懸念事項と併せて読めば、独居拘禁の期間に明確な制限を設けるべきであるとするものと理解される。このような制度改正を検討するべきであると考えるがどうか。
（六）　委員会は、二〇〇五年に成立した刑事被収容者処遇法が昼夜間独居処遇の使用を制限する規定を設けているにもかかわらず、長期にわたる昼夜間独居処遇が継続して用いられているとの訴えについて深い懸念を有するとした。これは制限区分四種を利用した隔離収容の代替措置が進められている実態を批判しているものと理解できる。

また、委員会は、独居拘禁について、期間更新に制限がないこと、十年を超えて独居とされている被拘禁者が少なくないこと、昼夜間独居処遇が懲罰として使用されているとの訴えがあること、精神障害について不適切なスクリーニングしかなされていないこと、通常の処遇に戻すための効果的な手続きが不足していること、昼夜間独居処遇の必要性を決定する際の基準が欠如していることを指摘した。これらの指摘は、我が国の独居拘禁処遇について、抜本的な見直しを迫るものであると理解できる。精神障害についてのスクリーニング、通常の処遇に戻すための効果的な手続き、昼夜間独居処遇の必要性を決定する際の基準について、政府の考え方を明らかにされたい。
（七）　委員会は、長期にわたる昼夜間独居処遇を受けている全ての事例について、当該拘禁が条約に反すると考えられる場合には、これらの者を（この状態から）解放するという観点から、心理学的に、及び、精神医学的な評価に基づいて、組織的な（systematically）調査を行うことを求めた。

この勧告は、長期に及ぶ独居拘禁のすべての事例を個別的に専門的な心理学精神医学的観点から評価したうえで、できる限り通常の処遇に戻していくことを求めているものといえる。委員会の求めに応じて、一年以上独居拘禁とされている全ての受刑者について、このような評価と処遇の見直しを実施すべきであると考えるがどうか。

六　難民認定制度と入管収容施設における処遇について
　委員会は、最終見解の十四項において、国内法及び運用において、一部の条項が条約第三条に適合していないことに懸念を表明し、特に次の点について懸念を有するとした。
①　二〇〇六年出入国管理及び難民認定法は、拷問を受ける可能性がある国々への送還を明確に禁止せず。加えて、再審査機関は条約第三条の適用を制度的に調査せず。
②　難民認定の該当性を再審査する独立した機関の欠如。

を更新する決定は、受刑者の所内における行状、性格、他の受刑者との人間関係、集団生活への適応の可否、施設内の保安状況等を総合的に勘案して行う必要があり、行刑実務に精通した豊富な経験に基づく専門的・技術的な判断が求められることから、刑事施設の長がこれを行っている。

刑事施設においては、集団で作業を行う場所での就業を拒否し続け昼夜単独室処遇に固執する受刑者のほか、心身の健康状態等により集団での処遇が困難な受刑者等がおり、このような集団処遇になじまない受刑者については、昼夜単独室処遇を行わざるを得ないと考えている。こうした事情が解消した場合には集団処遇に戻すことにしているが、これらの事情が解消されないため、やむを得ず、昼夜単独室処遇が相当長期間継続せざるを得ない例もあり、昼夜単独室処遇の期間に上限を定めることは相当ではないと考えている。

また、昼夜単独室処遇に付する決定及びその期間を更新する決定は、関係職員から成る審査会において慎重に検討し、必要に応じ、心身の状態に関する医師の意見その他本人の処遇に関する専門職員の意見等を聴いた上で、刑事施設の長により適切に行われているものと認識している。

刑事施設においては、昼夜単独室処遇に付された者について、必要に応じ、職員が面接して集団処遇に移行する意思を持たせるよう努めたり、精神科医師による診察を実施するなど、昼夜単独室処遇を行わざるを得ない事情の解消に努めるなどしており、一律に御指摘の「評価及び処遇の見直し」を実施すべきものとは考えていない。

③ 多数の暴行の疑い、送還時の拘束具の違法使用、虐待、性的いやがらせ、適切な医療へのアクセス欠如といった上陸防止施設及び入国管理局の収容センターでの処遇。特に、これまでに一件のみが入国管理収容センターでの虐待として認められているにすぎないことに委員会は懸念を有する。
④ 入国管理収容センター及び上陸防止施設を独立して監視するメカニズムの欠如、特に被収容者が入国管理局職員による暴行容疑について申立てできる独立した機関の欠如。また、第三者である難民参与員の任命基準が公表されていないことにも委員会は懸念を有する。
⑤ 法務省は難民認定申請者に対し、異議申立ての際の法的代理人を選任させず、非正規滞在者に対する政府による法的援助が事実上は限定的である事実を踏まえ、入国管理局職員による裁定を再審査する独立した機関の欠如。
⑥ 全ての庇護希望者の司法審査へのアクセス保障の不十分性と行政手続終了直後に送還を執行した疑い。
⑦ 難民申請却下後から送還までの庇護希望者の無期限拘束、特に無期限及び長期の収容ケースの報告。
⑧ 二〇〇六年入管法改正の際に導入された仮滞在制度の厳正性及び限定的な効果。
　よって、以下のとおり質問する。
（一）　委員会は、拷問の対象となる危険にさらされると信ずる十分な根拠がある国々への送還を明確に禁止するように勧告している。条約第三条に該当するかどうかの調査責任、及びその保障について、日本政府にあることが明確にされている。明確な形で条約の内容に沿った法改正を行うべきであると考えるがどうか。

（二）　委員会は、難民該当性を再審査する独立した機関を設置すべきであり、締約国は難民申請及び送還手続きにおける適正手続き（due process）を保障するべきであるとしている。このような制度的な改革を行うべきであると考えるがどうか。

六の（一）について
　退去強制を受ける者が出入国管理及び難民認定法（昭和二十六年政令第三百十九号。以下「入管法」という。）第五十三条第一項に定める国において拷問を受けるおそれがあると信ずるに足りる実質的な根拠があると判断されるような場合は、同条第二項にいう「前項の国に送還することができないとき」に含まれると解され、本人の希望により、同項各号に定めるいずれかの国に送還されることから、御指摘のような改正の必要性はないものと考えている。

六の（二）について
　難民の認定をしない処分等がされた場合には、入管法第六十一条の二の九の規定に従い、法務大臣に対し異議申立てをすることができることとされ、また、法務大臣は、当該異議申立てに対する決定に当たっては、学識経験者から任命された難民審査参与員の意見を聴かなければならないこととされており、難民認定における適正手続は保障されているものと考えている。
　また、難民不認定処分等を通知する場合には、行政事件訴訟法（昭和三十七年法律第百三十九号）第四十六条の規定に基づき、当該難民不認定処分等の相手方に対し、取消訴訟の提起等に関する事項を教示し、裁判を受ける権利等への配慮を行っていることから、御指摘のような「制度的な改革」を行う必要性はないものと考えている。

（三）　委員会は、締約国は入国管理収容施設における処遇に関する不服申立てを審査する独立した機関を遅滞なく設置すべきであるとしている。一九九八年十一月六日にすでに、国連の規約人権委員会からもすでに指摘されてきたことである。速やかにこのような機関を設置すべきであると考えるがどうか。

六の（三）について
　入国管理局の収容施設は、退去強制事由に該当する者を送還するまでの間、その身柄を確保しておくことを目的としており、当該施設の長の責任において処遇の適正を図ることが可能であり、あえて独立した審査機関を設ける必要はないと考えている。
　なお、入国管理局においては、被収容者の人権保護の徹底を期すとともに、被収容者の適正な処遇に資するため、平成十年以降、被収容者処遇規則（昭和五十六年法務省令第五十九号）の改正を行って、収容施設の長が巡視を行う際に被収容者から直接意見を聴取したり、意見箱の設置により被収容者から意見を聴取する制度を整備・運用しているほか、被収容者が自己の処遇に関して不服があるときは、当該収容施設の長に対し不服を申し出て、最終的には、法務大臣に対して異議を申し出ることができる不服申出制度を整備・運用している。

（四）　委員会は、締約国は特に弱い立場にある人々が送還を待つ間の収容期間に上限を設置し、書面による送還命令発付以後の収容の必要性に関連する情報を公開すべきであるとしている。
　この勧告は、被収容者への虐待や健康被害を生み出している現行のシステム、すなわち「収容令書発布後の無期限・長期収容を可能にしている現行の日本のシステム」に、変更を迫る内容になっている。このような改善・対応を行うべきであると考えるがどうか。

六の（四）について
　収容令書によって収容することができる期間は最大で六十日間とされているのに対し、退去強制令書による収容は、直ちに本邦外に送還することができないときに、被退去強制者の送還を確実に実施するために身柄を確保するとともに、被退去強制者の本邦における在留活動を禁止することを目的としており、収容期間に制限はない。
　他方、法務省においては仮放免制度を弾力的に運用し対応しているところであり、御指摘のような「改善・対応」は必要ないものと考えている。

（五）　難民・入管問題を指摘している十四項は、委員会に対する優先的な情報提供事項とされている。期限までに前向きな対応が図られるよう、政府としての対応体制を確立すべきであると考えるがどうか。

六の（五）について
　委員会の審査に当たっては、必要な情報を提供し、誠意をもって説明したところであり、委員会から最終見解の第十四項で指摘された事項については、関係省庁においてその内容等を十分に検討し、適切に対処してまいりたい。

七　精神医療施設について
　委員会は、二十五項において、私立の精神病院で働く精神科指定医が精神的疾患を持つ個人に対し拘禁命令を出していること、及び拘禁命令、私立精神病院の管理・経営そして患者からの拷問もしくは虐待行為に関する不服への不十分な司法的コントロールに懸念を表明している。
　よって、以下のとおり質問する。
（一）　委員会は精神科指定医、特にその大部分を占める私立精神病院で働く精神科指定医の権限に懸念を表明している。精神科指定医の権限行使について、司法的コントロールを及ぼすための制度改正が勧告されているものと理解できる。このような改正を検討するべきであると考えるがどうか。
（二）　委員会は、締約国は公立及び私立精神病

七の（一）及び（二）について
　精神保健指定医は、精神保健及び精神障害者福祉に関する法律（昭和二十五年法律第百二十三号。以下「精神保健福祉法」という。）に基づき、本人の意思によらない入院並びに入院中の者の身体的拘束及び十二時間を超える隔離（以下「身体的拘束等」という。）を必要とするかどうかの判定を行うこととされている

院における拘禁手続きについて、実効的かつ徹底した司法コントロールを確保するために必要なあらゆる措置を採るべきであるとした。このような見解は精神保健法の改正を求めているものと理解される。このような改正を検討するべきであると考えるがどうか。

（三）　審査のデータからも機能していないことが証明されている精神医療審査会は、行政の一部である。他の拘禁施設と連動して、独立した第三者機関の創設が必要であると考えるがどうか。

が、精神保健指定医は、これらの職務を行うのに必要な知識及び技能を有すると認められる者として、厚生労働大臣の指定を受けた者であり、精神保健福祉法及び精神保健福祉法に基づき厚生労働大臣が定めた基準に基づき、これらの職務を行うこととされている。また、緊急その他やむを得ない理由がある場合に精神保健福祉法第二十二条の四第四項に規定する特定医師の診察に基づき十二時間に限り行われる本人の意思によらない入院や、身体的拘束等以外の行動の制限についても、精神保健福祉法及び精神保健福祉法に基づき厚生労働大臣が定めた基準に基づき行うこととされている。

　　また、精神科病院に入院中の者又はその保護者は、都道府県知事又は地方自治法（昭和二十二年法律第六十七号）第二百五十二条の十九第一項の指定都市の市長（以下「都道府県知事等」という。）に対して、入院中の者の退院や処遇の改善を求めることができることとされており、当該請求があった都道府県知事等は、精神医療審査会において、精神障害者の医療に関し学識経験を有する者、法律に関し学識経験を有する者及びその他の学識経験を有する者のうちから都道府県知事等が任命した委員により構成される合議体により審査を行わせ、その結果に基づき、退院や、処遇の改善のために必要な措置を採ることを命じるなどしなければならないなど、人権に配慮した適切な医療及び保護が行われるために必要な制度が設けられている。

　　さらに、精神保健福祉法第二十九条第一項の規定に基づく措置入院処分及び精神保健福祉法第二十九条の二第一項の規定に基づく緊急措置入院処分については、行政事件訴訟法に基づき、その取消しを求めて裁判所に訴えを提起することが可能であること、また、法律上正当な手続によらないで身体の自由を拘束されている者は、人身保護法（昭和二十三年法律第百九十九号）の定めるところにより、その救済を裁判所に請求することができることから、精神保健指定医の権限行使並びに本人の意思によらない入院及び行動の制限について、御指摘のような制度の改正を行う必要はないものと考えている。

七の（三）について
　　精神医療審査会は、精神保健福祉法に基づき、措置入院者及び医療保護入院者について精神科病院の管理者から提出される病状等に関する定期の報告等や、入院中の者又はその保護者からの退院や処遇の改善の請求の全件について審査を行うこととされていること、また、都道府県知事等は、精神医療審査会の審査結果に基づいて、退院や、処遇の改善のために必要な措置を採ることを命じるなどしなければならないこととされていることから、独立した審査が担保されていると考えており、御指摘のような第三者機関を創設する必要はないものと考えている。

八　定義について
(一)　委員会は、十項において、条約の定義にいう「精神的拷問」が特別公務員暴行陵虐罪や脅迫罪等において、明確に規定されていないことに懸念を表明し、適当な刑罰を科する特別な犯罪として拷問を性格づけるあらゆる構成要素を含めることによって、条約第一条に包含される拷問の定義を国内法に含めるべきであるとしている。この勧告に従って、条約内容に正確に適合させ、国内法を改正するべきではないか。
(二)　委員会は十項において、国内法が条約にいう公務員等やその扇動・同意・黙認の下に行動する者をすべてカバーしていないことに懸念を表明し、自衛隊員、入管職員を例示している。これらの者の行為は特別公務員暴行陵虐罪に当たるのか、政府の見解を明らかにされたい。
同罪に該当する場合には、実際に同罪で起訴あるいは判決を受けた具体的な事例を示されたい。

八の(一)について
我が国においては、拷問等禁止条約第一条１に規定されている「拷問」に当たる行為については、身体的なものであるか精神的なものであるかを問わず、脅迫罪、暴行罪及び特別公務員暴行陵虐罪を含め、刑法等の法律の規定により処罰されることとなるので、御指摘のような改正を行う必要性はないものと考えている。

八の(二)について
犯罪の成否は、法と証拠に基づき、個別具体的な事案ごとに判断されるべき事柄であり、一概にお答えすることはできないが、一般論としては、刑法(明治四十年法律第四十五号)第百九十五条の特別公務員暴行陵虐罪は、その主体を「裁判、検察若しくは警察の職務を行う者又はこれらの職務を補助する者」、「法令により拘禁された者を看守し又は護送する者」と規定しており、お尋ねの自衛隊員及び入国管理局職員がこれらに該当する場合には、同罪が成立することがあるものと考えられる。
自衛隊員又は入国管理局職員が、特別公務員暴行陵虐罪で起訴され又は判決を受けた事例は承知していない。

九　時効について
委員会は、十二項において「拷問及び虐待とされる行為が時効の対象とされていることに憂慮をもって注目する。委員会は、拷問及び虐待とされる行為のための時効は、それら深刻な犯罪についての捜査、起訴及び処罰を妨げうることに懸念を表する。特に、第二次世界大戦中の軍性奴隷、いわゆる「従軍慰安婦」の被害者による提訴が、消滅時効を理由に棄却されたことを遺憾とする。」とした。
よって、以下のとおり質問する。
(一)　委員会は、拷問行為の未遂、共謀及び加担を含む拷問及び虐待とされる行為が、時効にかかることなく捜査が行われ、起訴され、また処罰がなされるように、時効に関する規則及び法規定を見直し、条約上の義務に十分に従ったものとなるようにすべきであると勧告した。この勧告は、拷問について時効にかかることなく法的な責任が追及できることを確保するため、刑法、国家賠償法などを改正すべきであるという趣旨に理解されるが、このような改正を検討するべきではないか。

九の(一)について
拷問等に当たる一定の行為を刑事上の公訴時効制度の適用対象から除外すべきか否かについては、公訴時効制度の制度趣旨等を考慮し、慎重に検討すべきものと考えている。
国家賠償法(昭和二十二年法律第百二十五号)に基づく損害賠償請求権の消滅時効等に関する規定については、十二の(一)についてで述べるように合理的なものであると考えている。

十　迅速かつ公平な調査、不服申立ての権利について
委員会は、二十項(二つある二十項の二番目)において、次の事項について懸念を表している。
①　警察留置場における実効的な不服申立制度の不足。刑事被収容者処遇法が、そうした責務を有する独立機関を創設しなかったことは残念

である。委員会は、二〇〇七年六月に設置される留置施設視察委員会に関する情報が不足していることに留意する。
② 刑事施設視察委員会に、拷問等に関する調査について充分な権限が不足していること。
③ 法務省の職員が事務局を務めていることによって、刑事施設の被収容者の不服審査に関する調査検討会の独立性が不十分であること、また、被収容者及び職員にインタビューできず、またあらゆる関連文書に直接アクセスできないことから直接的に事案を調査する権限が限られていること。
④ 不服申立てをする権利に法的制限があること、また不服申立てをしようとする際に弁護士による援助を受けることが不可能であること。
⑤ 不服申立てを行ったことにより、また、賠償請求にかかわる時効によって却下された訴訟を行ったことによる不利益的影響を受けたとの報告があること。
⑥ 受理した申立数、着手されまた完了された調査の数、さらにその結果の数について情報の不足、これには侵害者の数とその者が受けた判決に関する情報も含む。
　よって、以下のとおり質問する。
（一）　委員会は、警察留置場または刑事拘禁施設の双方における被収容者からの拷問等の申立てすべてについて、迅速、公正で、かつ実効的な調査を行う独立メカニズムを設置すべきであるとしている。この点については、国連パリ原則にもとづく政府機関から独立した国内人権機関の設置が急務であり、このような機関を早急に具体化するべきであると考えるがどうか。

（二）　委員会は、被収容者が不服申立ての権利を充分に行使できるように確保するために、拷問等行為についての時効の撤廃、不服申立てをするための法的援助の利用の確保、証人に対する脅迫からの保護措置の設置、及び賠償請求の権利を制限するあらゆる規定の見直しなどを含む、あらゆる必要な措置をとるべきであるとしている。これらの点について、政府は早急に検討を行うべきであると考えるがどうか。

十の（一）について
　刑事施設の被収容者からの不服申立てについては、法務省において民間・各界の有識者からなる「刑事施設の被収容者の不服審査に関する調査検討会」を開催し、不服審査の公平性及び公正性を確保しており、留置施設の被留置者からの不服申立てについては、二の（四）についてで述べたように、第三者的な立場から都道府県警察を管理する公安委員会に対する不服申立ての制度が整備されているところである。
　また、独立性を有する人権委員会の設置を目的とする人権擁護法案を平成十四年三月に国会に提出したが、平成十五年十月、衆議院の解散に伴って廃案となったところ、同法案については、引き続き検討を行っている。
十の（二）について
　最終見解の御指摘に係る部分の趣旨は必ずしも明確ではないが、刑事収容施設法においては、審査の申請及び事実の申告をすることができる期間を制限しているところ、審査の申請は、被収容者の権利を制限するような刑事施設の長の措置に対する不服申立て制度であり、問題とされる措置を早期に調査し、当該措置による権利・義務関係を早期に確定する必要があり、また、事実の申告は、刑事施設の職員による被収容者に対する違法又は不当な行為に対する不服申立て制度であり、証拠の散逸のおそれ等の観点から、早期の申告を受けて調査を行う必要があることから、いずれの不服申立て制度においても、申立期間を合理的に制限したものと考えている。
　なお、これら以外の不服申立て制度である苦情の申出は、刑事施設内の処遇全般について苦情

を申し出ることができ、申出期間は設けられていない。
　　右に述べた審査の申請等の対象となる措置等の内容については、違法性又は不当性の有無を比較的容易に判断できる性質のものであり、また、申請等の方法も複雑なものではないことから、被収容者が不服申立てを行うか否かを自ら決めるのに困難を伴うことはないと考えており、また、被収容者が不服申立てを行うか否かを決めるに当たって外部との相談を禁じる規定はない。
　　また、刑事収容施設法においては、審査の申請等の内容について、刑事施設の職員に秘密にすることができるように、刑事施設の長に必要な措置を講ずることを義務付けるとともに、刑事施設の職員には、審査の申請等をしたことを理由として、その者に対する不利益な取扱いをすることを禁じており、これらの規定にしたがって適正に対応しているところである。
　　国家賠償法に基づく国家賠償請求についての消滅時効等については、十二の（一）についてで述べるとおりである。
十の（三）について
　御指摘のような「詳細な統計データ」については、作成しておらず、提供することはできない。
　今後、御指摘のような「詳細な統計データ」については、その作成の必要性を含めて検討してまいりたい。

（三）　委員会は、法執行官によって行われたことが疑われる拷問等に関する申立てについて、犯罪種別、エスニシティ、年齢、性別ごとの詳細な統計データを、また、関連する調査、起訴、刑罰、または懲戒処分についての詳細な統計データを提供すべきであるとしている。これらのデータのうち、提供可能なものがあれば提出されたい。提供不可能なものについては、今後統計データを作成するように政府として方針を確立するべきであると考えるがどうか。

（四）　委員会は、六項において、刑事施設視察委員会と不服申立に関する調査検討会の成立は委員会から歓迎しているが、刑事施設視察委員会に拷問や虐待事件についての調査の権限が不足していること、不服検討会については事務局スタッフが法務省によって提供されていることが独立性を不十分なものとしていることが指摘されている。このような制度的な改善に前向きに取り組むべきであると考えるがどうか。

十の（四）について
　刑事施設視察委員会は、刑事施設を視察し、その運営に関し意見を述べるものであり、その対象は、施設の運営全般に及んでいる。したがって、同委員会は、職員の不適正な職務執行が疑われる事案について刑事施設の長に必要な情報の提供を求めるなどして調査を行うことが可能であり、行刑運営の透明性を確保するなどの同委員会に期待される役割に照らし、調査する権限が不十分であるとは考えていない。
　また、「刑事施設の被収容者の不服審査に関する調査検討会」は、行刑改革会議の提言を踏まえ、公権力による人権侵害等を対象とした独立性を有する人権救済機関が設立されるまでの間の「暫定的かつ事実上の措置」として、法務省において開催されているものである。同提言においてもその事務局は法務省内に置くものとされているところ、同事務局は、矯正の事務を取り扱う矯正局からの独立性を担保するため、法務省大臣官房秘書課に置かれている。

十一　人権教育について
　委員会は、二十一項において、条約に違反する尋問手続を記した取調官のための研修マニュ

アルが存在するとの報告に注目する。さらに、委員会は、人権教育、特に女性及び子どもの特別な人権についての教育が、組織的には、刑事拘禁施設の職員に対して提供されているだけで、警察留置場の職員、取調官、裁判官及び入管収容施設の保安担当職員に対する教育カリキュラムには十分に含まれていないことに懸念を表するとした。
　よって、以下のとおり質問する。
（一）　委員会は、捜査官に対する人権教育のカリキュラムを公表すべきとした。これは、本審査において愛媛県警の警察官が作成した取調要領が実際に警察官の研修に使われていたものであることを政府が認めたことと関連しているが、捜査官に対する人権教育の内容を明確にするため、そのカリキュラム、教材の概要を明らかにされたい。

（二）　委員会は、刑務官に対する人権教育については七項において、高く評価したが、すべての法執行官と裁判官、入管警備官に対して、彼らの仕事が人権に及ぼす影響、とりわけ拷問と子ども・女性の権利に着目した定期的な研修を行うべきであると勧告している。このような人権教育を組織的、系統的に実施する体制を確立するべきであると考えるがどうか。また、すべての法執行官と裁判官、入管警備官についての人権教育の教育内容と実施状況を明らかにされたい。

十一の（一）について
　都道府県警察学校における初任科、初任補修科及び部門別任用科、管区警察学校における巡査部長任用科及び警部補任用科並びに警察大学校における警部任用科のカリキュラムは、職務倫理、法学、基本実務、専門実務等の教授種目で構成されており、これらの授業においては、警察官に対し、人身の自由を始めとする基本的人権の尊重や適正な捜査手続、ストーカー対策、配偶者からの暴力対策、児童虐待対策等の女性及び子どもを守る活動等に関する内容が盛り込まれた教材を活用して、人権に関する教育を行っている。
十一の（二）について
　法の執行に従事する職員については、その所属する各機関において、計画的に実施されている研修その他の機会で、御指摘のような人権に関する事柄を取り扱うほか、人権問題の専門家による講演会を実施すること等により、人権に関する教育を実施しているところである。
　例えば、警察官については、新たに採用された者や昇任した者に対する研修や各種の専門的な研修等において、被留置者の適正処遇、ストーカー対策、配偶者暴力対策及び児童虐待対策等に関する教育を行い、人権に配意した適正な職務執行の徹底に努めている。
　検察官については、基本的人権を尊重した検察活動を徹底するため、その経験年数等に応じて実施している各種研修において、国際人権関係条約及び刑事に関する国際協力、児童、女性の人権問題等の人権課題等をテーマとした講義を実施するなど、人権に関する理解の増進に努めている。
　裁判官については、裁判所において、裁判官の経験年数等に応じて実施している各種研修において、児童、女性の人権を含めた人権擁護及び国際人権に関するカリキュラムを実施し、裁判官の人権感覚及び国際人権基準についての理解を深めるよう努めているものと承知している。
　入国警備官については、基本的人権を尊重した退去強制業務を徹底するため、その経験年数等に応じて実施している各種研修において、人権に関する理解を深めるための講義を行っているほか、毎年開催される人権に焦点を当てた研修において児童や女性の人権等をテーマとするなど、人権意識の涵養に努めている。

十二　賠償及びリハビリテーションについて
　委員会は、二十二項において、人権侵害の被害者が救済及び十分な賠償を得るにあたって直面している困難があるとの報告に懸念を表する。委員会は、また、時効や移民に対する相互主義の原則など賠償の権利に対する制限についても懸念を表する。委員会は、拷問又は虐待の被害者が求め、また得ることができた賠償に関する情報が不足していることについて遺憾の意を有するとしている。
　よって、以下のとおり質問する。
（一）　委員会は、拷問又は虐待のすべての被害者が、賠償及びリハビリテーションを含む救済の権利を十分に行使することができるよう確保するために、あらゆる必要な措置をとるべきであるとしている。これは、拷問に対する賠償請求権の時効の廃止ないし援用禁止、相互主義の撤廃などを求めているものと理解される。このような制度的な改善を速やかに実施すべきであると考えるがどうか。

（二）　委員会は、国内においてリハビリテーション・サービスを設置するための措置をとるべきであるとしている。政府としてこのような措置を採ることを検討するべきであると考えるがどうか。

　右質問する。

十二の（一）について
　国家賠償法に基づく損害賠償請求権の消滅時効等については、同法第四条の規定により民法（明治二十九年法律第八十九号）第七百二十四条の規定が適用されるところ、同条は、時間の経過により立証が困難となること等を考慮して被害者又はその法定代理人が損害及び加害者を知った時から三年という時効期間を定めるとともに、被害者側の主観的事情により長期にわたり法律関係が確定しないことを防止するため不法行為の時から二十年という除斥期間を設けたもので、合理的な規定であると考えており、御指摘のような「時効の廃止ないし援用禁止」といった措置を採る必要はないものと認識している。
　また、国家賠償法の採用している相互主義は、我が国の国民に保護を与えない国の国民に我が国が積極的に保護を与える必要がないという衡平の観念に基づく合理的なものであることから、これを撤廃する必要はないものと認識している。
十二の（二）について
　拷問又は虐待の被害者については、例えば、医療機関においてリハビリテーションを含む医療を受けること及び障害者自立支援法（平成十七年法律第百二十三号）に基づく自立訓練等のサービスを受けることを想定している。

改革を迫られる被拘禁者の人権
2007年拷問等禁止条約第1回政府報告書審査

2007年11月10日 第1版第1刷発行

編　者	日本弁護士連合会
発行人	成澤壽信
編集人	桑山亜也
発行所	株式会社現代人文社

〒160-0004 東京都新宿区四谷2-10 八ッ橋ビル7階
振替　00130-3-52366
電話　03-5379-0307（代表）
FAX　03-5379-5388
E-mail　hensyu@genjin.jp（代表）／hanbai@genjin.jp（販売）
Web　http://www.genjin.jp

発売所	株式会社大学図書
印刷所	株式会社ミツワ
装　幀	Malpu Design（清水良洋＋渡邉雄哉）

検印省略 Printed in Japan ISBN 978-4-87798-355-0 C3032
© 2007 日本弁護士連合会

◎本書の一部あるいは全部を無断で複写・転訳載などをすること、または磁気媒体等に入力することは、法律で認められた場合を除き、著作者および出版者の権利の侵害となりますので、これらの行為をする場合には、あらかじめ小社または編集者宛に承諾を求めてください。